传统文化

当代价值

朱美光 著

与

组织行为学体系构建

郑州大学出版社

图书在版编目（CIP）数据

传统文化当代价值与组织行为学体系构建／朱美光著. — 郑州：郑州大学出版社，2021.11(2024.6 重印)

ISBN 978-7-5645-8207-4

Ⅰ.①传… Ⅱ.①朱… Ⅲ.①中华文化 – 研究 Ⅳ.①K203

中国版本图书馆 CIP 数据核字（2021）第 204474 号

传统文化当代价值与组织行为学体系构建
CHUANTONG WENHUA DANGDAI JIAZHI YU ZUZHI XINGWEI XUE TIXI GOUJIAN

策划编辑	王卫疆		封面设计	张伟妍
责任编辑	胡佩佩		版式设计	耀东文化
责任校对	胥丽光		责任监制	李瑞卿

出版发行	郑州大学出版社		地　址	郑州市大学路 40 号（450052）
出 版 人	孙保营		网　址	http://www.zzup.cn
经　销	全国新华书店		发行电话	0371-66966070
印　刷	廊坊市印艺阁数字科技有限公司			
开　本	787 mm×1 092 mm　1 / 16			
印　张	13.25		字　数	279 千字
版　次	2021 年 11 月第 1 版		印　次	2024 年 6 月第 2 次印刷

书　号	ISBN 978-7-5645-8207-4		定　价	68.00 元

内容简介

组织行为学作为西方引进学科,其理论体系源自人性假设和契约理论。随着我国对外开放日益深入,西方文化思潮大量涌入,社会上出现了贬低和漠视中华优秀传统文化的不良风气,致使历史虚无主义、文化悲观主义思想蔓延,导致功利主义、实用主义哲学抬头。鉴于此,本书拟借鉴古今人类行为学研究成果,结合中外组织行为学研究动态,以弘扬中华文明、传承优秀传统文化为己任,尝试凝练中原文化、中国智慧,着力构建融通中西方组织行为学理论研究成果和企业经营管理实践的本土化组织行为学体系。

本书是河南省高校精品在线开放课程、河南省线上线下混合式一流本科课程和郑州大学优秀课程思政课程"中原文化:行为篇——组织行为的文化溯源"研究成果的学术延伸和应用拓展,力求突出中华优秀传统文化特色,坚持"不忘本来、吸收外来、面向未来"的原则,将中原特有的文明源头、文化精神、思想智慧和管理实践融入组织行为理论,通过创建个体心智修炼、群体行为诱导、组织文化塑造和领导能力提升模型,搭建本土化组织行为学理论体系,有助于读者以史观己、以史明理、以史明志,实现自我认同与文化自觉,增强文化自信,提升群体诱导能力、提高组织行为效能,挖掘新时代科学家精神、企业家精神和工匠精神、激活未来领袖潜质。

本书共分为九章,书中增设四个专题讨论,便于读者从个体心智、自我认知、群体心理、行为诱导、组织文化、集权分权、领袖风范、幸福感悟等角度,探讨国人心智修炼心路路径与组织行为的内在文化逻辑,辨析组织效能提升途径。

本书既可作为高等学校人文素质教育相关课程教科书,又可作为工商管理类专业学生教育教学参考书,也可供"中原文化:行为篇"慕课学习者和其他专业学生选用。同时,可供企业事业单位经营管理者和政府机关工作人员等社会读者阅读。

前　言

　　当今社会处于转型发展时期,培养文化自觉、形成文化认同、树立文化自信,成为有效提升高等教育人才培养质量的关键。随着中国走近世界舞台中心,响应华夏文明和传承黄河文明的时代呼唤,要求组织行为学理论实践与应用研究从兼容并蓄、源远流长的中华优秀传统文化传承与创新角度,深入分析文化对个体心理、群体行为和组织目标实现过程中对国民性格的影响,探讨古今思潮对群体行为的作用机制,构建本土化组织行为学理论框架和知识体系,挖掘民族意识、文化自信与国家认同对组织目标实现的支撑和保障作用,最大限度地发挥组织行为学多学科、多层次、综合交叉,兼具自然属性、社会属性的综合性和应用性学科的学术价值和现实意义。

　　组织行为学作为从西方引进的独立学科,其理论体系主要源自人性假设、心理认知和契约理论。鉴于希伯来神学、希腊哲学和中国人学三种原道精神对人类组织行为研究的重要性,可帮助人类更好地认识自己、洞察世界、领悟历史、把握未来。由此,本书结合古今人类行为学研究成果,以传承华夏文明、弘扬优秀传统文化为己任,尝试凝练中原文化、中国智慧,努力超越西方组织行为学行为实验和标准化实践,着力构建融通中西方组织行为学理论研究成果和企业经营管理实践的本土化组织行为学框架体系。

　　本书通过探讨中原文化对个体修身养性、群体冲突化解、团队建设和组织发展的作用机理,号召读者"做真正的自我",倡导"改变从现在开始",帮助读者通过修身养性、自我强化和内观自省,增强民族意识,实现自我认同与文化自觉,提升心智水平和认识世界的能力;加深读者对内圣外王和修齐治平的理解,有助于培养人们日常生活中"用专业眼光分析和解决非专业问题"的行为习惯;通过对读者耳熟能详的实例进行解析,加深其对攻心为上的组织承诺和忠心报国的组织发展重要性的理解,提升忠信爱国、求真求实和责任担当意识;帮助读者理解贵和尚中、知行合一、和合有为传统文化内涵,突显组织行为学"以文化人、基业长青"的文化教化作用,有助于学员以史观己、以史明理、以史明志,倡导读者立德立言、修德立行,增强民族意识和文化自信,培养科学家精神、企业家精神、锻造工匠精神、激活领袖潜质,提升读者自身核心竞争力。

　　本书创新性主要体现在概念甄别、成己之道和模型创新三个方面。其中,概念甄别辨析了西方组织行为学"领导的本质是影响力"概念不准确性,通过比对"治为天下第一"的黄霸和"家无十金之财"剧孟的影响力来源,依据孔子为政"尊五美"观点,提出"领导的本质在于激发下属自愿追随的能力"。同时,指出领导者"学习力、沟通力、执行力、影响力、领导力"五种力量是古今中外领导者获取自愿追随者的动力源泉,是领导者个体修炼、团队建设和文化塑造的重要基石。成己之道从国人"出世入世"的纠结、"中原逐鹿"的跌宕和"仁而下士"的异同入手,采用跨越时间空间限制、融合儒释道法墨思想、古今对比、洋为中用等方式,尝试对组织行为学知识架构进行系统化和本土化改造,弘扬优秀中华传统文化,彰显华夏文明当代价值。模型创新方面构建了个体养心修身"登山模型"、群体行为诱导"不倒翁模型"、组织文化塑造"蝴蝶模型"、组织结构演化"天平模型"、高效能团队建设"三角稳定模型"和组织共生发展"中心外围模型"和领导者成长体验"新五力模型"。

　　本书的学术价值主要体现在搭建出中国式组织行为理论框架体系,提供了采用组织行为学专业知识分析和解读日常生活中非专业问题的全新视角。一是构建中国式组织行为管理理论体系。搭建出以人为本、和合相生、由人化文、以文化人等一体化的本土化组织行为学理论架构和知识体系,为激发 Z 时代群体民族意识、提升文化自信、增强国家认同和共同实现"中国梦"提供理论支撑。二是发掘中华优秀传统文化的当代组织行为学理论价值。将厚重的中原文化、黄河文明与西方组织行为学理论有机结合,诠释个体、群体与组织行为的文化逻辑与组织创变机理,不仅有利于西方组织行为和管理理论本土化,有利于本土企业探索适应性强的自组织管理模式,探寻互惠共生、利他共赢的组织发展态势,还对满足时代需求,彰显中原文化、黄河文明、民族精神,传承和弘扬中华优秀传统文化,具有较强的学术价值和现实意义。

目　　录

第一章　导论导读——文化内卷与溯源重构 ……………………………… 2

　　第一节　继往开来——组织行为文化溯源研究的必要性 ………………… 3

　　第二节　天道人道——组织行为文化溯源研究的合理性 ………………… 4

　　第三节　正本清源——组织行为文化溯源研究的科学性 ………………… 7

第二章　修德立行——个体心理与个体行为 ……………………………… 13

　　第一节　养心修身——独立人格之本心真我 …………………………… 13

　　第二节　有为无为——出世入世之行为逻辑 …………………………… 18

　　第三节　内圣外王——尚贤任能之使民知方 …………………………… 22

　　第四节　志存高远——天人合一之匠心独运 …………………………… 27

专题讨论一　内圣外王与心智修炼 …………………………………………… 37

　　第一节　漫道求索——古代先贤心智模式与处世哲学 ………………… 38

　　第二节　登山模型——当今社会内圣与外王行为方式 ………………… 40

第三章　伐谋攻心——个体与组织心理联系 ……………………………… 45

　　第一节　责任担当——攻心为上之家国天下 …………………………… 45

　　第二节　中原逐鹿——分封诸侯之民心归附 …………………………… 53

第四章　贵和尚中——群体心理与群体行为 ……………………………… 61

　　第一节　指鹿为马——群体压力下的从众行为 ………………………… 62

　　第二节　养士之风——大型群体"士"的管理实践 …………………… 69

　　第三节　宽猛相济——决策风险控制与群体冲突管理 ………………… 79

第五章　群而不党——非正式组织及其行为 ……………………………… 89

　　第一节　宗法圈子——非正式组织之庙堂江湖 ………………………… 89

　　第二节　礼尚往来——非正式组织之沟通管理 ………………………… 95

专题讨论二　士的精神与信念坚守 …………………………………………… 104

　　第一节　谁主沉浮——中原逐鹿之尽力竭智 …………………………… 105

　　第二节　庙堂江湖——在朝在野之士仕隐侠 …………………………… 106

　　第三节　养士风波——仁而下士之稳定平衡 …………………………… 110

第六章　见得思义——群体动力与激励理论 ………………………… 114
　　第一节　投其所好——需求导向之精准激励 ……………………… 115
　　第二节　敬始慎终——程序公平之目标可期 ……………………… 117
　　第三节　扶正祛邪——行为矫正之因人而异 ……………………… 121

第七章　识时通变——组织结构与组织设计 ………………………… 126
　　第一节　分权制衡——国家层面之组织结构 ……………………… 127
　　第二节　时移势迁——静态稳定与动态均衡 ……………………… 134
　　第三节　变法图治——组织变革与组织发展 ……………………… 139

第八章　近悦远来——组织文化与组织行为 ………………………… 143
　　第一节　上善若水——合规合法,合情合理 ……………………… 144
　　第二节　本固邦宁——敬天保民,官正民淳 ……………………… 147
　　第三节　化民成俗——文化自觉,文化自信 ……………………… 149

专题讨论三　人性假设与集权分权 …………………………………… 157
　　第一节　行为诱导——群体动力激励理论应用与实践 …………… 158
　　第二节　革新除弊——组织结构变革实践与组织发展 …………… 160
　　第三节　天平模型——集权分权与组织稳态平衡机制 …………… 161

第九章　量力度德——领导能力与组织行为 ………………………… 166
　　第一节　善学勤行——个体学习力提升途径 ……………………… 167
　　第二节　纵横捭阖——个体沟通力提升途径 ……………………… 170
　　第三节　令行禁止——个人执行力提升途径 ……………………… 173
　　第四节　外宽内明——个人影响力提升途径 ……………………… 177
　　第五节　长而不宰——个人领导力提升途径 ……………………… 181

专题讨论四　成功观念与幸福感悟 …………………………………… 186
　　第一节　成功观念——目标与手段倒置问题的解码器 …………… 187
　　第二节　洋葱模型——幸福感悟与生命体验的登天梯 …………… 188

后　记 …………………………………………………………………… 201

参考文献 ………………………………………………………………… 203

天下之大，各为其所欲焉，以自为方。

是故内圣外王之道，暗而不明，郁而不发，

——庄子·杂篇·天下

第一章
导论导读——文化内卷与溯源重构

学习目标

1.通过本章内容学习,读者应当了解从文化溯源角度挖掘组织行为学当代价值的必要性、科学性与合理性。

2.通过本章内容学习,读者应当掌握我国人性善恶观念与西方组织行为学人性假设理论之间的区别和联系。

3.通过本章内容学习,读者应当了解我国人性善恶辨析中的义利之争与名实之辩、理欲之争与天人之辩、王霸之争与善恶之辩、形神之争和知行之辩的内涵外延、时代价值与现实意义。

新时代,我国日益走向世界舞台中央,中国的发展理应为人类做出新的更大的贡献。新时期,坚持"道路自信、理论自信、制度自信、文化自信"是我国坚定的历史选择。参照"不忘本来、吸收外来、面向未来"的原则,坚守中华文化立场、传承中华文化基因,汲取中国智慧、弘扬中国精神、传播中国价值,不断增强中华优秀传统文化的生命力和影响力,坚定文化自信和国家认同,讲好中国故事,创造中华文化新的辉煌,成为当代人不可推卸的历史责任。

21世纪以来,面对百年未有之大变局,世界文化交流、渗透、融合加速,东方文化与西方文化进入大碰撞的时代。曾有专家指出:百年来国内哲学社会科学学术界学术研究几乎沦为西方理论的中国应用,甚至成为西方理论的留声机,背书和解读西方理论,高校的课堂教学也成为以西方理论为主料,佐以中国案例应用的"不中不西"式快餐冷饮。

针对当前西方恶意抹黑中国和国人言必称西方内外交互形成的消解国民文化自信的现象,理性应对国内管理学和组织行为研究本体化思潮中过程中呈现出的私家蒙学、占卜问卦、周易心经、禅修道合、厚黑哲学、阴阳术数、五行生克、为官之道、血酬定律、职场潜规则和圆通人际关系等异化国学、扭曲本土管理智慧的传统文化培训热现象,在传统文化热日益升温的时代背景下,本书旨在辨析中西方学缘关系,以起、承、转、合方式(起是指案例或典故导入,依托优秀传统文化或名家名典、名人轶事导入。承是指挖掘中华传统文化与组织行为学相关知识点的关联性。转是指探讨传统文化与当代意识的冲击与融合,合是指挖掘组织行为学知识点在日常生活中的应用领域及实施策略),探讨组织行为学研究领域的热点事件、社会焦点和难点问题,为构建科学性、合理性和应用性兼具的本土化组织行为学理论体系架构奠定良好的学理基础。

简单而言,依托前期所开发的慕课"中原文化:行为篇——组织行为的文化溯源",为培养学生民族意识、文化自觉和文化认同,解析行为文化逻辑、树立文化自信和国家认同、重构国人价值体系提供新的研究视角和应用场景。

第一节　继往开来
——组织行为文化溯源研究的必要性

当前一段时期,社会上出现了"言必称西方"和"以抹黑中国为乐"的现象。这与我国"言必称尧舜"和"得中原者得天下"理念相比,可以说是有云泥之别。国人这种心理上对外"妄自菲薄"、言行上对内"地域攻击",与源远流长、连绵不断、辉煌灿烂的中华文明和中华优秀传统文化中贵和尚中、美美与共、求同存异的价值追求大相径庭。

组织行为学作为独立的学科分支,其诸多原理来源于西方实验性调查研究。组织行为学,作为一门以行为学为基础,心理学、社会学和人类学学科交叉产生的独立学科,主要探讨个体行为、群体行为和组织行为问题,但其学科发展历史仅一百多年。当前,我国高校组织行为学教学主要以西方原版教材为主,虽然国内也有众多学者尝试编写《组织行为学》教材,但大多是国外教材的翻版。十多年来,作者本人用原版教材为研究生授课,用国内学者主编教材为本科生讲解组织行为学。当从美国访学归来以后,作者深刻地感受到:照搬西方组织行为学理论和背书原版教材观点,都与中国国情、中国企业实践和组织行为学教育初衷渐行渐远。

组织行为学研究内容中的难点和重点,主要在于如何解决人类欲望的无限性与需求满足的有限性之间的矛盾,保持个体知觉和行为的统一。但在个体欲望、群体需求和组织诉求难以满足的情况下,如何实现个体的"克己复礼"、群体的行为诱导和组织行为规范符合社会规范要求,成为当前社会组织行为学研究领域的焦点。

希腊哲学,作为西方哲学的本源,关注人生观、价值观、世界观等本原问题,通过哲学思辨寻求大千世界中永恒不变的因素,部分流派涉及科学主义和人本主义。但多数哲学流派徘徊在形而上层次,不能成为人类自我认知与行为统一的理论依托。而中国人学,从先秦诸子百家争鸣以来,历经两千多年的积淀,以人性善恶观念为核心,形成了涵盖人生意义、行为准则、人治法治和天下大同等丰富的思想体系,为解决人类欲望的无限性与需求满足的有限性矛盾提供了丰富的社会实践和坚实的理论基础。

众所周知,中西方文化差异巨大,导致我们与西方价值观念、思维方式、家庭理念、为人处世和语言习惯都有相当大的差异,就好比西方脑袋装着"方块",我们的大脑里却装着"圆",而且,这个"圆"还会随着外界环境变化,可能外圆内方或外方内圆,甚至还会幻化成"太极图"(见图1-1)。

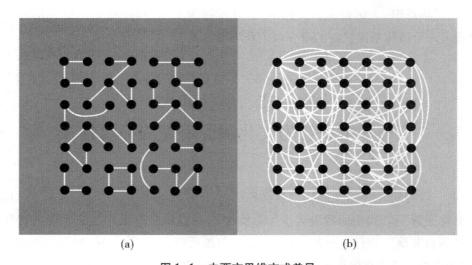

(a)　　　　　　　　　　　　(b)

图1-1　中西方思维方式差异

注:图(a)表示西方人对于人际关系的理解,图(b)表示中国人对于人际关系的理解

由此,本书尝试通过发生在我国的历史典故和名人名家轶事,探讨国人个体修德立行、立德立言的文化内涵、群体冲突化解行为逻辑与组织共生文化氛围形成机制,有利于帮助读者培养文化自觉、形成文化认同、树立文化自信。

第二节　天道人道
——组织行为文化溯源研究的合理性

古罗马著名政治家、哲学家西塞罗曾说过:教育的目的是让学生摆脱现实的奴役,而非适应现实。组织行为学作为管理学的姊妹课程,不仅要解决管理学所关注的"需求的无限性和资源的稀缺之间的矛盾",更加注重改变个体心智、调整人们行为逻辑,通过保持个体心理与行为的一致性,来提升团队管理效率和组织行为效能。简单地说,就是让社会上所有个体、群体和组织的行为,都能够尽可能地与个体利益诉求、群体行为规范和社会文化环境保持一致。

西方组织行为学的人性相关研究,以四种人性假设(经济人、社会人、自我实现人和复杂人)为核心,建构了 X 理论、Y 理论、超 Y 理论和 Z 理论(见表 1-1)。而我国人性善恶之辩自从先秦诸子以来,历经两千多年历史文化沉浮、理性经验演进和现实行为变迁,形成了以人性善恶观念为核心,涵盖人生意义、行为准则、人治法治的出世入世、有为无为和社会治理的性善论、性恶论、天性论、无性论体系。

表 1-1　基于人性假设的西方人性理论

人性理论	提出者及提出时间	人性假设	主要观点	管理方式
X 理论	道格拉斯·麦克雷戈(1957 年)	经济人	人天生懒惰,注重物质需求,缺乏进取心和责任感,逃避工作	权威管理,严格控制,金钱激励
Y 理论	道格拉斯·麦克雷戈(1957 年)	自我实现人	天生勤奋,自我约束,承担责任,具有创造能力,有较高层次需求	营造环境,激发潜力,内在激励
超 Y 理论	约翰·莫尔斯杰伊·洛希(1974 年)	复杂人	动机多样,自我约束,承担责任,具有创造能力,有较高层次需求	多样管理匹配工作性质、成员素质
Z 理论	威廉·大内(1981 年)	社会人	不仅追求物质,还有得到友谊、安全、尊重和归属感的需要	长期雇佣,参与决策,注重培训

下面,我们分别从性善论、性恶论、天性论、无性论不同视角,与西方的 X 理论、Y 理论、超 Y 理论、Z 理论进行对照分析,见表 1-2:

表 1-2　基于人性善恶的中国人性理论

人性理论	提出者及生活年代	人性假设	主要观点	管理方式
性恶论	荀子(约公元前313—前238)	性恶利己	性伪之分,人之性恶,其善者伪;人不为己,天诛地灭	以礼法正之,以教化导之,礼法治国
性善论	孟子(约前372—前289 年)	性善利他	恻隐心仁端;羞恶心义端;辞让心礼端;是非心智端	为政以德,宽猛相济,近悦远来
有善有恶论	世硕(战国早期)	有善有恶	或善或恶,善恶一体,举人善性,养则善长;举人恶性,养则恶长	抑恶扬善,择善而从,择不善而改
天性论	老子(春秋时期,生卒年不详)	人性天然	生者德之光;性者生之质。人法地,地法天,天法道,道法自然	保存本性,上善若水,无为而治
无性论	告子(生卒年不详,与孟子同代)	性无善恶	生之谓性,性无善无不善,人性无分东西,性也无分于善不善	不将社会伦理价值附加人性之上

对比表1-1和表1-2,可以看出:我国关于人性善恶的观念,远远早于西方人性假设理论。其中,荀子的性恶论类似于西方X理论,但荀子强调礼法治国,强调人文教化对人的管理作用,这要比西方X理论对待经济人的权威管理和严格控制要缓和得多。孟子的性善论与Y理论雷同,但倡导为政以德和宽猛相济管理方式要比Y理论刚性大得多。世硕有善有恶论和告子性无善恶论与超Y理论相仿,与西方复杂人假设异曲同工。但世硕的有善有恶论更加强调择善而从、抑恶扬善,倡导不贴标签、简单管理的思路与超Y理论的多样管理如出一辙。老子和庄子的天性论与Z理论相似,追求"自然和谐"和"天人合一",在注重激活个体、赋能组织创变的时代背景下,其倡议保存人的天性、无为而治的治事理念要比Z理论中提出的鼓励员工参与、注重长期雇佣来说更具时代价值和现实意义。

一、孟子"性善论"

孟子认为人性本善,指出人人都有恻隐之心(同情心)、羞恶之心(羞耻心)、辞让之心和是非之心。孟子见梁惠王,惠王说:"你不远千里来我国,一定有对我国有利的高见吧?"孟子说:"不必谈利,谈仁义就足够了。"孟子分别从王的角度谈利国、大夫的角度谈利家、士庶人的角度谈利己,层层论证,让惠王认识到,谈仁义公利比谈私利对国家更有价值的道理。

二、荀子"性恶论"

荀子认为"人之善恶,其善者'伪'也"。提出:人性虽恶,可用礼法进行教化和引导。《史记》曾记载,李斯"乃从荀卿学帝王之术",荀子作为法家集大成者韩非子和李斯的老师,说明"性恶论"是法家思想的重要理论基础。由此,荀子也可以看成儒家和法家的过渡人物。

三、老子和庄子"天性论"

老子认为"道大,天大,地大,人亦大",倡导"人法地,地法天,天法道,道法自然"。庄子认为,"生者,德之光也;性者,生之质也。"老子和庄子认为:人道来源于天道,倡导人应该"天性自然,保持本性"。

人物志:孟子 生卒年不详,战国时期伟大的思想家、教育家,儒家学派的代表人物,与孔子并称"孔孟",持有人性本善的人性观点。

人物志:荀子 生卒年不详,战国末期著名思想家、文学家、政治家,被尊为"荀卿",认为人性有恶,提倡性恶论,苏轼指出荀子"明王道,述礼乐",李斯曾学习"帝王之术",却"以其学乱天下"。

人物志:老子 生卒年不详,春秋时期思想家、哲学家、文学家和史学家,道家学派创始人,认为人道应效法天道。

人物志:庄子 生卒年不详,战国中期思想家、哲学家和文学家,道家学派代表人物,人性之真应法天地之大美。

人物志:告子 生卒年不详,与孟子同期,战国思想家,法家人物,曾受教于墨子,讲仁义。主张性无善无不善。

人物志:世硕 战国时学者,生平不详,亦称世子,没有著作流传,认为人性有善有恶,注重发掘人的善性则会性善见长,否则纵容性恶则恶长。

四、告子无性论

告子认为："人性之无分于善不善也。"指出人性没有
善恶，人初生时就像一张白纸，他不同意将社会伦理观念强加于人本性之上，认为人性不
应该被定义成性善和性恶，倡导人性应该回归简单。

由此来看，荀子"性恶论"衍生出的法治观点要比西方 X 理论（人性自私，好逸恶劳）
内涵丰富得多。孟子"性善论"修身、齐家、治事观念是西方 Y 理论（承担责任，自我管
理）和 Z 理论（忠诚信任，亲密和谐）的结合。老庄"天性论"比西方超 Y 理论（复杂权宜，
随机应变）的内涵更深刻。

老子和庄子的"天性论"推崇保持行为本真和人的本性，告子的无性论倡导回归简
单，与组织行为学中倡导的自我知觉与行为的一致性大同小异，与陶行知"千教万教教人
求真，千学万学学做真人"的教育理念如出一辙，也是本课程所提倡的"做真正的自我"的
理论依据。老子提倡不敢为天下先，有利于帮助大家树立规则敬畏意识，做人做事的时
候，能够体会到"战战兢兢，如临深渊，如履薄冰"的思想境界。"天下难事必作于易，天下
大事必作于细"，虽然做事需要关注细节，需要"战战兢兢"，不能仅凭"视规则如儿戏"的
快意，能够帮助大家找到"真正的自我"。

第三节　正本清源
——组织行为文化溯源研究的科学性

当前社会不乏"精致利己主义者"，宣扬短平快和人生捷径的"成功学"也很有市场。
这一现象与古罗马哲学家西塞罗提出的"教育的目的，是让学生摆脱现实的奴役，而非适
应现实"相去甚远。

拓展阅读

成功学是天使还是魔鬼?

成功学本质上是一门自我管理的学问,管理学中与之对应的是彼得·德鲁克的目标管理,起源于完善自我和培养他人目标,是一种促使人们积极进取,推动社会完善进步而自然产生的学问。国外代表人物有戴尔·卡耐基和拿破仑·希尔等人,研究内容主要集中在个人品德修养、积极心态养成和心灵励志辅导等层面。

而国内一些打着"成功学"旗号的所谓大师,大多公开表明师从安东尼·罗宾,主要从唤醒欲望、激发潜能角度,迎合人们渴求"短平快"地成名成家的浮躁心态和焦虑心理。一些变了味的成功学开始以教育之名,行毒化社会气氛、毒化人心之实。

当前社会上存在的"成功学"和"精致利己主义者"的现象,可看成我国战国时期的纵横家张仪所提出的"争名者于朝,争利者于市"的现代翻版。如果金钱和权势成为大多数人的信仰,那么"追求名利,可以不择手段"的马基雅维利主义就会盛行。人们就会信奉"成王败寇"法则,认为要想成为人生的"强者",视道德如粪土、视法律如无物、视规则如儿戏都是追求成功道路的行为"标配",甚至成为"炫耀"的"战绩"和掠取资源的"资本"。那么,关爱弱者、无私奉献就会成为"非主流","弱者"则必然成为信奉"物竞天择、优胜劣汰、弱肉强食"的"丛林法则"的"牺牲品"!

拓展阅读

"成王败寇"法则

自然界生物学里有物竞天择、优胜劣汰,弱肉强食、适者生存的进化论。由于自然界资源有限,强者获得更多资源成为丛林法则的重要自然属性。人作为高等动物,可改变丛林法则的自然属性。但某种层面上,人类社会也要遵守"成王败寇"的生存法则。

管理的本质就是有效解决资源的有限性和人类需求无限性之间的矛盾。在封建王朝时期,政权争夺的过程中,丛林法则、权力法则盛行,成功胜出者的就是合法的,就可以称王称帝;失落败北的就是非法的,流为贼寇的社会现象。具体体现为成功者往往具有话语权,甚至会篡改历史,失败者却有口难辩。也就是说,强者为王、弱者为寇,胜利者就是真理,甚至是永远有理的社会法则。

其实，《礼记·大学》中提出的"三纲"和"八目"，是我国流行时间最长、影响力最广的自我修炼"成功学"精髓。其中，三纲是指明明德、亲民和止于至善。明明德是指修炼"精一、专一、唯一、纯一"之德，达到弘扬"用心专一、唯精唯一"人性正能量的目的；亲民是指使人弃旧图新，去恶从善；止于至善是指通过自我升华，达到完美境界，促进"世界一家、天下大同"社会目标的实现。八目是：格物、致知、诚意、正心、修身、齐家、治国、平天下。其中，格物、致知是"明"的工具和手段；格物是认识世界的手段，致知是获取知识的途径；诚意、正心、修身是达到"德"行的途径和方法；诚意是指坚定意念，正心是指端正态度，修身是指修养身心；齐家、治国、平天下为亲民手段。齐家是指通过人际关系管理，实现家庭和谐、家族和睦、组织成员"上下同心"的过程；治国是指治理国家，实现国富民强幸福安康；平天下是指在"天人合一"思想指导下，实现世界大同天下太平。

墨子说："义，利也。"认为"义"是最大的"利"。他主张"兼相爱"和"交相利"，他提倡的"人民之利"和"天下之利"都是"道义"，远远超出"自利"和"私利"范畴。同时，墨子还提出"士虽有学，而行为本焉。"这与孔子提出的"知而弗为，莫如勿知"是相通的。另外，墨子还提出"言必信，行必果"，倡导人们表里如一、言行一致，这有利于同学们合理处理"诗与远方"和"眼前的苟且"的关系，树立远大志向，而不是醉心于眼前的蝇头小利，锱铢必较，有助于大家辨析"知难行易"和"知易行难"逻辑内涵，勇于面对自我、勇于攀登人生巅峰。

"为天地立心，为生民立命，为往圣继绝学，为万世开太平。"本书通过梳理中原文化基因，诠释个体、群体与组织的文化根源与行为逻辑，帮助大家认识自我，心不为外物所累。通过修炼个体心智，实现心不为外物所役；帮助同学强化责任担当意识，树立"苟利社稷，生死以之"的家国情怀。

"天道远，人道迩。"本书旨在挖掘优秀传统文化中个体心智修炼的中国智慧、群体行为诱导中的道德准则和行为规范、组织行为效能提升中的中国精神和中国意志，可以弥补西方组织行为学中人性假设和组织契约的不足，规避照搬西方理论诠释国人行为方式的不合理性，为国人个体、群体和组织行为的文化逻辑挖掘提供指导和借鉴。

概念辨析

X 理论：X 理论和 Y 理论，是由道格拉斯·麦格雷戈 1960 年提出的，是关于人工作原动力的理论。X 理论认为人们有消极的工作原动力，多数人天生懒惰，尽一切可能逃避工作；多数人没有抱负，宁愿被领导批评、怕负责任，视个人安全高于一切；对多数人必须采取强迫命令，软硬兼施的管理措施。

Y 理论：认为人们有积极的工作原动力，指出一般人并不天生厌恶工作，多数人愿意对工作负责，并有相当程度的想象力和创造才能；控制和惩罚不是使人实现企业目标的唯一办法，还可以通过满足职工爱的需要、尊重的需要和自我实现的需要，使个人和组织目标融合一致,达到提高生产率的目的。

超 Y 理论:是由美国管理心理学家约翰·莫尔斯和杰伊·洛希据"复杂人"假定于 1970 年提出的。超 Y 理论认为没有什么一成不变的、普遍适用的最佳的管理方式,必须根据组织内外环境自变量和管理思想及管理技术等因变量间函数关系,灵活地采取相应管理措施,管理方式要适合于工作性质、成员素质等。

Z 理论:由日裔美国学者威廉·大内在 1981 年出版的《Z 理论》书中提出,其研究内容为人与企业、人与工作的关系。Z 理论认为,一切企业的成功都离不开信任、敏感与亲密,因此主张以坦白、开放、沟通作为基本原则来实行"民主管理"。

马基雅维利主义:马基雅维利是意大利政治家和历史学家,马基雅维利主义主张为达目的可不择手段,成为权术和谋略代名词。高马基雅维利主义者更重视实效,相信结果能替手段辩护。低马基雅维利主义者易受他人意见影响。高马基雅维利主义者更愿意操纵和说服别人,一般会赢得更多利益。

性善论:由孟子提出,认为人性善是出于人的本性和天性,这种本性和天性被称为"良知"和"良能"。他指出"恻隐之心,人皆有之;羞恶之心,人皆有之;恭敬之心,人皆有之;是非之心,人皆有之。恻隐之心,仁也;羞恶之心,义也;恭敬之心,礼也;是非之心,智也"。

性恶论:荀子提出,认为人本性具有恶的道德价值,主张人有"性伪之分","天性"和"人为"之别,指出人之善恶,其善者"伪"也,性伪合和天下治。荀子倡导人性虽恶,以礼法正之,以教化导之。韩非子主张性恶论,比荀子的性恶论更加鲜明彻底,他认为人都有"好利恶害、自为自利"的本性,提出"厚赏重罚"的法治理念。

天性论:老子和庄子重视人本性、真性和天性,即"自然"性,认为人性天然,如同初生的婴儿一般;提倡"上善若水",认为"天人合一",万物并作,吾以观复生者,德之光也;性者,生之质也。认为"性之动谓之为",提倡无为而治、虚静恬淡,天性论认为人应该保存本真天性,超越善恶,人应通过养心、除欲,达到虚静和超然物外的状态,从而实现精神的逍遥。

无性论:告子不同意将社会伦理价值黏附于人本性之上,他认为"生之谓性","食色,性也",指出"水无分于东西",性也"无分于善不善"。告子认为人性初如白纸,人性既不能区分善恶,也不能用善还是不善分类。

利己论:杨朱主张"为名""贵生""重己",他指出"古之人,损一毫利天下,不与也;悉天下奉一身,不取也。人人不损一毫,人人不利天下,天下治矣"。他重视个人生命的保存,反对他人对自己的侵夺,也反对自己对他人的侵夺。阐发一种人生哲学,其核心观念是"为我"和"利己"。

利他论:墨子主张"兼爱""非攻""贵义""尚利",提出"视人若己""天下莫贵于义"的观点,认为"天下兼相爱则治,交相恶则乱",坚持利人、利国和利他,信奉"摩顶放踵利天下,为之"的行为方式,以"兴天下大利,除天下之害"为己任,提倡利他主义,追求义利合一。

复习思考题

1. 如何理解林语堂所说的"中国人在本性上是道家、文化上是儒家,成功时是儒家、失败时是道家"?

2. 如何协调"中学为体,西学为用"与当前提出的"文化认同、文化自觉和文化自信"的关系?

3. 为什么当代社会诋毁、抹黑和侮辱"英雄人物"事件屡次发生?

4. 如何理解"当代再无大师"的感慨和喟叹,但又如何解释目前社会上各类大师却层出不穷、粉墨登场的社会现象?

5. 如何看待当代大学生群体"感觉在别人的逻辑下活着",患上了被称为"空心病"的心理障碍?

尽其心者知其性，

知其性则知天矣。

——孟子·尽心上

第二章
修德立行——个体心理与个体行为

学习目标

1.通过本章内容学习,读者应掌握中华优秀传统文化如何影响个体心理发展,如何对个体行为产生促进或抑制作用,最终实现个体认知与行为统一。

2.通过本章内容学习,读者应了解养心修身和内观自省文化内涵,探析禅宗"三学"当代价值,摆脱"三毒"外在奴役,探寻"做真正的自我"途径。

3.通过本章内容学习,读者应了解先贤孔子"有为"、老子"无为"与庄子"忘我"的处世态度文化内涵,明辨外儒内法的行为诱导思想,知晓尚贤使能的内在逻辑与现实意义,依托"蝴蝶模型"建构"内圣外王"组织发展模型。

4.通过本章内容学习,读者应该了解志存高远对个体行为的支撑作用,了解"工匠精神""创新意识""企业家精神"的文化基因,懂得"勤学""苦学"与"好学""乐学"对个体行为的现实指导意义。

第一节 养心修身
——独立人格之本心真我

人民论坛问卷调查显示,信仰缺失、看客心态和社会焦虑症位列"十大病态"社会行为的前三位。迷茫、任性、散漫、从众、拖延、佛系、丧、躺平等自我管理缺失现象在人群中病毒式蔓延。

为消解社会病态心理、防范极端过激行为、提升自我管理能力,本部分内容试图通过诠释孙悟空历经磨难战胜心猿和佛家用戒、定、慧"三学"防范贪、嗔、痴"三毒"影响,寻求个体的"具足"和"自性",为"做真正的自我"奠定思想基础。

一、己所不欲,勿施于人

老子提出:"将欲夺之,必固与之",后来,演化为"将欲取之,必先予之"。孔子将上述概念发展成为"己所不欲,勿施于人",意思是自己都不想要的,最好也不要强加于别人。反过来,可以理解为:自己想要的,可以施加于人。其实,己所欲,未必是别人也有所欲,所以也不能随便地强加给别人。

目前,众多父母按照"己所欲,施于人"原则,对子女无时无刻不倾注着爱,所有父母都"望子成龙、望女成凤",给孩子提供"无微不至"的关怀和照顾。但这样"没有边界的爱"和"抹杀个性的关怀",有时也会成为一种隐性负担和慢性伤害,曾有人在某电视栏目中宣称"妈妈喂的毒药,我一喝就是 39 年"。同样,上司没有原则地关爱与呵护员工,也会给员工造成心理压力和情感负担。试问:我们了解自己吗?我们了解孩子吗?我们了解员工吗?

为防范教育"内卷",父母习惯于把自己的主观意志强加于子女,为让孩子活成自己想要的样子,把原本辅导孩子做作业的"美好瞬间",演化为"陪娃写作业"的"人生至痛"。由此,做事先做人,正人先正己,正己先正心。

二、心猿意马,正己正心

2014 年 5 月 4 日习近平总书记在北京大学师生座谈会上指出,"一个民族、一个国家,必须知道自己是谁,是从哪里来的,要到哪里去"。认识自己,需要正己正心,就要先了解"本我、自我和超我"概念内涵。下面,从三藏法师西行取经故事谈起。大家知道,三藏法师,俗名陈祎,洛阳偃师人,在洛阳净土寺出家,是三大佛教翻译家之一。三藏法师的大徒弟孙悟空,《西游记》中被称为"心猿",白龙马被称为"意马","心猿意马"指孙悟空的"兽性"本我状态。由此,他"大闹天宫"的行为"兽性十足"。

(一)自性具足

李克强总理曾对关键少数指出:"大道至简,有权不可任性。"其实,对于普通民众来说,"无权也不可任性",如果我们每人都经常"释放自己心中的小野兽",那么,社会管理成本不知道要上升多少倍!孙悟空由"任性",琢磨出"自性",是被如来佛祖压在五指山狭小的空间内,被动实现的。通过"定心",逐渐进行自我识别、自我知觉和自我评价,从而实现自我认同——正如《功夫熊猫》电影中"阿宝"通过寻找内在平静,找到了"自我",强大了内心——历经八十一难的孙悟空实现了由本我向自我并向超我的转化,最终成为"斗战胜佛",孙悟空由普通的"人"成为公认的"神",从本我的"兽性"向自我的"任性"和超我的"神性"转化。

(二)自我修炼

本我、自我和超我三分法是弗洛伊德 1923 年提出的,其实,早在春秋末期,孔子就有"人有五仪"的观点,他将人分成庸人、士人、君子、贤人和圣人五类。当然,比"庸人"还不堪的"小人",是近乎"兽"的。按照现代观点,小人是自私自利,甚至是损人不利己的人,这种人经常释放自己心中的"小野兽",有时甚至"禽兽不如"。那么,如何从庸人向士人、君子转化呢? 其实,这是逐步摆脱"本我"约束,寻找"自我"内心平静,实现自我认同的过程。现实中,贤人和圣人是不多见的。李白曾慨叹:"古来圣贤皆寂寞。"孔子称赞颜回:"贤哉回也。""不迁怒,不贰过。"由此,圣贤是近乎"神"的。就像孙悟空那样的"神仙",也需要历经"九九八十一难"的磨炼,通过各种考验,才能达到的"人生境界"。

(三)做真正的自我

做真正的自我,就是通过内观自省心智修炼,摆脱兽性"本我"束缚,减少"本我"行为发生的概率,追求内心的平静,让"自我"行为占据主导,并努力提升神性"超我"行为发生概率的过程。那么,大家是喜欢像孙悟空那样,被动地压在五指山下,在狭小的空间中寻找"自我",还是采用主动方式,移除心中"杂念",摆脱"本我"束缚和奴役,实现"自我认识和自我认同"呢? 对于一般人,能够找到自我,就已经很好了! 所以,本书倡导大家"做真正的自我",而不是像李开复那样,推崇《做最好的自己》。因为,做最好的自己——太辛苦,太累! 容易形成"A 型人格",容易产生紧张感,积聚负面情绪。所以,大家还是轻松一点,只要逐步摒弃"本我"的约束,寻找自我的本真"自性",逐步实现自我认同。

三、内观自省,修持三学

如何才能找到自性具足的"自我"状态,如何才能实现自身内心的平静? 如何摆脱"本我"的束缚? 如何实现从"自我"状态向"超我"的境界过渡呢?

前文提出孙悟空琢磨出本心和"自性",是被佛祖压在五指山下,借助外部压力被动实现。由此,磨难和压力有时是寻找自我的途径,但可能需要特殊的机遇,而且耗神费力。"自天子以至于庶人,壹是皆以修身为本",另一种寻找本心和"自性"的方法是通过感悟禅宗文化,通过内观自省和修持三学,"三人行必有我师",通过见贤思齐,逐步提升人生境界,感悟心智成长。

(一)禅宗智慧

一部电影使"少林寺"名扬四海。但少林寺的"威名",不仅有"少林功夫",其"禅宗祖庭"地位更是举足轻重。相传,二十八祖达摩"一苇渡江"后,来到嵩山面壁九年,是为寻找能将佛教中国化的人,发现能用中国文化,解读禅意、解读佛理的后来者。于是,就有了慧可"断臂立雪"求佛法的故事,"慧可"成为中国禅宗二祖,达摩也被称为中国禅宗始祖。"慧可""断臂立雪"的"立雪亭"就位于少林寺的主体建筑方丈寺后面。历经三祖、四祖、五祖,到六祖惠能,禅宗实现了彻底的中国化。这也是少林寺被称为"禅宗祖庭"的由来。近十年,少林寺重点打造"机锋辩禅"禅意辩论赛事的"问禅文化",滋养静修、广结善缘的"禅茶文化",禅耕并重、种植善果的"禅耕文化"以及集中展示"禅、武、医"的禅宗少林音乐大典实景演出,使禅宗的影响更加深远。

拓展阅读

禅宗六祖

　　禅宗六祖,是中国佛教最大的宗门。达摩在中国始传禅宗,经二祖慧可,三祖僧璨、四祖道信、五祖弘忍、六祖惠能等大力弘扬,终于一花五叶。后人尊达摩为禅宗初祖,尊少林寺为禅宗祖庭。

　　初祖达摩,全称初祖菩提达摩。曾在嵩山少林寺面壁九年,536年卒于洛滨,葬熊耳山。二祖慧可,一名僧可,俗姓姬氏,虎牢(今河南荥阳)人,初祖达摩入室弟子,被尊为禅宗东土二祖。三祖僧璨,唐玄宗授予鉴智禅师称号,初祖达摩时,人们对禅法遇而未信,二祖慧可时,信而未修,三祖僧璨时,有信有修。四祖道信,被唐太宗赐以紫衣,被唐代宗授予大医禅师称号。五祖弘忍,倡导渐悟,唐高宗授予大满禅师称号。六祖惠能,提倡顿悟,唐宪宗追谥大鉴禅师称号。

(二)三毒三学

达摩《悟性论》中指出,三界者:贪嗔痴是。返贪嗔痴为戒定慧,即名超三界。然贪嗔痴亦无实性,但据众生而言矣。若能返照,了了见贪嗔痴性即是佛性,贪嗔痴外更无别有佛性。由此,每个人具足的自性,被贪、嗔、痴三毒遮蔽了双眼,需要修持戒、定、慧三学,通过守戒、禅定和生慧修炼,才能抵挡"眼、耳、鼻、舌、身、意"感知带来的诱惑,实现内心澄明状态。

禅宗"三毒""贪、嗔、痴"是人生旅途中面临的各种诱惑与提升人生境界的障碍。一毒是"贪"。其实贪是人的"本我"天性,人为满足现实需求,都会有占有的欲望和本能,有"趋利避害"的天性。当然,现实需求,是刺激经济发展和社会进步的动力。但"君子爱财,取之有道",在规则框架下的"贪",是人正常行为表现。但没原则的"贪",损人利己的"贪",是社会所不容的。"嗔"指对生活中的不如意,发脾气,甚至做出不理智行为。"痴",指心性被外部事物迷惑,善恶不分、是非不明的心理状态。要想减少"三毒"负面影响,摆脱现实的奴役,只有通过养心修身和内观自省,当我们内心强大时,才能不被外物奴役或少被外物奴役。

人物志:陈祎 (602或600—664年),法名"玄奘",俗称"唐僧"。唐佛教学者、旅行家,唯识宗创始人之一。中国佛教三大翻译家之一。

人物志:慧可 (487—593年),俗姓姬,名光,号神光,师从达摩,汉传佛教禅宗二祖,禅宗代表性人物之一,有"立雪断臂"典故流传。

"自天子以至于庶人,壹是皆以修身为本",无论天子,还是百姓,想摆脱"贪、嗔、痴"折磨,都要修炼心智。人小之时,顶风沐雨,为一把雨伞,都能体会"得不到"之苦。长大之后,诱惑繁多,如何不让心被外物迷惑,如何防止迷失心性,如何避免不明事理行为发生?这就需要我们挖掘禅宗"三学"的现实价值。

禅宗"三学","戒、定、慧"。"戒"是指规范自己的行为,如当"得不到"和"已失去"发生时,采用"以牙还牙、以眼还眼"的方式,不仅伤害了别人,也会带来烦恼和不安。但是我们可用宽恕的方式,让时间来修弥心灵创伤,让自己的行为更加符合社会规范。

"定"是指通过禅坐和定心,寻找内心平静。其实,"禅坐"不是要大家念经、打坐,而是给自己留下静思的时间和空间。诚然,如今人们的工作压力大、生活节奏快,时间不够用,但是我们压根就没停下来回想一下:自己之前做了什么?有哪些提升的空间?有哪些方面触碰到自己的心灵?其实,这就是禅宗强调的"明心见性、直指人心",通过"禅坐"或"静修"的方式,也能感悟人生智慧,形成自我认识和自我认同,从而实现"气定神闲""怡然自得"的获得感。

"慧"指在"戒"和"定"过程中,逐渐参悟自身价值和人生意义。这与孔子所说"见贤思齐焉,见不贤而内自省"所蕴含的思想是相通的。

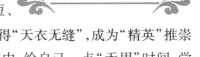

人物志:**慧能** (638—713年),亦作"惠能"别号曹溪大师,被尊为禅宗六祖,继承了东山法脉并建立了南宗,其禅学思想为"见性成佛"与"直指心传"。

人物志:**子产** (?—前522年)春秋时期著名政治家,思想家,坚持"择能而使"的用人观,"不毁乡校"的民本思想与"宽猛相济"的治国理念。

人物志:**商鞅** (约前390—前338年),战国时期政治家、改革家、思想家,法家代表人物,主要思想"重法轻礼""重农抑商"与"重刑厚赏"。

人物志:**申不害** (约前385—337年),战国时期思想家,以"术"见长,信仰黄老之术。

当今社会上流行的"时间管理"方法满足了人们"短、平、快"诉求与"跨越式发展"愿望,将"碎片化"时间利用得"天衣无缝",成为"精英"推崇的制胜法宝。殊不知"磨刀不误砍柴工",在生活和工作中,给自己一点"无用"时间,学会利用"碎片化"时间进行"静思",会更容易找到自我,找到工作和生活的意义。正所谓:"若无闲事挂心头,便是人生好时节。"

有句英文说得好,"Peace comes from within, do not seek it without",与"心既是佛,莫向外求""吾心若安,既是故乡"所含思想一致,每个人的本心里面都住着"佛性",每个人的心中都蕴含着"善念"。

通过"戒、定、慧"三学,消除"贪、嗔、痴"三毒对人们现实生活的奴役,就能更加有效地控制情绪,从而不被外物迷惑和奴役,从而向超我状态过渡。如此,将会达到一种"无我"的空冥状态,达到组织行为学"内部归因"的精妙所在。通过内观自省,修正日常行为中可提升与可规范的地方,正如孔子所说"见贤思齐,见不贤而内自省",把符合社会规范和自然规律的行为坚持做下去,改正不符合的地方,也是"敏思笃行、唯真求实"的要义。

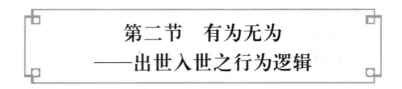

第二节　有为无为
——出世入世之行为逻辑

俗话说,"眼见为实,耳听为虚",但是你眼中的世界未必是真实的世界,也就是说眼见的也未必是真实的世界,而是你想看到的世界的样子。

六祖慧能曾遇到两个僧人就"风吹幡动"和"幡动而知风吹"争得不可开交,提出:"既不是风动,也不是幡动,而是自然界中的风和幡在心中的映射,可谓心动。"由此,要想"做真正的自我",首先需要"认识真实的世界"。为把世界看得更加清楚,就要消除知觉偏差。所以,世人曾都想借助一双慧眼,把纷扰世界看得清清楚楚、明明白白、真真切切。

如图2-1,大家可能都产生过视觉错觉,左图观察者可能会觉得竖线比横线长;右图人们可能会认为两条直线不平行,把原本的平行线看成了曲线。

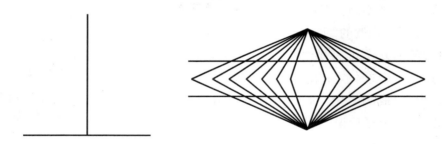

图2-1　视角错觉示意

你的眼睛还会欺骗你,让你将平面图形看成立体图形。甚至有些视觉动图,还会让你产生头晕目眩的感觉。所见即所得,常人认为的"眼见为实",其实,未必尽然。你眼中的世界,未必是真实的世界,我们会被自己的知觉欺骗。知觉是客观事物在人脑中的主观反映,受人类无法直接接触到自然界规律的限制,导致我们常常迷失在生活的"丛林之中",当自我认识与客观世界产生矛盾时,由于"认识失调"产生的紧张心理,让我们经常处在焦虑之中。

一、有为无为

人们在认识世界的过程中,总是寻求知觉与态度之间的平衡,追求态度与行为的一致。下面,就从先哲们认识世界的脉络,来分析国人的行为逻辑。

（一）孔子"有为"

孔子曾去洛阳向老子问礼。老子认为，"道"是认识世界的突破口，倡导顺其自然、清静无为的处世态度。老子认为，"富贵者赠人以财"，他谦虚地"窃仁人之号"，只赠孔子一言："君子得其时则驾，不得其时则蓬累而行。"意即如果时机不好，君子虽有"大济苍生、拯救天下"的雄心，最好深藏不露，保护好自己，这也是孔子"用之则行，舍之则藏"观点的由来。

后来，孔子并没按"舍之则藏"行事，还是坚持"积极的有为"，周游列国，推销他礼乐治国的政治理念，虽被称为"丧家之犬"，但亦不忘初心。

（二）老子"无为"

老子无为，是"积极的无为"，倡导"无为而无不为"。《道德经》通篇，都透露出对"道"和自然界的敬畏，提出"治大国若烹小鲜"的思想。这与目前党和国家着力破解"乱作为"和"不作为"两种不良官风的理念是一致的。

老子的"夫智者不敢为也""为无为，则无不治"思想，对商圣范蠡、御风的列子和梦蝶的庄子等人认识世界的方式产生了深远影响，也为解决态度、行为与客观世界保持的一致性提供了智慧源泉。由此，想解决好工作和生活的难题，就要少做"按着牛头让牛喝水""抬着牛腿让牛赶路"的傻事，多采用"执牛耳"和"牵牛鼻"方式。

（三）庄子"忘我"

庄子认为，"天地与我并生，万物与我为一"，参悟出"忘乎物、忘乎天"，"宠辱不惊，物我两忘"的"忘我"境界。庄子，在濠河桥上，与惠施争辩，鱼是否快乐，提升了思辨能力。后来，通过辨析"梦境中的蝴蝶"与"现实中的我"的关系，不争魏相、不做楚相，甘愿做个"曳尾涂中"，爬行在烂泥塘中的乌龟的实践检验，他终于参悟出了"忘利、忘名、忘我"的真道，收获了"超脱达观"和"潇洒自如"的人生态度。其中，不争魏相，把魏国的相国职位比喻为腐烂的老鼠，表达自己"非梧桐不止，非练实不食，非醴泉不饮"的格调，不屑于与好友惠施争夺魏国相位。

庄子达观超脱的思想，对魏晋时代"竹林七贤"阮籍、向秀和山水田园诗派创始人谢灵运等人感知世界的方式，产生了巨大影响，成为士大夫阶层"穷则独善其身，达则兼济天下"人生信条的理论基础。

目前，对生活在钢筋混凝土丛林中的我们来说，通过对"诗中有画、画中有诗"的田园诗派的吟咏，通过"寄情山水、托物言志"的表达方式，纾解心理压力，具有特别重要的现实意义。让承受工作和生活双重压力的我们，对恬淡自在的田园生活和慢节奏的农耕体验，产生天然向往。国外生活的华人，在院落里"种菜"，而不是种草，是文化影响人们行为的现实写照。

"心远地自偏"，让我们积极进取，奋力前行之余，坚守"远方的诗和田野"的同时，也正视现实生活的压力和妥协。"无为而无不为",在面对困难时,让我们的内心更加强大,学会摆脱俗务,达到"忘我"境界,不被现实所奴役,实现"超然物外"的释然。

二、出世入世

"天行健,君子以自强不息。"美国教授大卫·查普曼指出,中华民族的历史,就是战天斗地、敢于挑战权威、挑战不可能的历程,就是与自然界斗争、与社会现实抗争的不认命、不服输、不抛弃和不放弃的过程。由此,行为上表现出的"以积极入世的态度做事,以淡然出世的态度做人",成为人们待人处事的原则。

有些人却反其道而行之,"以积极入世的态度做人,以淡然出世的态度做事",活出了"怎么都行、不大走心、看淡一切"的佛系感觉。"哀莫大于心死",有些人活成《In the fall》动画片中描述的"30 岁已死、70 岁才埋"激情褪去、梦想幻灭、单调乏味的生活。下面就从孔子"明知不可而为之"入手,探讨国人"入世做事,出世做人"的文化内涵。

(一)孔子拆墙,仁德治国

目前新建住宅区也在推广街区制,被理解为拆除小区围墙,成为新闻头条。历史上成功的拆墙行动就是子产的杰作。"弱国无外交",子产陪郑简公到晋国送"保护费"。晋国非常轻慢,安排他们住低矮的"馆舍"。子产断然拆除了"馆舍"围墙。被晋国质问时,子产用晋国礼遇外宾的传统,讽喻轻慢进贡小国的失礼之处,为郑国争取了外交主动权。

孔子,一生中当过最大的官是大司寇,代行相事。孔子仰慕子产,称他为"古之遗爱",而且他对子产"宽猛相济"的治国思想推崇备至。为加强君权,子产"苟利社稷,死生以之"的信念,坚定了孔子"堕三都"的决心。他准备用拆除城墙的方式,削弱鲁国"三桓"权臣的势力。于是子路对"三桓"季孙氏、叔孙氏、孟孙氏的城邑实施"拆墙"行动,结果在"三桓"抵制下,只拆除两座城的墙,就失败了。孔子被迫走上周游列国之路。

三次拆墙都是为"打破利益固化的藩篱",但从孔子"堕三都"结果来看,要想建立"为政以德""节用爱人"的"理想国",是要付出代价的。为拆除城墙,孔子被迫走上历时十四年的周游列国之旅。整个行程可以说是颠沛流离,备尝艰辛,受尽冷嘲热讽。孔子曾在芒砀山避雨,在淮阳绝粮三日,弦歌不辍,厄于陈蔡之间,险些丢掉生命,甚至被称为"丧家之犬"。孔子虽四处碰壁,却甘之若饴,仍然坚守"仁德治国"的信念。孔子"入世做事",对曹操写出"烈士暮年,壮心不已"的诗句,诸葛亮"鞠躬尽瘁、死而后已"的行为,产生着积极影响。

"知其不可而为之"发展到现在,体现为影视剧《亮剑》中"面对强大的对手,明知不敌,也要毅然亮剑"的亮剑精神;体现为"明知山有虎,偏向虎山行"的"打虎拍蝇"的决心,体现为着力"打破利益固化的藩篱""敢于啃硬骨头"的魄力。

（二）法莫如显，富国强兵

申不害（河南新郑人）变法，使韩国强大；商鞅（安阳内黄人）变法，使秦国强大；韩非子（河南新郑人）思想，奠定了秦国中央集权制度；李斯（河南上蔡人）被腰斩，使秦朝由强转弱；晁错（河南禹县人）进言削藩，加强中央集权，导致七国之乱。上述变法和改革虽有一定差异，有的重法，有的重术，有的重势，有的是法、术、势的集合。韩非子"事在四方，要在中央"的集权思想，"法莫如显，术不欲见"的诡道手段，"圣人执要，四方来效"的战略目标，让所有当权者着迷。

（三）外儒内法，济之以道

"帝道、王道、霸道"三种治国方式，法家的"霸道"是见效最快的方式，能快速使政治、经济状况变好或转危为安。但上述五人，都是以"非正常死亡"告终，说明法家思想确实是把双刃剑。在社会变革过程中，要对儒家"有为"、道家"无为"、法家"强为"进行综合分析，把握"帝道、王道、霸道"的适用性。

儒家"知其不可而为之"，重在"志存高远""弘毅进取"，倡导"建功立业"和"规范行为"，是一种积极的"入世"态度。儒家重视"以人为本"和"身正令行"，在组织管理过程中，能坚持"凝聚人心"和"率先垂范"。由此，高层管理者应该具备"积极进取"的儒家思想和"修己安人、内圣外王"的管理手段。

法家的"修明法制"，重在遵从被管理者"好利恶害"和"就利避害"的人性特点，强调"集权思想"和"规则意识"，有利于提升管理工作效率。

道家"无为"，在于时间点的把握，倡导"上善若水"和"无用之用"，与基督教劝人"做光做盐，服务社会"的观点相近。但道家，对自然更敬畏，更尊重"道"的规律性，懂得"战战兢兢、如履薄冰"的深刻内涵。

外儒内法，济之以道，成为国人"出世入世"纠结的行为诱导手段。由此，最高层领导者，不仅要有"悲天悯人"的佛家情怀，还要借助法家思想，建立有利于组织发展的制度体系，依托儒家积极"有为"，构建员工职业生涯通道的同时，要着力以文化价值观为核心塑造组织各层面成员都认同的企业文化，增强各级员工的组织承诺和集体荣誉感。只有这样，企业管理和文化塑造，才不是"压牛头""扳牛腿"行为，才能让组织运营成为"执牛耳"行为变成"水之就下"的顺势而为。

人物志：李斯　（约前284—前208年），秦国著名的政治家与文学家，反对分封制，坚持郡县制，主张禁百家之言，还参与制定法律，统一车轨、文字、度量衡制度。

人物志：晁错　（前200—前154年），西汉政治家、文学家。建议汉景帝强制削藩，引发七国之乱。

人物志：韩非　（约前280—前233年），战国时期杰出的思想家和哲学家，荀子门生，法家思想集大成者，其主张为中国第一个中央集权政权的诞生提供了理论依据。

第三节　内圣外王
——尚贤任能之使民知方

"为政之要，莫先于用人""为政在人，取人以身，修身以道，修道以仁"，自古以来，尚贤使能、尽人之智就被认为是治国理政的核心。而且，相人相马和识人辨才就被当作天下第一等学问和当政者的第一要务，甚至出现了"贤主劳于求贤，而逸于治事"的现象。这就是国人秉持"用之则行，舍之则藏"的处世哲学，坚持"用师者王、用友者霸、用徒者亡"为原则，以"修身、齐家、治国平天下"为己任，"学而优则仕"的治学思路和"内圣外王"的处事逻辑。

下面就从尚贤使能、辨才识人和蝴蝶模型角度，探析国人"内圣外王"处事行为的文化逻辑。

一、尚贤使能

"知人者智"，人力资源管理在人才选聘、使用、考核方面注重"找得到、选得准、用得好和留得住"，组织管理工作强调个人价值、团队建设和组织效能，这就要求我们掌握"读心识人"的方法，拥有"识才"慧眼、"容才"雅量、"聚才"压力和"用才"智慧。

（一）道家"不尚贤"

《道德经》指出："不尚贤，使民不争。"老子认为"道大，天大，地大，人亦大"，把"人"放在和"道""天"和"地"同样的层面，充分肯定了人对外部世界的主观能动性。他认为，人在改造世界的过程中，应坚持"人法地，地法天，天法道，道法自然"的规则，高明的执政者或领导者，应信奉"圣人善救人，故无弃人"。圣德的人，有拯救人的能力，不应放弃周围的人，应提升他们的能力。也就是说，领导者应有"救人"的情怀，多关注下属的成长，挖掘员工的潜能。"圣人为而不恃，功成而不处，其不欲见贤"，圣人做了自己该做的，不会依仗对他人有恩，索取利益。圣人做了好事，也不会居功自傲，不是为了追求"贤良"的名声而去帮助人。因而，领导者，要有"推功揽过"之举，不要争着去带员工的"大红花"，不要侵占原本属于员工的"荣誉和利益"。

老子的"不尚贤"，是指真正的圣人，不为"圣贤"的称谓而做事，和庄子的"至人无己，神人无功，圣人无名"是一致的。高尚的人会忘掉自己的利益，神人不追求现世的功绩，圣人不在意身后的名誉和地位。这种境界，既不是"出世"，也不是"入世"，可称为"游世"。逍遥天地之间，洒脱之至。"上善若水""水利万物而不争"。不争夺名利，是领导者的最高境界。他们把下属的成长和员工的获得感，作为自己最好的"礼物"。

（二）儒家"尚贤"

孔子主张"为政在人"。治理国家必须有人才做保障。他的"尚贤"思想,体现为"君子不器",君子不拘泥于外在形式和教条。"君子道者有三:仁者不忧、知者不惑、勇者不惧",有德行、有能力的人,"志于道",无论在思想、行为和气度上,都要有驾驭复杂环境的能力,能够担当"齐家、治国、平天下"的重任。

"取人以身,修身以道,修道以仁。"选拔人才要看他的品德修养,看他是不是能遵循正道,看他有没有"仁爱"之心。由此,孔子崇尚的能人,是"怀才抱器""德才兼备""以德为主"的,既有好的思想品质,又有工作才干和能力。

（三）墨家"尚贤"

墨子指出:"夫尚贤者,政之本也。"他认为治国理政根本在于举贤使能,"以尚贤使能为政,不辨贫富、贵贱、远近、亲疏"。他认为"尚贤"是国家兴亡的关键,反对"无故富贵"的世卿世禄制度,"选材使能"应"不拘一格降人才",给予社会底层"农与工肆之人"更多的职业上升机会,这与"尊重知识、尊重人才、尊重劳动、尊重创造"是一致的。

二、读心识人

"能力"是指个体顺利完成某活动所具有的心理特征。"能力"是一种心理能量。毛泽东在 24 岁时,对王阳明的心学非常感兴趣,有感而发,写了一篇文章《心之力》,老师杨昌济给了满分。但是,怎样识别"能人"呢? 俗话说:"画虎画皮难画骨,知人知面不知心。"庄子认为:"凡人心险于山川,难于知天。"韩愈在《马说》中感慨:"千里马常有,而伯乐不常有。"识人是一个复杂的心理过程,分辨能人还是庸人,需要"伯乐"这样的专业人士。为了大家"识别人才",这里推荐几种"读心识人"的方法。

（一）孔子行为识人法

孔子"三步"法,视其所以、观其所由、察其所安;观察人的社交状况、行为方式和情感取向。孔子"三步"识人方法,重点考察被观察者的日常行为表现,是典型的"行为识人法"。

（二）李悝环境识人法

李悝"五视"法,居视其所亲、富视其所与、达视其所举、穷视其所不为、贫视其所不取;"五视"法,观察人在不同场合与不同环境中的行为表现,是一种"环境识人法"。

（三）吕不韦情绪识人法

吕不韦"六验"法,喜之以验其守、乐之以验其僻、怒之以验其节、惧之以验其持、哀之以验其人、苦之以验其志;"六验"法,分析人在不同情绪下的表现,是一种"情绪识人方法"。

（四）诸葛亮言行识人法

诸葛亮"七视"法，问之以是非而观其志、穷之以辞辩而观其变、咨之以计谋而观其识、告之以祸难而观其勇、醉之以酒而观其性、临之以利而观其廉、期之以事而观其信；"七视"法，测试人的言谈方式和表现，是一种"言行识人方法"。

（五）姜子牙心理识人法

姜子牙"八征"法，问之以言观其辞，穷之以辞观其变，与之间谋观其诚，明白显问观其德，使之以财观其廉，试之以色观其贞，告之以难观其勇，醉之以酒观其态；"八征"法，分析人的言行举止和心智倾向，是一种"心理识人法"。

（六）庄子工作识人法

庄子"九征"法，远使之而观其忠、近使之而观其敬、烦使之而观其能、猝然问焉而观其知、急与之期而观其信、委之以财以观其仁、告之以危而观其节、醉之以酒而观其则、杂之以处而观其色；"九征"法，是在工作中考察人的言行举止，是一种"工作识人法"。

"知人者智，自知者明。胜人者有力，自胜者强。"了解"三、五、六、七、八、九""识人"方法后，可看出：考察人的能力、分析人的言行，需要专业人员，花费大量的时间和精力才能做到。

三、知识能力

世界经济合作与发展组织，把知识划分成事实知识、原理知识、技能知识和人力知识四类。事实知识是"知其然"，知道事物是什么；原理知识是"知其所以然"，知道事物的运行规律；技能知识是一种再现能力，自己能再现前人做过的工作，或创造性地完成工作；人力知识是"知人善任"，知道谁能做，并让他把事情做成。诸葛亮《诫子书》中有："非学无以广才，非志无以成学。"说明通过学习知识，可以提升能力。

（一）人生境界

为便于大家理解上述四种知识，我们分析一下人生的三种境界："看山是山，看水是水""看山不是山，看水不是水"和"看山还是山，看水还是水"。

第一种境界，"看山是山，看水是水"，是个体能力水平较低层次，这时，人仅仅对事实知识有简单了解。第二种境界，"看山不是山，看水不是水"，指个体在了解事实的基础上，对原理知识和技能知识有了深刻把握。庄子《庖丁解牛》，说明人在看透事物表象后，能掌握内在规律，通过思考和实践，使个体的能力获得极大提升，进而进入一种行动自由的状态。第三种境界，"看山还是山，看水还是水"。这种境界的人有两类：一类是能"俯瞰"现实的专家，另一类是自闭症患者。如果大家没登到山顶，就不会产生"一览众山小"的感受，也就说，在没有成为"专家"之前，不会有"俯瞰"事物的能力。下面，为便于大家领略"山顶上的风景"，我们从自闭症患者的视角，探讨身处最高境界的感受。

有"人肉照相机"之称的英国天才画家史蒂芬·威尔夏拥有极强的记忆力,虽然小时候患有自闭症,但乘坐直升机在城市上空绕行一周后,就能凭借记忆力手绘纽约、东京、伦敦等国际大都市的全景图。对史蒂芬来说,"看山还是山,看水还是水",与我们相比,他看到的世界分辨率特别高,我们看的世界分辨率就低多了。但第三境界的人,不能老用分辨率太高的观点,来衡量周围的人和事。还要学会根据周围人的分辨率做相应调整,才能让自己的观点被大家接受,才能帮助周围的人提升能力。

老子指出:"善用人者为之下。"虽然圣人已进入第三境界,但还应采用"处众人之下"的方式,"不妄为",通过努力让周围人成长,来逐步实现"夫唯不争,故天下莫能与之争"的目的。

第三境界的人,是对事实知识、原理知识、技能知识和人力知识四种知识,烂熟于胸又能够灵活运用的人。这里最难做到的是对"人力知识"的把握,就是要"知人善任",而不是"事必躬亲"。

（二）综合能力

能力是一种成熟的心理特征,"知识"和"能力"并不能画等号。大学生学习知识,不能对事实知识和原理知识过于纠结,它们仅是我们获取改造世界能力的手段和工具而已。运用之妙,存乎一心。所以,我们更应强化技能知识和人力知识,真正地提升运用事实知识、原理知识、技能知识和人力知识的综合能力。

刘邦、项羽以荥阳鸿沟为界,展开楚汉之争。后来,演绎为"中国象棋"游戏。荥阳也被称为"中国象棋之乡"。无论是身世、胆识、武力和影响力,项羽都远远超过刘邦。据司马迁评价,刘邦还"好酒及色",轻视文人,但他凭借超强的"人力知识",最终战胜了项羽。

竹林七贤中的阮籍曾慨叹:"世无英雄,遂使竖子成名。"但"素有大志、豁达大度"的刘邦经历惊心动魄的"鸿门宴"时,还能遵从"能斗智时决不斗力"原则,通过高超的选人、用人和驭人,顺势而为,在楚强汉弱的情况下,实现了"成功逆袭"和人生翻转。

正如刘邦自己评价:张良、萧何、韩信,"三者皆人杰,吾能用之,此所以取天下者也","项羽有一范增而不能用,此所以为我擒也"。刘邦善用人,知道自己能力的不足。项羽勇猛过人,能力强,却不知道自己的弱点,导致韩信、陈平,甚至是范增,都不能为他所用。

四、发展模型

晏子指出,"国有三不祥","夫有贤而不知"是一不祥;知而不用,二不祥;用而不任,三不祥也。晏子"三不祥",说明"选贤任能"对组织发展的基础保障作用。

（一）管理层级

管理的核心要素是"人",组织发展就是要挖掘个体价值创造能力。根据管理层次,道家崇尚"天道自然""顺天应时",推崇"无为而治",讲究战略时机和竞争空间的把握。

由此,"治大国若烹小鲜",道家具备最高层领导者(站在山顶上的人)俯瞰的心理特征。

儒家推崇"为政在人",倡导"恭、宽、信、敏、惠"修养方式,推行"以人为本"的"仁政"治国思想。恭是指"正己正人"的恭敬思想,宽是指"为政以德"的宽政理念,信是指"取信于民"的守信思路,敏是指"敏则有功"的勤政原则,惠是指"因民所利"的惠民目标。由此,高层管理者,需要具备儒家"内圣外王"的心智。

墨家推崇"选材使能",体恤下层民众,"平等兼爱",有朴素的现代意识和天赋人权思想。另外,墨家重视科学探索,要知道,墨子最早提出了"小孔成像"原理。墨家讲究"规矩"和"法仪",奉行"言必信,行必果",重诺守信。墨家组织,纪律严明、执法如山、不徇私情,有强大的执行力。由此,墨家有团队组织所必备的心理特征。

法家,无论是"重术"的申不害、"任法"的商鞅,还是集大成者韩非子,都重视"选贤任能"。管仲《君臣上》指出:"上之人明其道,下之人守其职,上下之分不同任,而复合为一体。"由此,法家思想,不仅便于基层组织发掘个人能力,还为建立层级化、系统化的组织结构指明了方向。

(二)蝴蝶模型

下面就向大家介绍"以人为本"组织发展模型,根据模型外形,也可称为"蝴蝶模型",如图 2-2 所示。

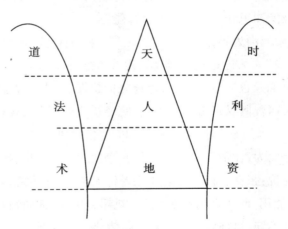

图 2-2　组织发展模型(蝴蝶模型)

由图 2-2 可以看出:蝴蝶模型的核心是"人",就是要提升组织中个体的能力,最大限度地发挥每个人的价值。沿着"人"中轴线,顶部是"天",底部是"地"。依据的是道家"人法地,地法天,天法道,道法自然"的思想。"天、人、地"可理解为蝴蝶模型的三个组织层次。

左边纵轴由上到下,分别为"道、法、术",是模型的理论基础。

"道",是指组织最高层级,领导者处于"山顶之上",应采用"道法自然"方式,"为无为,而无不治"。"法",是指中高层管理者,适合采用儒家"为政以德"的管理方式,以人为本,关注组织中"人"的成长。当成为领导者之前,成功来源于个人努力;当成为领导者之后,成功来自于下属成员的成长。"术",是指基层管理者或执行团队,适合采用墨家"体恤民众""平等兼爱"的思想,结合法家"重利求强"和追求效率的观念,应强化团队执行能力,提升管理效率,增强管理效果。

右边纵轴由上到下,分别是"时、利、资",是模型的运行方式。

"时",是指最高层领导者,讲究时机的把握,"用之则行,舍之则藏",适合集权,就采用积极有为的策略;适合放权,就采用"无为而治"的方式,凸显领导者"太上,不知有之"的格局和境界。"利",是指中高层管理者,在组织管理过程中,应抓好利益分配工作。利益分配包括对收益、利润及期权的分配,通过科学谋划,对短期收益、中期利润和长期期权进行合理分配,让员工感受到组织的关爱,培育"温暖的"组织文化氛围。"资",是指基层管理者和执行团队,在具体项目运营和工作流程设计中,合理利用组织所能调配的资源,提高执行能力和运营效果。

由此,最高层,"道""天""时"层面,最高层领导者,虽"站在山顶上",也不能得意忘形,应秉承"天人合一"的思想,坚守"顺天应时""道法自然"的原则,体会到"战战兢兢、如履薄冰"的责任感,追求组织、员工、人与自然的和谐统一。

中高层,"法""人""利"层面,中高层管理者,应该采用"为政以德""宽猛相济"的管理方式,做好利益分配,施行"德政""仁政""以宽服民",关注下属成长和"人"的价值体现。

基础层,"术""地""资"层面,基层管理者和执行团队,一方面应"体恤民众";另一方面,还要追求组织效能,要关注组织运行的程序规则和工作流程设计,科学合理调配资源,脚踏实地地提高团队的执行能力和员工的操作技能,提高组织运营效能。

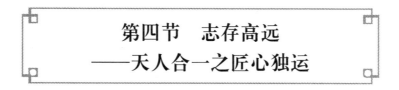

第四节　志存高远
——天人合一之匠心独运

"蝴蝶模型"中把天、地、人作为中轴线,应和了国人天人合一的宇宙观、价值观和处世观。古人认为,天是至高无上、仁爱博大的。《周颂》中曾提及:"圣人之德,若天之高,……若地之固……盖总乎天地者也。"中国传统文化中的"天人合一"理念,体现为天人和谐、崇尚自然、和而不同思想。

"三军可夺帅也,匹夫不可夺志",士不可以不弘毅,任重而道远,志存高远,方得始终。由此,心系天下、心怀大志,既要仰望星空,又要脚踏实地,志存高远重在逆境中仍然能够坚持明辨笃行，能保持孤傲清高、超然物外的良好心态，脚踏实地重在勤学乐学基础上坚守工匠精神，心系天下重在入世做事、出世做人，历尽人间悲欣，依然能够不忘初心，砥砺前行。

下面从志存高远、天人合一和匠心独运的角度，以探讨国人志趣和情感为文化逻辑，挖掘家国情怀、处世态度与组织认同感之间的关联性。

一、志存高远

北宋大儒，理学创始人之一张载指出："艰难困苦，玉汝于成。"只有遭受过挫折、身处逆境的人，能够不改初心，砥砺前行，才能获得巨大的成功。意志，是指自觉确定目的，克服困难，调节行为，实现目的的心理过程。诸葛亮《诫子书》指出："非淡泊无以明志，非宁静无以致远。"我们要"有志之人立长志"，砥砺意志，防止"无志之人常立志"。

（一）逆境不改其志

如何实现不论顺境逆境，都能不改初心，保持远大志向，在顺境中"甘之若饴"，在逆境中"安之若素"呢？自古以来，经历困境和磨难的先贤们，不仅没放弃对美好的追求，还演绎出诸多激人奋进的励志故事。

西伯拘而演《周易》：周文王被拘押安阳汤阴羑里城七年，推演出了后天八卦。仲尼厄而作《春秋》：孔子曾被困陈国和蔡国之间，七天都没有东西吃的情况下，还能创作出巨著《春秋》。孙子膑脚，《兵法》修列：孙子受到膑刑，被砍去双腿，仍然编写出传世的《孙膑兵法》。不韦迁蜀，世传《吕览》：吕不韦（安阳滑县人）被免职，迁徙到蜀都期间，与门客一起编写了《吕氏春秋》。韩非囚秦，《说难》《孤愤》：韩非子被囚禁在秦国期间，写出了《说难》和《孤愤》等名篇大作。苏秦刺股，合纵六国：苏秦（河南洛阳人）在穷困潦倒之际，锥刺股，发奋读书，实现了六国合纵、共伐强秦的局面。陈平忍辱，宰肉分羊：陈平（河南原阳人）忍受嫂子的羞辱，在祭祀分肉的时候，尚且能够有"宰天下如宰此肉"的远大志向。

传说，大禹治水前，他父亲鲧治水"九年而水不息，功用不成"。大禹接替鲧后，治水十三年，"以告成功于天下，天下于是太平"。治水过程中，大禹"劳身焦思，居外三十年，过家门而不敢入"。"三过家门而不入"的大禹，其"舍小家、顾大家"的责任心，成为中华民族优良传统。

（二）践诺不忘初心

"一室不扫，何以扫天下"，这个典故，可能大家都熟悉，但我们可能都误解了故事的主人公。陈蕃15岁的时候，"尝闲处一室，而庭宇芜秽"。他居住的院落，杂草丛生、破落不堪。客人问："孺子何不洒扫以待宾客？"陈蕃说："大丈夫处世，当扫除天下，安事一室乎？"意思是说，大丈夫应专注于扫除天下的祸患，不要在意打扫具体的一个房间。客人

"知其有清世志,甚奇之。"也就是说,客人认为陈蕃作为一个 15 岁的孩子,有澄清世道的远大志向,与众不同,很是吃惊。但后来,"一室不扫,何以扫天下",却演变为"连一间屋子都不能打扫干净,怎么能实现治理天下的大志"。因此大家对陈蕃后来的所作所为,也就不再关注了。其实,陈蕃作为东汉末年乱世飘摇中的太傅,见证了东汉政权的内忧外患、由强转弱。他孤立地与专权的外戚争斗,与弄事的宦官抗衡,对"汉室乱而不亡",起到了巨大作用。

陈蕃,被后人评价为"贤能树立风声,不计个人荣辱",他的贤能有目共睹。为了东汉政权,他忍辱负重,不计得失。后来,陈蕃参与谋划"剪除宦官,事败而死",说明他至少践行了少年时期"大丈夫处世,当扫除天下"的承诺。不仅要树立远大志向,还要"脚踏实地""明辨笃行"。我们不但要志存高远,还要不断地强化意识对行为的支配作用,"不忘初心",发挥意志对行为的促进力量,在面对"眼前的现实与苟且"的情况下,依然保持对"前方诗与远方"的不懈追求。

二、匠心独运

自古以来,在"仕而优则学,学而优则仕"思想影响下,"学得文武艺,货与帝王家",成为读书人的人生目标和不懈追求。

(一)苦学成才

由于上升通道狭窄,"吃得苦中苦,方为人上人""朝为田舍郎,暮登天子堂"的美好愿望,往往只能通过"梅花香自苦寒来""苦读成才"来实现。"九年寒窗磨利剑,六月考场试锋芒""苦学成才",逐渐成为学子们漫长求学道路上的行为指南和心灵鸡汤。孙敬头悬梁、苏秦锥刺股,车胤囊萤、孙康映雪,匡衡凿壁,王冕挂角,都是古代贫穷的黎民百姓"苦读成才"的千秋佳话。尤其,苏秦"锥刺股",读书不厌,孜孜以求,最后身佩六国相印。"头悬梁,锥刺骨;板凳坐,十年冷",人生"逆袭"、反转的故事,成为读书人"苦学"的写照。

韩愈(河南孟州人)作为孤儿,七岁开始读书,就能"言出成文",后来通过焚膏继晷,点灯熬油,废寝忘食地寒窗苦读,成为位居唐宋八大家之首的大师级人物。他总结出的两个治学名言,至今还深刻地影响着我们对学习的看法。一句是"业精于勤荒于嬉,行成于思毁于随";另外一句是"书山有路勤为径,学海无涯苦作舟"。

(二)乐学崇智

"知之者不如好之者,好之者不如乐之者。"古希腊格言:"天才也会被不快乐扼杀。"说明兴趣是认识客观事物的积极心理倾向的道理。但当"勤学苦学"成为世人常态化的学习方式,那么,"学习是一件苦差事"自然成为共识。无奈,我们只能采用"书中自有颜如玉,书中自有黄金屋"这种物质激励的方式,激发莘莘学子的求学兴趣。但是这种"苦学"的观点与教育家孔子提出的"学而时习之,不亦说乎"是背道而驰的;与孔子倡导的"默而识之,学而不厌"的"乐学"方式也渐行渐远;与"重学崇智""乐学致用"的学习目的,也存在着较大偏差。"头悬梁,锥刺骨"的自虐和血腥,与孔子的"发愤忘食,乐以忘忧,不知老之将至"境界,更是"云泥之别"。云飘在天上,泥碾落尘埃之中。"苦学"是一种效率低下的方式,"乐学"才是学习的更高境界。

北宋大儒张载指出:"人若志趣不远,心不在焉,虽学无成。"由此,要想学有所成,不仅要树立远大的志向,还应始终如一地保持对学习的兴趣,做到"好学""乐学"。

由此,好的教育在于启发学习兴趣,培养学生的学习自觉。"吾生也有涯,而知也无涯",当我们把有限的生命投入对无限知识的追求时,不能忽视庄子的后半句"以有涯随无涯,殆已!"也就是说,我们用有限的人生去追求无限的知识,更需用兴趣做引导,采用"乐学勤思"的方式,而非勤学苦学。

(三)工匠精神

古代,平民分为"士农工商"四类,"工"和"商"位于"士"和"农"下面。说明知识分子是耻于务农、做工和经商的。"贫不与富斗,富不与官争""学而优则仕",知识分子想方设法进入体制内,不想将聪明才智用在工艺提升上,也不会执着于增强经商技能。当今"浮躁社会"背景下,"工匠精神"成为大家关注的焦点,呼吁"工匠精神"的回归成为共识。中央新闻推出"大国工匠"纪录片之际,我们来唱个反调。谈谈"大国小匠"现象,探讨历代王朝"重农抑商"文化与"工匠精神"弱化之间的关联性。

李悝、商鞅变法,奖励耕战以来,历代王朝都注重实施"重农抑工""重农抑商"策略,导致我们"工匠精神"弱化,造成"企业家精神"缺失。当今"浮躁社会"背景下,大家也都想着,如何快速成功,如何"短、平、快"地做事。由此,要实现"工匠精神"回归,深入分析"非正式组织"运行规律,激发基层和一线工作人员"工匠精神"的文化基因,显得尤为必要。

描写卫国民风的诗篇《诗经·卫风》中有"如切如磋,如琢如磨"的论述,说明君子的养成,就像打磨玉石一样。同样,学问的精深与精湛的技艺,也需要精益求精的"工匠精神"做保障。《尚书·大禹谟》中有:"惟精惟一,允执厥中",做事情应专心致志、精益求精,不偏不倚,坚持中正之道。但后来,可惜的是,我们没将"惟精惟一,允执厥中"这一追求精致的理念应用到"工匠精神"和制造工艺上,而是将它作为提升个人内在修养和琢磨"中庸之道"上面去了。《庄子·养生说》中庖丁解牛的故事中,庖丁对文惠君说:"臣之所好者道也,进乎技矣。"说明庖丁作为厨师,掌握牛的身体架构和"解牛"的客观规律后,能将"解牛"工作,做到"得心应手"的地步。"目无全牛""游刃有余",成为"工匠"们通过细致用心的观察,熟能生巧的实践,达到"匠心独运"和"运用自如"状态的代名词。

拓展阅读

工匠精神

本质上讲,工匠精神是一种职业精神,是职业道德、职业能力和职业品质的体现,是从业的一种职业价值取向和行为表现。工匠精神的基本内涵包括敬业、精益、专注、创新等方面的内容。

敬业是从业者基于对职业的敬畏和热爱而产生的一种全身心投入的认认真真、尽职尽责的职业精神状态;精益是从业者对每件产品、每道工序都凝神聚力、精益求精、追求极致的职业品质;专注是指内心笃定而着眼于细节的耐心、执着、坚持的精神;工匠精神强调执着、坚持、专注甚至陶醉、痴迷中包含着追求突破、追求革新的创新内涵。

(四)创新意识

工匠精神不仅要求"工匠"工作上的精益求精,更是要关注创新意识和企业家精神。

张衡是我国东汉时期最伟大的天文学家、数学家、发明家、地理学家和文学家,不仅发明了浑天仪和地动仪,还是著名的汉赋四大家之一。张衡对史学、哲学、绘画都有很深的造诣,被后人评价为"道德漫流,文章云浮。数术穷天地,制作侔造化"。说明张衡道德高尚,文章影响力强,无论数术方面,还是发明创造,都有巨大贡献。张衡的"科学精神"和"创新意识",对后世"医圣"张仲景的医学研究产生了深远影响。张仲景对"各承家传,因循守旧",不精心研究医方、医术,竞相追逐权势荣耀的从医人员痛加斥责。他倡导"勤求古训",在"博采众方"基础上寻求突破和创新。他注重实验和实践,坚持"考校以求验"的科学精神,写出了传世巨著《伤寒杂病论》,该书是现代中医院校开设的主要基础课程。

大家都知道卧薪尝胆的故事。作为帮助越王勾践复国的"导演"兼"制片人",范蠡在献策扶助越王复国后,曾用"只可共患难,不可共安乐",分析勾践的日常为人和行为特征,用"敌国破,谋臣亡",奉劝好友文种退隐,说明范蠡在政治上要比文种成熟很多。范蠡三徙,成就了"功成、名遂、身退"的千古佳话。范蠡离开越国后,曾借用"鸱夷子皮"的假名,进行治产经商。大家要知道,"鸱夷子皮"这个名字的真实意思是"酒囊皮子",翻译成现代文,就是"酒囊饭袋"。范蠡是"酒囊饭袋"吗?肯定不是,这说明范蠡仅把名字看成一种符号而已,不想借助前期从政的资源谋求利益,显示出他"忘却生死",不计较"利禄荣辱"的思想境界。

范蠡身体力行,发展实业,迅速成为齐国首富。后来,齐国拜他为相,他又"挂印分金",散尽家财,从头来过。"居官致卿相,治家达千金"是对范蠡这段生活的真实写照。

离开齐国后，范蠡又迁徙到了陶，认为陶地处于"天下之中，诸侯四通"的有利位置，改名为朱公，后人称为陶朱公。范蠡将自己发展实业和经营商业的心得，总结成商业经营专著，"货略""价略"和"市略"三略，"人谋""事谋"和"物谋"三谋。司马迁称赞，"范蠡三迁皆有荣名"。由此，在大众创业、万众创新的时代背景下，要实现创新型经济转型，不仅需要"工匠精神"，还需要创新意识、创业激情和企业家精神。

三、天人合一

"天人合一"思想，是我国文化精神中最为重要的内容，是我们对外部世界的统一看法和态度集成，体现出自然与人文的结合，内在与超越的体验、理想和现实的统一。受"天人合一"思想的影响，我们习惯于把事物看待成整体，"由外及里"，采用"剥洋葱"的方式，先宏观分析，后中观分析，再微观分析。这与西方人恰恰相反。

《周易》提出："天行健，君子以自强不息。地势坤，君子以厚德载物。"要求我们顺应天道、懂得包容。庄子"天地与我并生，而万物与我为一"首次提出"天人合一"问题；墨子认为"天必欲人之相爱相利"，说明他提倡人们相互关爱，相互帮助，这也是"兼相爱，交相利"的思想来源；北宋大儒张载将"天人合一"发展成为"天人同构"；程颢提出"仁者以天地万物为一体"，说明天地万物都具有"仁"的天性。

"天人合一"注重事物的辩证统一，把人和外界事物看成统一整体。"士人"作为传统文化的承载者和传播者，具有自我意识和独立人格。"天人合一"思想，对"士人"看待事物的态度产生了深远影响。他们"悟乐于山水""得自由于山水""融创造于山水"。下面，我们来看看士人"天人合一"观念与"寓情山水"的"人文情怀"。

（一）入世情怀

孔子指出："士不可以不弘毅，任重而道远。"他以实现"仁政"为己任，知其不可而为之。"邦有道，危言危行；邦无道，危行言孙。"说明孔子虽积极入世，也随外界环境变化调整对策。而且，孔子还提出"智者乐水，仁者乐山"，说明他积极入世的态度，来源于对外界事物的感悟。孔子说："不在其位，不谋其政。"如果不站在他人的位置，很难了解到他人施政的想法。

反过来说，孔子的积极入世，就是"在其位"，要"谋其政"。但对于"诗圣"杜甫来说，他是"不在其位""也谋其政"。他抱着"积极入世"的态度，以"匡时救世"为己任，期待着"会当凌绝顶，一览众山小"。但事与愿违，究其一生，大部分时间都是一介布衣、四处逃亡、颠沛流离。但面对"朱门酒肉臭，路有冻死骨"的社会现实时，他没选择逃避，写出"三吏""三别"这样的现实主义作品。"感时花溅泪，恨别鸟惊心"，用托物咏怀的方式，表达忧国忧民之心。"安得广厦千万间，大庇天下寒士俱欢颜"，在困顿中，他不以个人之苦为苦，还关心民间疾苦和天下寒士的冷暖。

唐宋八大家之首，韩愈，倡导"不平则鸣"，他的文章慷慨激昂，直率大胆。他是"古文运动"的领袖,提出"文道合一"的写作理论,"为一代所师法,历代之典范"。他在《师说》中提出:"师者,所以传道授业解惑也。"而且,他三进国子监做博士,担任国子监祭酒,招收弟子,亲授学业,发挥了复兴儒学的重要作用。

(二)出世情怀

庄子感悟出"天地与我并生,而万物与我为一",他俯瞰人间灯火,形成了"超逸豁达、无所拘约"的人生态度。庄子的"物我两忘"境界,对后来的谢灵运、刘禹锡、白居易和吴道子都有深远影响。出世情怀,成为"士人"归隐情结的思想根源。

谢灵运,山水田园诗派的创始人,他的山水诗注重物我合一。如描写春天的"池塘生春草,园柳变鸣禽";描写秋色的"野旷沙岸净,天高秋月明"。谢灵运的山水诗,意象清新,浑然天成。他通过山水诗,委身于自然山水之间,寻找精神寄托和思想慰藉。

刘禹锡提出天人关系学说,认为天地万物都有自己的职能和作用。他认为万物的生长、发展是一种自然过程。"沉舟侧畔千帆过,病树前头万木春",他的诗和散文,辞藻美丽,意境幽远。他还通过景物描写,传递个人情怀。《陋室铭》中"苔痕上阶绿,草色入帘青""无丝竹之乱耳,无案牍之劳形",传递出他出世的态度和高尚的情操。

画圣吴道子,在绘画艺术上卓然超群,作品以道教、佛教题材为主。他的笔势圆转,所画衣带,如被风吹拂。他的画风,被后世称为"吴带当风"。他被后人称为"吴道真君""吴真人"。

诗魔白居易,曾提出:"不如做中隐,隐在留司中。"这就是"小隐隐于林,中隐隐于市,大隐隐于朝"的由来。"离离原上草,一岁一枯荣。野火烧不尽,春风吹又生。远芳侵古道,晴翠接荒城。又送王孙去,萋萋满别情。"虽是他十六岁作品,也体现出他恬淡闲适的人文情怀。

《红楼梦》善于用"隐喻",贾府的四位小姐,元春、迎春、探春和惜春,连起来是"原应叹息"。甄士隐,一方面,可解释为真是隐;另一方面,也可解释为"真仕"和"真隐",表现出"士人"对"仕"和"隐"的艰难选择。

"世界这么大,我想去看看",那位郑州老师的辞职信,为什么能引起大家的共鸣?对身处现代化都市的人们来说,它带来归隐田园的无尽遐想——"世界和我有个约定,来一场说走就走的心灵旅行"。

概念辨析

本我:人格结构中最原始的部分,构成本我成分是人类的基本需求,包括饥、渴、性等。本我中的需求产生时,要立即满足,支配本我的是快乐原则。

自我:在现实生活中,自我是由本我和超我共同作用的结果。由本我产生的各种需求,因为受到超我的限制,不能在现实中立即满足,需要在现实中学习如何满足需求。最终的现实状态就是自我。因此,自我介于本我和超我之间,支配自我的是现实原则。

超我：人格结构中居于管制地位的最高部分，构成超我的成分是社会道德规范、个体的良心、自我理想等。超我是人格结构中的道德部分，支配超我的是完美原则。

内部归因：内部归因是归因理论的一种，与外部归因相对应。内部归因认为，个体之所以表现出某种行为，与个体自身的人格、态度或个性有关。

知觉：是客观事物直接作用于感官而在头脑中产生的对事物整体的认识，是客观事物在人脑中的主观反映。

视觉偏差：也叫错觉，是指人们对外界事物的不正确的感觉或知觉。最常见的是视觉方面的错觉，称为视觉误差。产生错觉的原因，除来自客观刺激本身特点外，还有观察者生理上和心理的原因。

认知失调：认知一致性理论的一种，它最早是由费斯廷格于1957年提出来的一种理论。在费斯廷格看来，所谓的认知失调是指由于做了一项与态度不一致的行为而引发的不舒服的感觉。

组织效能：组织效能是指组织实现目标的效率、效果和程度，主要体现在能力、效率、质量和效益四个方面。能力是组织运作的基础和潜力，包括土地、资本、资源、工具、技术、人才和组织能力等；效率包括管理效率和运营效率；质量是组织所提供的产品或服务的品质，体现着组织存在的价值；效益是指增加值或附加价值。

组织认同感：指组织成员在行为与观念诸多方面与其所加入的组织有一致性，觉得自己在组织中既有理性的契约和责任感，也有非理性的归属和依赖感，以及在这种心理基础上表现出的对组织活动尽心尽力的行为结果。员工对组织的认同程度：一是对组织目标和价值观的信任和接受，二是愿意为组织的利益出力，三是渴望保持组织成员资格。

学习型组织：美国学者彼得·圣吉在《第五项修炼》一书中提出的管理观念，其含义是组织在面临剧烈变化的外在环境时，应力求精简、扁平化、弹性因应、终生学习、不断自我组织再造，以维持组织的核心竞争力。

企业家精神：每个企业都有一种理念和文化，企业家就朝着理念努力拼搏，时间长了就形成一种文化，企业家的成功就是靠他们有这种精神的支持。

工匠精神：指工匠们对设计独具匠心、对质量精益求精、对技艺不断改进、为制作不遗余力的理想精神追求。"工匠精神"本质上是人文素养或职业智慧，体现为"道技合一"的工作态度和精神品质。

案例剖析

1. "无用之用，方为大用。"演员陈道明提出：社会患上了"有用强迫症"，崇尚一切都以是否"有用"为标尺，有用的话，才去学，认为没有用，就弃之如敝屣。社会变得越来越功利，人心变得越来越浮躁。而且，央视主持人白岩松也写过一篇文章《做点无用的事儿》。

惠子谓庄子曰:"子言无用。"庄子曰:"知无用,而始可与言用矣。夫地非不广且大耶?人之所用容足耳。然则厕足而垫之致黄泉,人尚有用乎?"惠子曰:"无用。"庄子曰:"然则无用之为用也,亦明矣。"

针对古代和现代"有用"还是"无用"的争论,我们做何判断?

2. 1917年,毛泽东在文章《心之力》中指出:"世界、宇宙乃至万物皆为思维心力所驱使。"据说,该文被湖南一师杨昌济老师打了105分(其实满分为100分),被称为建国之才的奇文。毛泽东也曾在自传里记叙道:"在他(杨昌济)的影响下,我写了一篇文章,题目叫《心力》。那时我也是一个观念主义者,我的文章大受杨教授的赞赏,给我那篇文章一百分。"

请大家阅读《心之力》全文,并分析和讨论"能力是完成某活动具有的心理特征"的概念内涵。

复习思考题

1. 个体心理包含哪几个部分?个体心理的各个部分如何对行为产生影响?

2. 能力与知识的含义分别是什么?如何衡量个体的能力与其所拥有的主要知识类型之间的差异和关联关系?如何识别能力强的员工具有哪些关键知识?

3. 简要分析先贤们的有为、无为的"处世态度"对"出世做人""入世做事"行为规范的影响。

4. 什么是意志?意志是通过什么方式对长期主义者的日常行为产生影响?

5. "企业家精神""大国工匠"与"创新精神"的文化基因都有哪些?在浮躁的社会背景下,如何实现这三个方面的"知行合一"?

为天地立心，为生民立命，为往圣继绝学，为万世开太平。

——张载·横渠四句

专题讨论一
内圣外王与心智修炼

学习目标

1.通过本次讨论和思考,读者应当了解当代部分年轻人"忙、盲、茫"的生活状态和选择"佛系、丧、躺平"行为背后的文化根源和心理逻辑。

2.通过本次讨论和思考,读者应当理解国人对于出世还是入世、有为还是无为、内圣还是外王的人生道路选择困境和二元思维纠结的文化根源。

3.通过本次讨论和思考,读者应当了解"看山是山、看山非山和看山还是山"人生三种境界的基本内涵、当代价值与现实意义。

4.通过本次讨论和思考,读者应当了解"登山模型"中隐藏在山背后的"不为人所见"或是"熟视无睹"的人生智慧。读者应当从国外家庭教育"you are special"理念,掌握本书倡导"做真正的自己"的具体方法和手段。

当前,年轻人生活状态可总结为"忙、盲、茫",平日里忙于各种琐事又不知在忙些啥、不了解在为啥忙,纠结于还要不要忙下去;习惯于网购、依赖快递、外卖,购买别人服务,节省下自己的时间又不知如何管理;青春拒绝等待,社会对他们寄予厚望,但他们却感到迷惑茫然。针对"佛性"和"躺平"火爆网络,结合北京大学徐凯文老师提出三分之一北大新生患上一种连药物都无效的"空心病"和钱理群教授提出的我们的大学,包括北京大学正在培养一些"精致的利己主义者"论断,说明 Z 时代年轻人陷入"佛性、空心病、精致的利己主义者"和"丧、三和大神、躺平"怪圈。由此,我们不仅迷惑,Z 时代年轻人心理到底是秉承实用主义至上的"精致的利己主义者",是一切看开看淡、浑不在意的"佛性青年",还是情绪低落、孤独消沉的"空心病"患者?下面就依托个体成长体验心智修炼"登山模型",解析国人在人格上追求"内圣"、治事方面寻求"外王"的心路历程,探讨自我管理能力提升方法。

第一节　漫道求索
——古代先贤心智模式与处世哲学

在前面章节中我们曾触及古代先贤在体验内圣外王处世哲学的过程中,对"出世还是入世、有为还是无为"的纠结心态。其实,被称为显学的杨朱的"贵己重生"观点也曾被后人理解为"精致的利己主义",拒绝出任楚国相国的庄子洒脱逍遥的游世态度与当今"佛性青年"心理特征类似,孔子的"明知不可而为之"的处世态度可以说是根治当前"空心病"的良药。为探寻国人认知与行为一致性的影响因素,下面就通过辨析古代先贤心智模式与处世哲学,寻求国人文化认知与行为逻辑的相互作用机制。

表 I -1　古代先贤的心智模式及认知方式

代表人物	经历	心智模式	主要观点	思想传承
老子	周守藏史	积极无为,无为而无不为	治大国若烹小鲜,夫智者不敢为也,为无为,则无不治	管仲学派、商圣范蠡、列子
庄子	漆园吏	消极无为,无欲无为逍遥游世	天地与我并生,万物与我为一;忘乎物,忘乎天;窃钩者诛,窃国者为诸侯	阮籍、向秀、刘禹锡、吴道子
孔子	大司寇	积极有为,明知不可为而为之,垂拱而治	政者正也,为政以德,民无信不立,节用而爱人	子产、贾谊、程颢、程颐、韩愈
韩非子	韩王之子	制度有为,修明法制,富国强兵	有道之国,治不听君,民不从官;事在四方,要在中央;圣人执要,四方来效	申不害、李斯、商鞅、晁错

从表 I -1 可以看出:无论是老子的积极无为、庄子的消极无为,还是孔子的积极有为、韩非子的制度有为,上述心智模式和治事理念在后世均有传承和发扬,以至于林语堂总结为:中国人成时为儒家,败时为道家。

一、有为与无为

孔子曾指出"吾非生而知之者",认为"三人行必有我师",于是问道于守藏史老子。

虽然孔子知道老子"为无为则无不治"的处世理念，并悟出了"用之则行，舍之则藏"的道理，但行为上却表现出"知其不可而为之"，执着前行，坚持周游列国推行仁政治国理念，虽处处碰壁、遭受冷遇，但依然雄心不改，表现出积极有为的处世态度。庄子的处世哲学虽来自老子"不与民争，无为而治"，但却追求"忘乎名、忘乎利、忘乎我"的境界，行为上既反对隐者消极避世又反对儒家积极入世，提倡"保全自身、内心安宁"的游世态度。杨朱坚持"全真保性、轻物贵己"的处世原则，认为"人人不损一毫，人人不利天下，则天下治"。韩非子指出杨朱"不以天下大利易其胫一毛"，是后来文中子提出"不以天下易一民之命"的思想基础。

二、出世与入世

在出世还是入世方面，主要体现在"天道""帝道""王道"和"霸道"的治事方式或治国理念的选择难题。

（一）天道为公

道家创始人物老子和庄子等人认为"上古先王"尊奉"天道"，后来者管理国家时也应采用"法先圣"方式。夏朝"家天下"之前的"公天下"管理时期，人们认为"天下乃天下人的天下"，掌管天下需要依靠"贤德"的名声。

（二）帝道禅让

相传，尧帝为了寻找"接班人"，在所管理的氏族部落寻访有贤德、有声望的人才。后来，尧帝在河南省登封市箕山附近得知许由（生卒年不详）是个贤德的人，准备把天下"禅让"给他。许由坚决推辞不肯接受，躲避在箕山隐居。后来，尧帝又让许由担任"九州长"的行政职务。许由认为尧帝的这个任命玷污了自己的耳朵，就到颍水河边清洗耳朵，这就是"颍水洗耳"典故的由来。

（三）王道仁德

儒家创始人孔子认为古代圣贤们奉行"王道"，管理国家应采用"得师者王"的理念，"仁爱治国"。孔子最崇拜的人是周公（生卒年不详，西周初重要政治家），在他临死之前曾经感叹："甚矣，吾衰也；久矣，吾不复梦见周公。"意思是梦不到周公，孔子治国济民的政治抱负缺乏精神寄托，将不久于人世。另外，孔子还推崇郑国相国子产（出生年代不详—公元前522年）"宽猛相济"的治国理念。子产去世的时候，孔子曾为之流泪，称赞他是"古之遗爱"，子产也被后人称为"春秋第一人"。孔子提出恢复周礼，倡导"为政以德"的"王道"管理方式。

（四）霸道权法

法家代表人物商鞅、韩非子等人倡导"事在四方，要在中央"和"圣人执要，四方来效"，支持中央集权管理手段，认为"法莫如显，术不欲见"，强调采用严刑峻法和机变权谋来治理国家。相传商鞅曾经三次拜见秦孝公（公元前381年—公元前338年）。第一次，他向秦孝公推介"仁爱正义"王道治国手段。早在秦穆公（？—前621年）时期，百里奚（生卒年不详，春秋时秦国大夫）就曾在秦国推行过王道之学。秦孝公听王道如同老生常谈，几乎睡着。第二次，商鞅向秦孝公推介"以礼治国"，恢复周公礼制，秦孝公依然不为所动。第三次，商鞅推出了他的看家本领，拿出了《治秦九论》，极力推介依法治国理念，秦孝公大喜，任用商鞅开始变法，推行"废井田、开阡陌""开农爵、奖军功"，秦国实力大增，实现了"秦国之外，已无强国"，为实现统一六国战略目标奠定了良好的思想基础和国力保障。

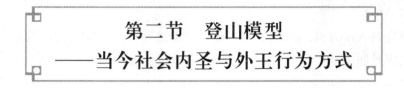

第二节 登山模型
——当今社会内圣与外王行为方式

综上分析，国人对于出世还是入世、有为还是无为的纠结，主要在于其持有的价值观以及对人生境界的理解决定的。个体心智修炼通过做人的内圣，才能致良知，才能实现外王的治事目标。

如图Ⅰ-1所示，国家进步、社会组织发展和个体成长就像图中的"椎体"，治国理政、治事交往和个人成长路径就像爬山的过程。孔子指出："吾非生而知之者"，所以，任何组织和个人刚组建或者刚开始接触社会的时候，心智认知过程都是从山脚下逐步攀登的过程。由于人体差异，有的人从A点出发目标到达P点，有的人从B点出发目标到达P点，有的人从C点出发目标到达P点，有的人从D点出发目标到达P点。

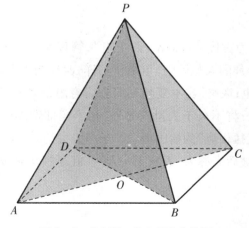

图Ⅰ-1 "内圣—外王"登山模型

一、外儒内法，济之以道

如图 I-1，从 A 点出发，自山脚向山顶，无论是治国理政、治事交际还是心智成长，都可划分为霸道、王道、帝道、天道等层次。其中，法家霸道治国方式，类似西药治病"事后控制"见效快，但是副作用也大。要想实现突破，向山顶继续进发，就必须辅以王道、帝道和天道，否则，不可能获取短期战果和阶段性胜利，难以笑到最后、站到更高位置；儒家的王道治国，就像中药"事中控制"，虽然难度比法家霸道治国大、流程烦琐、效果缓慢，但副作用相对较小。"用师者王，用友者霸"，儒家王道治国理念，不仅后期效果明显，而且容易获取民众认同；道家的帝道、天道治国，就像补药"事前控制"，虽然短期内效果不明显，但却绿色天然、无副作用。"用师者王，用友者霸，用徒者亡"，自古以来，治国理政方面从仰慕先圣、贵柔主静、无为而治，到推崇道之以德、齐之以礼、宽猛相济，再到以法治国、宽刑省禁、礼法并重，逐步固化为"外儒内法、济之以道"的治国理念，在治事交往层面，就体现为"出世做人，入世做事"。

二、慧眼明心，辨识世界

禅宗六祖慧能(638—713 年)的弟子青原行思(671—740 年)提出："参禅之初，看山是山，看水是水；禅有悟时，看山不是山，看水不是水；禅中彻悟，看山仍是山，看水仍是水。"图 I-1 中从 B 点出发，人们认识世界也可分成三个阶段。第一阶段，看山是山，看水是水，由于该阶段人们仅注重事实知识的学习，只能徘徊于山脚下，难以向上攀登。在这一阶段，人们的眼界普遍不高，只能理解事物的表象，难以成为驱动社会发展的动力；第二阶段，看山不是山，看水不是水，随着对原理知识学习和技能知识的习得，认识世界的视角不断提升。这时，人们不仅能够"知其然，还能知其所以然"，在探究事物背后的规律性的同时，还拥有"庖丁解牛"技能，不仅能够动手再现场景，还能给人带来美的享受；第三阶段，看山还是山，看水还是水，随着对事实知识、原理知识、技能知识和人力知识四种类型的知识灵活运用，人们不仅能清楚地看懂事物运行规律，还能够预判事物未来的动态变化。这个时候，慧眼初开，明心见性，人生境界达到登峰造极的地步，甚至开始俯瞰世界。虽然眼睛所看到的事物还是原来的事物，但却达到"通天彻地"的效果，所看到的该事物的分辨率却非常高。人生登顶，才能认知悲天悯人、心不被外物所累、心不被外物所役的行为逻辑，才能感悟"忘乎名、忘乎利、忘乎天、忘乎地、忘乎物、忘乎我"的真正"佛系"心智状态。

三、不忘初心，善学勤行

人皆可为尧舜，每个人身上都有佛性光辉。其实，每个人都具有登上自己心智顶峰的机会。但受自身见识、行为方式、日常习惯影响，很多人在"登山"过程中都呈现出"行百里者半九十"的现象,难以登上自己心智的顶峰。另外,俗话说,白天不知夜的黑,老子在《道德经》中提出:"上士闻道,勤而行之;中士闻道,若存若亡;下士闻道,大笑之,不笑不足以为道。"从C点出发,第一个阶段是"下士闻道,大笑之",由于处于山脚下,见识和格局受眼界所限,难以理解见义忘利、忘我利他,难以接受"王道"和"帝道"的治国理念。这种人只能停留在山脚下,难以把握心智成长的机会;第二个阶段是"中士闻道,若存若亡",随着人们从山脚下爬到半山腰,人生格局有了一定提升,开始摒弃贪、嗔、痴"三毒"影响,采用戒、定、慧"三学"修持心性、规范行为、修炼心智,探究治国理政、为人处世背后的规律性,开始对儒家"王道"治国方略有了一定程度的理解,但对于天道和帝道无我奉献和无为而治还是不甚明了、不能接受;第三个阶段是"上士闻道,勤而行之",当人登到山顶,在产生"一览众山小"的豪情之余,自然产生"悲天悯人"情怀,就会理解"从未长达,从未停止成长"的境界,就会坚守"上善若水""水利万物而不争"的人生信条,主动地身体力行天道、帝道治国理念,勤而行之,以出世之心对待入世之事,只有看淡名利才能有推功揽过的格局。只能懂得"水利万物而不争"的文化内涵,才能拥有"事了拂衣去,深藏功与名"的心胸,才能以天下苍生为己任,做出"立德、立功、立言""三不朽"功业。

四、教人求真,学做真人

相由心生,你看到的世界,只是你想看到的。人们无论是从A点出发、B点出发还是从C点出发,都试图在自己的见解下,以自己的行为方式向山顶进发,正因为置身其中,人们对于自己人生的况味的感悟只有自己能体会。有时,因为人的见识原因,人们难以发现隐藏在"山"背后的登山路线;有时,却因为熟视无睹、置若罔闻,错过了在"山"背后的登山捷径。如图Ⅰ-1,从D点出发,登山路线在"山"背面。所以,这条路径是"隐藏"的,难以被人发现。世间显学,非儒即墨,墨子主张"兼爱"和"非攻",坚持"赴火蹈刃,死不还踵"和"摩顶放踵,利天下而为之"的处世哲学。由此,墨家以天下为己任、自苦其极的人生态度曾经一度受世人追捧。但遗憾的是,这个"重义轻利"的群体,逐渐淡出了历史舞台。

本书探索从D点出发的"登山"体验,就是想通过挖掘隐藏在"山"背后的"秘密",为大家揭示心智修炼的"终南捷径"。大家知道,本书倡导"做真正的自己",就是想帮助大家找寻到从D点出发,独特的登山体验。孟子就曾评论:"杨朱、墨翟之言盈天下,天下之学,不归杨则归墨。"正如杨朱(战国初魏国人)主张"贵己"和"重生",并坚持"损一毫利天下,不与也;悉天下奉一身,不取也。人人不损一毫,人人不利天下,天下治矣"的观点,这与"做真正的自我"有异曲同工之妙。

教育家陶行知先生就曾说过:"千教万教,教人求真;千学万学,学做真人。""人不能两次踏进同一条河流",其实,世上每个人都是独一无二的。在国外,父母教育孩子的时候,经常说的一句话就是:"You are special!"只有做真正的自己,人人才能真正相信"天生我材必有用"。只有做真正的自我,从 D 点出发,我们才能寻找到 O 点心智修炼的"终南捷径"。登山者才能从各自出发点(A、B、C、D)直达 O 点,步入登山快车道。

综上,做真正的自己,不是让大家做最好的自己,陷入 A 型人格,而是在了解心智修炼"登山模型"规律的基础上,通过明心见性、内观自省、见贤思齐、养心修身,逐步提升世事分辨能力、感受生命美好、增强成长体验。

拓展阅读

A 型人格

美国学者 M.H.弗里德曼等人研究心脏病时,把人的性格分为两类:A 型和 B 型。A 型人格者较具进取心、侵略性、自信心、成就感,并且容易紧张。A 型人格者总愿意从事高强度的竞争活动,不断驱动自己要在最短的时间里干最多的事,并对阻碍自己努力的其他人或其他事进行攻击。B 型人格者则较松散、与世无争,对任何事皆处之泰然。

A 型性格的人,由于对自己期望过高,以致在心理和生理上负担都十分沉重。他们被自己顽强的意志力所驱使,日常行为上表现出抱着"只能成功,不能失败"的坚定信念,不惜牺牲自己的一切,乃至宝贵的生命,拼命直奔超出自己实际能力的既定目标。由于他们长期生活在紧张的节奏之中,其思想、信念、情感和行为的独特模式,源源不断地产生内部的紧张和压力。

复习思考题

1. 如何理解"出世做人,入世做事"或"以出世的精神做入世的事"的处世哲学?

2. 在工作和生活过程中,如何通过心智修炼,提升认识水平?

3. 为什么不提倡"做最好的自我",怎样才能实现"做真正的自我"?

4. 怎样看待当代大学生群体"忙、盲、茫"的生存状态,如何看待"佛系青年"的生活态度?

人有恒言，皆曰天下国家。天下之本在国，国之本在家，家之本在身。

——孟子·离娄上

第三章
伐谋攻心——个体与组织心理联系

学习目标

1. 通过本章内容学习，读者应该了解"诸葛事蜀"与"范蠡三徙"中文化内涵的异同点，掌握组织承诺概念、组织承诺阶段划分的合理性及内在逻辑。

2. 通过本章内容学习，读者应该了解烛之武、弦高、杨家将、岳家军忠信爱国、家国天下的文化内涵，并掌握其对提高组织认同的当代价值与现实意义。

3. 通过本章内容学习，读者应该了解项羽、刘邦在分封诸侯方面的异同之处，认识到提升员工组织承诺的当代价值，掌握如何以史为鉴、学史崇德、赓续精神。管理者如何提升员工组织承诺，领导者如何强化员工组织认同。

第一节　责任担当
——攻心为上之家国天下

"言而无信，不知其可也"，忠孝节义、诚实守信、臻善崇德是中华民族的传统美德。忠孝节义，忠位列第一，后衍生出"信"和"敬"的思想内涵，要求人们忠诚、守信、敬业。自古以来，我们就提倡"一诺千金""言必信，行必果"，认为在其位就要谋其政，就要忠于职守，就要有政治担当、历史担当和责任担当。"有官守者，不得其职则去；有言责者，不得其言则去"，否则就应该自我反省，"为人谋而不忠乎？与朋友交而不信乎？"不能阳奉阴违，不能蝇营狗苟、滥竽充数、无所作为。

"诚信者，天下之结也"，诚信是社会重要的行为准则，天下人都愿意结交。卑鄙是卑鄙者的通行证，高尚是高尚者的墓志铭，在没有底线、不讲原则的利己主义者眼里，忠诚被认为是"傻瓜"和"无能"的代名词，阿谀奉承、精于算计、两面三刀、见风使舵、脚踏两船却成为"会办事、能办事、能成事"的不二法门。对组织忠诚，演化为对上司忠诚，投其所好、宣誓效忠、甘当家奴成为职业发展和职务晋升的坦途。本应坚守的职业道德和竞业禁止规则，被《笑着离开惠普》《笑着离开华为》等"笑着离开"系列掩盖。虽然大家都知道"君子人人敬之，小人人人恶之"，都明白"让失信者受限，让守信者受益"的道理，但眼看着"小人春风得意，君子举事不成"，发出"宁做真小人，不做伪君子"的感慨，甚至直接演化为"宁做小人，莫做君子"的行为准则。

为此，本章从伐谋攻心角度来学习个体与组织心理联系，本节以智慧与忠诚的化身诸葛亮的人生经历入手，分析他对刘备及蜀汉政权长达二十七年的"组织承诺"，解读员工"组织承诺"的形成过程，帮助大家真正理解"组织承诺""组织归属感"和"组织忠诚"的概念内涵。

一、责任担当：内化于心，外化于形

诸葛亮被认为是智慧的象征、忠诚的化身。纵观其一生，可以分成两个阶段。第一阶段是在没遇到雇主刘备之前的二十七年，"臣本布衣，躬耕于南阳"，从十七岁到二十七岁，诸葛亮在南阳卧龙岗躬耕于田亩之中，当时年轻的他，虽"怀才抱器"，却不为人知。第二阶段是追随刘备"鞠躬尽瘁，死而后已"的后二十七年。"三顾茅庐"是诸葛亮人生开挂的起点，诸葛亮的人生，由"隐"而"仕"。从空城计、七擒孟获到北伐中原，可谓是妙计连连，让人目不暇接；赤胆忠心，让后人追思不断。由此，诸葛亮这位千古名相，以其惊人的智慧和无尽的忠诚，为后世所称道和敬仰。杜甫就有诗云："三顾频烦天下计，两朝开济老臣心。出师未捷身先死，长使英雄泪满襟。"但从"三个臭皮匠，赛过诸葛亮"和七擒孟获战例来看，诸葛亮的智慧是要打折扣的。"三个臭皮匠"中的皮匠，实际上是"裨将"，也就是副将，大英雄项羽就曾经做叔父项梁的"裨将"。说明诸葛亮进行决策时，还需副将的智慧做补充。而"七擒孟获"的谋略是马谡提出来的，这个马谡就是后来诸葛亮挥泪杀掉的大将军。当时，马谡指出：平定南中叛乱，需要采用"用兵攻心为上，攻城为下；心战为上，兵战为下"策略。这才有少数民族的首领孟获对诸葛亮心服口服，说："公，天威也，南人不复反矣。"鲁迅也曾指出："欲显刘备之长厚近似伪，状诸葛亮多智而近妖。"但从跨度长达二十七年的《隆中对》《前出师表》《后出师表》来看，诸葛亮的忠诚是毋庸置疑的。

（一）隆中对，上司承诺开端

《隆中对》时，诸葛亮向刘备描述"三分天下"的美好蓝图和战略路线，表明他独到的战略眼光。当时，刘备初次见到诸葛亮，行为上就表现出"与亮情好日密"，致使结拜兄弟关羽和张飞非常不满。刘备发出他和诸葛亮之间的关系是"犹鱼之有水也"，"愿诸君勿复言表"，不仅表明刘备得到诸葛亮辅佐后，所发出的真心渴盼和欣喜，还打消了诸葛亮的顾虑，为诸葛亮开展工作造就了良好的支持环境。

（二）前出师表，上司承诺延续

你的生活安逸，一定有人承担着背后的不易。诸葛亮向后主刘禅上的奏折《前出师表》中指出:那些"侍卫之臣不懈于内,忠志之士忘身于外者,盖追先帝之殊遇,欲报之于陛下也",认为组织能够正常运作,主要在于大家不忘先帝知遇之恩,苦口婆心地说明当前形势的紧迫性和组织管理工作的重要性。而且,从自身角度提出:"奉死于危难之间,尔来二十有一年矣,……,北定中原,……,兴复汉室,……臣所以报先帝而忠陛下之职分也",体现出他以兴复汉室为己任,二十一年如一日地尽职尽责、不辞辛苦、东征西讨,不仅是为报答先帝刘备的恩情,更是忠于上司、忠于职守,做好本职工作的本分所在。由此,虽然刘备已经去世四年之久,但诸葛亮还坚定地遵守上司承诺,并表达出对新雇主的忠诚。

(三)后出师表,高度组织承诺

《前出师表》之后一年,诸葛亮又向刘禅上了一道奏折,在《后出师表》中指出:"臣受命之日,寝不安席,食不甘味。思惟北征。……,臣鞠躬尽瘁,死而后已。"表明诸葛亮坚持北伐中原,已超出报答刘备知遇之恩的范畴,体现出他对蜀汉政权的忠诚。诸葛亮在遗嘱《自表后主》中不仅表明"不使内有余帛,外有赢财"的个人操守,还发自肺腑地劝慰后主刘禅"清心寡欲,约己爱民",表露出他对蜀汉政权高度的组织承诺。诸葛亮的专著《兵要》中提出:"人之忠也,犹鱼之有渊。"提出鱼没有水会死,人失掉忠诚就会走邪路,循环印证了刘备和诸葛亮初次见面"犹鱼之有水也"的场景,由此,诸葛亮被奉为"忠诚的化身"是有理论依据的。

这么看来,组织承诺是一种心理束缚力,约束组织成员的身份与行为保持一致。当人们对组织产生心理依赖后,会产生忠诚于组织的行为。从《隆中对》《前出师表》《后出师表》,可看出:诸葛亮对蜀汉政权的组织承诺,是对刘备产生心理依赖后,由上司承诺过渡到"组织承诺"的过程。

(四)这是你的船,激发船员斗志

"古今中外,盖莫如是",为便于大家掌握"组织承诺"的发生机理,让大家都能灵活运用"组织承诺"的概念,畅销书《这是你的船》里讲述,让领导者与组织成员之间的友谊之舟乘风破浪,而不是像网上流传的"友谊的小船,说翻就翻"。

《这是你的船》的作者迈克尔·阿伯拉肖夫,不仅是成功的舰长,而且是"成功"的助理。他曾任美国海军舰队司令的军事助理,也曾担任国防部长的军事助理。阿伯拉肖夫刚接手"本福尔德号"时,船员士气低落,有人酗酒,有人刺青,有人甚至吸毒,整个组织管理非常混乱。他上任后,没有像前任那些舰长把岗位作为"跳板",谋取更大职位,而是向船员表明:这是我的船,这也是你的船,这是大家的船。他给予"船员"较大自由度,让他们参与组织决策,最大限度地激发"船员"的工作潜能。导致"船员"们开始"以船为家",让"船员"把"本福尔德号"这艘船当成自己的事业。在阿伯拉肖夫的带领下,他们的船不仅没有"说翻就翻",还成为太平洋舰队最优秀的舰艇。

由此，要想让"船员"有工作激情，想让员工忠诚于团队，想让个体对组织有责任担当，领导者需要有宽广的胸怀、高度的视野和"推功揽过"的格局；领导者还需要对下属高度信任，发掘员工的工作潜能，让员工产生"这是我的船"的观念，强化"船员"们的组织承诺。

综上所述，员工对组织产生"组织承诺"和"心理依赖"，是个渐进过程，需要经过服从、认同和内化三个阶段。"服从"阶段，员工还没把"船"当成自己的，我们需要用政策或物质奖励进行行为强化，让员工行为与组织目标保持一致。"认同"阶段，员工已开始有"这是我的船"观念，应该强化员工对企业文化的心理认同，让员工对组织产生心理依赖。"内化"阶段，员工的价值观和组织目标高度一致，员工就会自觉地维护组织利益。这时候，我们反而要关注员工身心健康，防止像诸葛亮那样因"鞠躬尽瘁"而过早地离开，导致"长使英雄泪满襟"的事情再次发生。

二、攻心为上：范蠡三徙，功成身退

我们分析了诸葛亮的"上司承诺"和"组织承诺"，理解"组织承诺"的概念内涵，了解到"组织承诺"分为"服从、认同和内化"三个形成阶段。

下面我们通过"范蠡三徙"的故事，来理解"组织承诺"三因素和"职业承诺""上司承诺"等表现形式，范蠡拥有非凡的政治、事业和商业才能。本章从范蠡的"功成、名遂、身退"，分析"组织承诺"的三因素结构："情感承诺""连续承诺"和"规范承诺"。

（一）弃楚投越，英雄无用武之地

范蠡是楚国宛地三户人时（今河南浙川县），大家可能会疑惑，为什么范蠡和文种（曾经当范蠡家乡的县令）两个楚国人，不把经天纬地、治国安邦的聪明才智奉献给自己的祖国，而是掺和吴王夫差、越王勾践之间的家事、国事呢？

范蠡少时，楚国当政者是灵王，"楚王好细腰，宫中多饿死"。臣子们热衷于节食减肥，"扶墙然后起"。"晏子使楚"成就了晏子的名声，但仅依靠晏子的口才捍卫齐国国格，传扬齐国国威，从侧面说明楚国邦交的无能。摊上这么一个"不可思议"的领导，难怪跟随他的人都离他而去，后来楚灵王落得个"吊死郊外"的下场。

灵王弟弟楚平王在奸臣的怂恿下，娶了准备嫁给太子的秦国美女，说明平王也是个"好色"的主。他害死伍子胥

人物志：范蠡 春秋末期政治家、军事家、经济学家和道家学者。曾助越王勾践复国，后归隐。三次经商成为巨富，三散家财，被后世尊称"商圣"。

人物志：文种 春秋末期著名的谋略家。曾协助范蠡，帮助勾践复国。后被勾践赐死。

人物志：楚灵王 （？—前529年），楚共王次子，杀死侄子，自立楚国国君，是春秋时代有名的穷奢极欲、昏暴之君。

人物志：晏子 （？—前500年），春秋时期齐国著名政治家、思想家、外交家。能言善辩，坚持原则，出使楚国不受辱，捍卫了齐国国格。

的父亲,致使伍子胥逃到了吴国,导致伍子胥先后五次伐楚。后来的楚惠王,可称中兴之君,无奈十岁主政,被处处掣肘。这种情况下,也就不难理解范蠡、文种和伍子胥这样的楚国能人,无法为自己国家效力的无奈之举了。由此可以推测,在情感上,范蠡是想报效祖国的。无奈"邦无道则隐",范蠡和文种只好选择为越王勾践服务。

(二)辅佐勾践,忍辱负重求复国

当范蠡邀请文种为越王勾践效力的时候,越王还没有被吴王夫差打败。越王勾践战败以后,越王才重用范蠡和文种两人。范蠡和勾践一同到吴国为奴,文种在越国负责"经营生聚",做好后勤。范蠡陪着越王"卧薪尝胆"期间,奉劝越王不要冒进伐吴,而要忍辱负重、等待时机,成就了越王"君子报仇,十年不晚"的佳话。

由此来看,范蠡在雇主越王最艰难的时期,没有选择离开,还能够"知难而上",挑战不可能,完成了几乎不可能完成的任务。作为越王的大臣,范蠡能够顺从规范、遵章办事、忠于组织,说明他坚守对越王的"上司承诺",对越国实现了"规范承诺"。

(三)功成身退,投身商海寄余生

在越王勾践战胜吴王夫差以后,范蠡非常了解勾践这个上司,认为他"只可共患难,不可共安乐",奉劝文种退隐,"敌国破,谋臣亡",说明范蠡并未最终实现为越国连续工作的"连续承诺"。范蠡"功成、名遂、身退",隐名埋姓投身商海,三次经商均获成功,乐善好施三散家财,不仅有"裸捐"的气魄,还有多次创业成功的经历,说明他"干一行,爱一行,专一行",不仅具有较强的"上司承诺",还具有非常坚固的"职业承诺",尤其是范蠡在政治、实业、商业三个领域,都能干出非凡业绩,体现出范蠡对"组织承诺"的深刻理解。

组织承诺包括"情感承诺""连续承诺"和"规范承诺"三因素。情感承诺是指作为组织成员,感到骄傲和自豪,愿意为组织利益做出牺牲的心理承诺。范蠡虽想为祖国——楚国服务,但无奈选择了越国,经历越国亡国之痛,也没离开,说明他对越国具有情感承诺,规范承诺是指社会规范对个体忠实于组织的影响。范

人物志:楚平王　(?—前516年),楚共王幼子,楚灵王弟弟,灵王死,立为楚国国君。在位期间,被逃跑到吴国的伍子胥五次兴兵伐楚,使得楚国国力日下,失去大国地位,屡被小国进犯,诸侯国大多叛楚归晋,后郁郁而死。

人物志:伍子胥　(?—前484年),楚国人,春秋末期吴国大夫、军事家。其父亲和哥哥被楚平王杀害,伍子胥从楚国逃亡吴国,深受吴王阖闾(吴王夫差的父亲)重用,后五次兴兵伐楚,后带兵攻入楚国都城,掘楚平王墓,鞭尸三百,以报父仇。

人物志:勾践　(?—前465年),亦作"句践",春秋末年越国国君,即位三年,被吴国打败,作为人质被迫向吴求和,三年后被释放回越国,重用范蠡、文种,卧薪尝胆,后打败吴王夫差。

人物志:夫差　(?—前473年),春秋时期吴国末代国君,极为好战,曾大败越国,后于晋国争霸成功,后被越灭国。

蠡作为越国的大臣，能够顺从君臣规范、遵章办事，体现出他较强的规范承诺。连续承诺是指个体为组织连续工作的心理诉求。从范蠡"功成、名遂、身退"来看，虽然他没能坚守"连续承诺"。但经历政治上的"功成名遂"之后，在发展实业和经营商业方面，他都能"有荣名"，获得巨大的成功。"干一行，爱一行"，说明他有较强的职业承诺。相对组织承诺三因素结构，还有"上司承诺"和"职业承诺"等承诺表现形式。上司承诺，是指跟从上司过程中产生的依赖感，从而不愿变更上司的心理情感。职业承诺，是指个体对所从事的职业的认同程度。

三、家国天下：忧国忧民，家国情怀

"天下之本在国，国之本在家，家之本在身"，自古以来，我国就构建起了家国同构的社会结构。"家是最小国，国是千万家"，国有国法，家有家规，家训之于一个家族，等同于国法对国家的重要性。2014年，央视推出《新春走基层·家风是什么》系列报道。2016年年初，中央电视台重磅推出的纪录片《家风》，从《颜氏家训》《朱子家训》到《曾国藩家书》《钱氏家训》，以古代著名家训为切入点，讲述家风形成历史脉络，传承国人治家理念和传统美德。

古时候，我国社会管理是由"血缘"和"宗法"来统领的，由此产生了"家国同构"的社会格局，"家是小国"，"国是大家"。接下来我们来分析以下我国传统文化中"修身、齐家、治国、平天下"的"家国情怀"。

（一）益国利民，位卑未敢忘忧国

公元前630年，郑国的"圉正"烛之武，一个养马的官（相当于《西游记》中的"弼马温"），有点驼背，走路都不大利索，却做出了"五论救弱国，妙语退秦师"的轰动性事件，让强大的秦国与弱小的郑国结盟，从而瓦解了晋国对郑国的威胁。体现了烛之武"位卑未敢忘忧国"的"家国情怀"。

"弱国无外交"，三年后，强大的秦国不愿遵守盟约，派遣大军长途奔袭，准备偷袭郑国。当秦军进入滑国地界的时候，郑国的商人弦高恰好在那做生意，在郑国还没警觉的情况下，他通过"以乘韦先，牛十二犒师"，向秦国军队献上4张熟牛皮和12头肥牛，犒劳长途行军的秦国官兵。秦国大将军孟明视感叹："郑有备矣，不可冀也。"而把滑国灭了，班师回朝。

齐国相国管仲把国民划分为"士、农、工、商"四种类型。当时，工和商"出乡不与士齿"（凡执技以事上者，不贰

人物志：**弦高** 春秋时期郑国商人，国家危难之时临危不惧，假装特使，以12头牛犒师智退秦军。

人物志：**烛之武** 春秋战国时期郑国人，前630年，秦、晋合兵围郑，烛之武前往秦营，向秦穆公陈说利害，使秦穆公放弃攻打郑国的打算，拯救郑国于危难之中。民间评价他，五论救弱国，妙语退秦师。

人物志：**岳飞**（1103—1142年），抗金名将，南宋著名的战略家、军事家、书法家、诗人，位列南宋中兴四将之首。后以"莫须有"罪名被害。宋孝宗时期被平反，追谥武穆，后又追谥忠武，封鄂王。

事,不移官,出乡不与士齿。——《礼记·王制》),也就是说,士大夫,以与商人结交为耻,甚至不愿与工商业从业人员生活在一起。但社会地位不高的烛之武和商人弦高,却让风雨飘摇的"郑国"免遭强国的蹂躏和践踏。

(二)报国忠烈,舍生忘死图报效

烛之武退秦师和弦高犒劳秦军的行为,说明自古以来,中原地区人民群众就有非常强烈的"家国情怀"。而且至宋朝,依然有满门忠烈"杨家将"和精忠报国的"岳家军"。

《杨家将传》,又名《北宋志传》,描述了北宋前期杨继业四代人戍守北疆,赤胆忠心、报效国家的故事。欧阳修曾写过文章,称赞杨家将"父子皆名将,其智勇号称无敌"。目前的"天波杨府",位于北宋首都的西北,是"杨家将"的府邸。目前,河南开封市的"天波杨府",隶属于龙亭湖风景区,是个具有北宋文化特色的 AAA 级景区。虽有"杨家将"的抗辽,但在"虎狼环伺"的情况下,北宋还是在"澶渊之盟"上签订了"割地赔款"协议。这样,北宋王朝获得了暂时的边境安定。但"燕云十六州",北方大面积国土拱手送人,为宋朝南迁埋下了祸患,为精忠报国的岳飞跌宕起伏的人生埋下了伏笔。

岳飞,天生神力,是个千古将才。他带领的"岳家军",坚持"冻死不拆屋,饿死不打掳",是一支令金兵闻风丧胆的劲旅,留给敌人"撼山易,撼岳家军难"的敬畏。在抗金不利的情况下,岳飞的母亲在其背部刺字"精忠报国",勉励他坚定报国志向。"岳家军"两次挥师北伐,先后收复了郑州、洛阳等地,让梦想着"王师北定中原日,家祭无忘告乃翁"的书生们的悲鸣可以得到些许慰藉。

但在"莫须有"谋反罪名下,所向披靡的千古将才,岳飞在供状上写下"天日昭昭,天日昭昭"八个大字,发出悲愤的呼喊! 最后从容赴死,他的"家国情怀"和"忠孝节义"行为,让后人凭吊追思。

怎样才能提高员工的组织认同? 如何强化员工对组织的心理依赖? 如何帮助员工实现对组织的"我们感"呢? 从烛之武和弦高"位卑未敢忘忧国",到杨家将、岳家军的"家国情怀"和"忠孝节义",可以看出:这需要我们把握"心理契约"和"组织认同"概念内涵。

(三)组织认同,心理契约家国情

心理契约是员工与组织之间,除正式雇佣契约之外,还存在没有公开的心理期望。这种"心理期望"有主观性、互惠性和动态性的特点。"倾巢之下,安有完卵",烛之武和弦高,在与祖国没有"正式雇佣"关系,或在较弱"雇佣关系"的情况下,生死存亡之际,没有抛弃弱小的祖国,尚且能够舍小家、顾大家,以"国家利益"为重,解除强国对祖国的威胁。说明自古以来国民就有"家国情怀"的优良传统,人们对国家能独立地做出"爱国爱家"的"主观"判断,认为"爱国"也是"爱家"。而且,往往在关键时刻,能体会到"家是小国","国是大家"的真正内涵,能权衡"国家兴亡""家族兴衰"和"个人成败"的关系。

"组织认同"是个体或群体获得组织的"我们感"的经历和过程,表现为愿意长期成为组织成员,并保持组织身份的"心理愿望"。

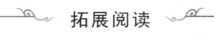

拓展阅读

心理契约、组织认同与组织承诺

心理契约、组织认同与组织承诺的异同点如下所示。

首先,心理契约与组织承诺都在描述组织与个体间的心理联系。但是组织承诺探讨的核心是员工为什么会愿意留在组织中,而员工心理契约关注的是员工对于雇佣关系中相互责任和义务的知觉和信念系统。组织承诺的研究是单向的,心理契约探讨的是一种双向的、相互的关系,即员工对组织承担的责任以及组织对员工承担责任做出的承诺。

组织认同和组织承诺是非常相近的概念。有学者认为组织认同是组织承诺的一部分,有学者认为两者之间有显著不同。第一,组织认同不具有经济性的维度,而组织承诺的连续承诺具有经济性内容;第二,组织认同涉及自我定义并要求分享组织的价值观和信念,而不是被动接受;第三,员工与组织雇佣关系结束后,组织承诺就无从谈起了,但是员工离开组织后,组织认同可能仍然存在。

"杨家将"和"岳家军",在敌强我弱的态势下,依然对"羸弱"的祖国报以"赤胆忠心"和"忠孝节义"的回馈。说明作为大宋子民,"杨家将"和"岳家军"在组织认同方面,高度认可宋朝"爱民恤民""开放平和""文雅风骨"的价值观。在推崇儒家治国,文艺复兴、科技发达,虽然国家羸弱、但藏富于民的政策,让宋朝子民,具有强烈的"我们感",导致对大宋王朝的高度"忠诚度"。

周敦颐、程颢、程颐、邵雍、张载号称"北宋五子",创立了宋朝理学体系。张载提出:文人应具备"为天地立心,为生民立命,为往圣继绝学,为万世开太平"的风骨。由此,宋朝的子民,由文化认同导致的价值观认同,帮助国人产生强烈的"家国情怀",促使人们产生较高的"我们感",有助于员工对组织产生持久弥新的"认同感"。

当前,我们提出:为实现中华民族伟大复兴的"中国梦"而奋斗,与前面所说的培养"家国情怀"意识是相通的。所以,要想提高员工对组织的"心理依赖",增强员工的组织"认同感",要挖掘国人的"文化认同",帮助大家产生强烈的"家国情怀",凝聚正能量,共筑"中国梦"。

第二节 中原逐鹿
——分封诸侯之民心归附

秦朝作为中国第一个大一统王朝，废除了世卿世禄制度和分封制。在李斯的建议下，始皇帝积极推行郡县制，为陈胜提出"王侯将相宁有种乎？"提供了可能性。在"楚虽三户，亡秦必楚"的信念和"壮士不死则已，死即举大名耳"的感召下，不甘心命运摆布的陈胜、吴广，在大泽乡揭竿而起，掀开了"秦失其鹿，天下共逐之"的"中原逐鹿"风云大幕。

纵观楚汉争霸，失败者成为英雄，胜利者顺从了民愿。魏蜀争战，胜利者成为奸雄，失败者却获取了民心。下面，我们先从项羽分封诸侯，谈谈获取员工组织承诺的重要性。

一、项羽分封：以亲爱王，痛失天下

"楚虽三户，亡秦必楚。"发出"苟富贵，莫相忘"感慨的陈胜，打着为公子扶苏报仇的名义，假称项燕的军队，率先反秦。大家要问，为什么起义要打扶苏和项燕的旗号呢？"从民欲也"，说明"中原逐鹿"遵从民意的重要性。后来陈胜在陈郡（现河南淮阳）称王，建立了张楚政权。后来，张楚政权被秦朝的"常胜将军"章邯攻灭。

陈胜、吴广起义，虽被章邯剪灭，但从根本上动摇了秦王朝的统治，为项羽和刘邦楚汉争霸创造了条件。下面我们从"拜将封侯"的角度，分析项羽"分封诸侯"和刘邦"封什邡侯"对员工组织承诺的影响。

项羽年轻时，和叔父项梁一起观看秦始皇巡游，发出"彼可取而代之"的宏愿；同样，见到秦始皇巡游的刘邦，感叹道："大丈夫当如是。"由此来看，项羽和刘邦志向同样远大，表达方式却大相径庭。

在陈胜、吴广起义感召下，项羽作为裨将，跟随叔父项梁反秦。刘邦也集合三千子弟响应陈胜起义，攻占沛县等

人物志：项羽（前232—前202年），名籍，字羽，楚国名将项燕之孙，军事家。巨鹿之战破秦军，杀苏角，虏王离，降章邯。秦亡后，项羽自立为西楚霸王，分封诸将及各国贵族为王。后与刘邦楚汉之争，最终兵败垓下，乌江自刎。

人物志：刘邦（前256或前247—前195年），汉太祖高皇帝，汉朝开国皇帝，杰出的政治家与战略家，汉民族和汉文化的伟大开拓者之一，以"宽厚仁爱、善于用人"被后世称道。

人物志：陈胜（？—前208年），秦朝末年农民起义领袖之一，与吴广一起在大泽乡起兵，成为反秦义军先驱；在陈郡称王，建立张楚政权。后被秦将章邯所败，遭车夫刺杀而死，葬在河南永城芒砀山，被刘邦追封为"隐王"。

人物志：吴广（？—前208年），秦朝末年农民起义领袖之一，与陈胜一起在大泽乡起兵，被义军将领假借陈胜命令杀害。

地,被称为沛公。不久,刘邦投奔项梁,被封为武安侯,将砀郡兵马。(砀郡的芒砀山是刘邦起义发迹之地,位于河南东部的永城市,是 AAAA 级景区。目前,山上矗立有刘邦大汉雄风塑像)刘邦建立汉朝后,追封陈胜为"隐王",将陈胜葬在自己发家之地芒砀山。

要知道当时信息闭塞,陈胜、吴广尚且知道假借曾战胜秦军的项燕将军的名义反秦。项梁可是楚国大将军项燕的儿子。所以,项梁有威望召集各路起义军,拥立一个放羊娃为楚怀王。说明项梁对"中原逐鹿"过程中获取民心的重要性还是比较清晰的。

(一)假立上将,夺取军权心不服

后来,项梁连破秦军后,骄傲自满情绪高涨,被秦朝的常胜将军章邯突袭,项梁兵败被杀,楚军没有了主帅。项羽为夺取楚军指挥权,诛杀楚怀王任命的"上将军"宋义,迫使楚将"立羽为假上将军。"为什么是假上将军呢?《史记·项羽本纪》记载,"上将军"宋义被项羽杀掉后,"诸将皆慴服,莫敢枝梧",众将们被震慑住了,都不敢违抗,说:"首立楚者,将军家也。今将军诛乱。"也就是说,在项梁将军的主持下,拥立了楚怀王,现在,项羽(将军您)杀宋义,只不过是在诛杀乱党而已。从这句话里,我们能看出众将,对项羽有点"口服心不服"。后来,楚怀王也没有办法,只有认命项羽为"上将军"。

(二)巨鹿之战,统领诸侯人心散

巨鹿之战,各路诸侯为保存实力,"皆从壁上观",不听从项羽指挥。但项羽却靠着"破釜沉舟",打了个"以少胜多"的漂亮仗。战后,项羽召见诸侯将领,他们"无不膝行而前,莫敢仰视",跪着接受召见,项羽成了名副其实的"上将军"。虽然表面上反秦诸侯望风归附,但仍然都"心照不宣"。此时,项羽凭借手握四十万诸侯军队,"佯尊楚怀王为义帝,逼其迁都郴县"。对待民心所望的楚怀王,来个明升暗降,表面尊他为"义帝",实际上却逼着楚怀王到"郴县"赴任。后来,项羽派人在路上杀害了楚怀王。至此,项羽不再关注"楚虽三户,亡秦必楚"的民意,也不再顾忌各路诸侯的"心照不宣"。

(三)分封天下,自立霸王不守诺

项羽感觉天下大定,就自立为"西楚霸王",并以霸主身份,"分封十八路诸侯"。显然,项羽不会遵守楚怀王"先入关中者王之"的约定,把先入咸阳的刘邦分封为"关中王",而把刘邦这个最大的竞争对手封到"巴、蜀、汉中三郡,为汉中王"。项羽也不做关中王,没定都咸阳,说"富贵不归故乡,如衣锦夜行",认为人获得富贵之后,如不到街坊邻居面前显示的话,成功就没有意义,却把诸侯联军辛苦多年的争战成果——最为富庶的关中地区,一分为三,拱手送还给了章邯、司马欣、董翳三位秦朝降将。更令人不解的是,被分封为雍王的章邯，还是杀害自己叔父的元凶。由此来看，项羽不理解"得将士心者得军权，得民心者得天下"的道理。他不仅"缺乏群众路线"，还"不懂管理"，仅在乎战术上的成功，却忽略了"逐鹿中原"的全局成败。

由此，项羽在事业高峰时的分封诸侯，不仅没有实现"霸天下而臣诸侯"的目的，反而造成了"以亲爱王，诸侯不平"。这种按个人喜好的分封，致使他"失天下"后悲情自刎，发出"此天之亡我也，非战之罪"的慨叹。也就是说，项羽到死也没想明白如何提升部下的忠诚度，如何通过"分封诸侯"来提升各路诸侯的组织承诺。

二、雍齿封侯：驭人有术，天下同利

"成败相因"就是说成功和失败是互为因果关系的。下面，我们从"雍齿封侯"分析刘邦提升员工组织承诺的手段。

（一）论功行赏，日夜争功恐谋反

楚汉争霸之后，天下大局已定，刘邦也着手分封。他认为张良功劳大，让张良"自择齐三万户"。但张良却谦虚地说："与上会留……臣愿封留足矣，不敢当三万户。"于是，张良被封为留侯。而且，萧何等功臣也受到了相应的封赏。当分封到二十多人后，众将"日夜争功不决"，在雒阳南宫外的沙地上窃窃私语。

张良对刘邦说，他们正准备着谋反呢！刘邦大惊，张良解释说："今陛下为天子，而所封皆萧、曹故人所亲爱，而所诛者皆生平所仇怨。……故即相聚谋反耳。"如果刘邦像项羽那样，只注重封赏亲近的人，诛杀有仇和怨恨的人的话，众将不仅担心能不能受到封赏，更担心会不会因为曾经的过失而被杀害，于是有可能聚众谋反。

（二）雍齿封侯，张良妙计安天下

在介绍"张良妙计安天下"之前，我们先普及下"最难共事者"概念。这个概念也被称为 LPC(least preferred co-worker)。这个概念是权变管理理论创始人——美国管理学家菲特勒提出的。"最难共事者"，俗话称为"刺头"。

拓展阅读

最难共事者

最难共事者概念出自于美国管理学家菲特勒提出的"有效领导的权变模式",简称菲特勒模型。他采用一种"最难共事者"量表测定得分(LPC分数),来判断领导者的领导风格。LPC分数高的人重视人际关系,LPC分数低的人重视任务。同时,按照上下级关系好坏、任务结构难度高低和领导的职位权力大小,将组织环境划分为有利和无利两种倾向。

菲特勒"有效领导的权变模式"认为,当情境非常有利或非常不利时,采取工作任务导向型领导方式是合适的。情境有利程度适中是介于非常有利和非常不利的两个极端情景的中间情况,此时最有效的领导方式是以人为主的关系导向型。由此,有效领导的权变模式,说明不存在一种普遍适用于一切情景的最好的领导方式。领导方式的有效性取决于管理者的领导风格与组织环境的匹配。

听到众将有聚众谋反的嫌疑。刘邦吓出了一身冷汗。"上乃忧曰:'为之奈何?'"张良献出了堪比"明修栈道暗度陈仓"的妙计,这里,先来谈谈"明修栈道"。

项羽分封刘邦为汉王后,收回他的七万兵马,让刘邦率领三万多人到偏僻的汉中赴任。刘邦很生气,要与项羽决一死战。这时,张良一再规劝,让刘邦暂时忍耐。如果说,张良的规劝,为刘邦留下一线生机。那么"明修栈道、暗度陈仓"就是"平天下"的妙招。

刘邦赴任汉中时,张良建议烧毁栈道,让项羽认为刘邦安心当汉王,不准备打回关中。"烧毁栈道",不仅麻痹了敌人,也为韩信后来成功地实施"明修栈道,暗度陈仓"策略奠定了基础。

话说张良见刘邦很紧张,就轻松地问:"上平生所憎,群臣所共知,谁最甚者?"刘邦说:"雍齿与我故,数尝窘辱我。我欲杀之,为其功多,故不忍。"说明雍齿多次让刘邦受辱,是刘邦的最难共事者。张良建议:"急先封雍齿以示群臣。"根据"LPC原则","雍齿尚为侯,我属无患矣",众将士会认为连刘邦最不待见的雍齿都被封侯了,他们就不担心了。

从这个角度来看,谋臣张良不仅不贪恋权位,还能提出符合现代管理理论,"跨越时空"的"安天下"妙计。这与按喜爱分封的项羽相比,雍齿封侯,为刘邦赢得了"宽仁爱人,天下同利"的美誉。

(三)假做汉王,纪信代死忠佑传

项羽分封,导致众诸侯"离心离德";刘邦分封,造成了众将士的"组织认同"。

项羽个人能力高出刘邦,战术运用也比刘邦强。楚汉荥阳之战,曾一度将刘邦逼到了墙角。"汉军绝食,危在旦夕。"

荥阳被围时,将军纪信"假做汉王","愿杀身代之"。他被项羽捉到后活活烧死。"纪信代死"后,刘邦在他老家设立"忠佑庙",纪念他"以忠殉国,代君任患,实开汉业"的功劳。后来,纪信的儿子纪通辅佐过刘氏四位皇帝,在诸吕谋反时,不顾身家性命,忠心保汉。

目前,荥阳故城(现在郑州市惠济区的古荥镇)还有个纪信庙,这个村的名字叫"纪公庙村"。后来,纪信庙被称为"城隍庙",纪信也被后人奉为"城隍爷"。

项羽不仅不善用人,而且经常出现归因偏差。他习惯于把成功归结于自身,"吾起兵至今八岁矣,身七十余战,所当者破,所击者服,未尝败北,遂霸有天下"。把失败归结为外部环境,"此天之亡我也,非战之罪"。与刘邦相比,项羽确实"不懂政治"。刘邦不仅对张良、萧何与韩信"三位人杰"推崇备至。你在背后开了一枪,我仍然相信是枪走火。在平定淮南王英布叛乱之后,还能发出"安得猛士兮守四方"的慨叹,显示出远大的政治抱负和忧国忧民的情怀。

"前事之不忘,后事之师也。"刘邦创立汉朝后,吸取秦朝灭亡教训,奉行黄老之道,推行无为而治,采用休养生息和宽刑简政的方式治国,为后来的"文景之治"和汉武帝的"攘夷拓土"奠定了基础,印证了"以正治国,以奇用兵,以无事取天下"的道理。

三、人心思汉:弘毅宽厚,仁者爱人

纵观汉朝历史,虽然经历"王莽新政",依然由刘秀延续了"光武中兴";虽然历经"十常侍之乱","弘毅宽厚,知人待士"的刘备,对垒"挟天子以令诸侯"的实力派曹操,仍然能以匡扶汉室为己任,依然坚持"光复汉室"的理想,通过"三让徐州牧"来凸显仁义,通过"三顾茅庐",来延揽人才,通过"携民渡江",来彰显仁爱。

(一)携民渡江,民心归附创业艰

"携民渡江"的故事,是讲刘备虽然兵微将寡,难以抵挡曹操的几十万大军的攻势,却依然能够保护追随的樊城百姓渡江撤退。刘备对规劝他放弃百姓、自行撤退的建议置之不理,说:"夫举大事者,必以人为本。今人归我,奈何去之。"由此,樊城之战虽然失利,但却通过这场战事收获了民心。刘备一路走来,虽然筚路蓝缕、创业维艰,但最终还是建立了蜀汉政权。早先,刘邦依托巴蜀之地,创立汉朝四百年基业;刘备依据巴蜀汉中,创立蜀汉,可能是历史的巧合。在风雨飘摇的汉末乱世,刘备依靠"匡复汉室"的口号,获得众多英雄豪杰和仁人志士的拥戴,说明虽历经三国纷争,人们依然对汉朝政权的合法性有较高程度的组织"认同感"和"忠诚度"。

（二）人心思汉，建政立国世代传

除了"西汉""东汉""蜀汉"政权外，我国以"汉"命名的政权还有"后汉""北汉""南汉""胡汉""成汉""天汉"等十几个。如果说"蜀汉""后汉""南汉""北汉"是由"姓刘的"创立的，想通过"建汉"来获取合法性的话，那么，巴氏李雄建立的"成汉"和蜀主王建建立的"天汉"，就是对刘邦、刘备依托巴蜀建汉的地域依赖。但自称刘姓的匈奴，刘渊建立的"胡汉"，元朝末年陈友谅建立的"汉"政权已经与汉朝皇族"刘姓"没有关系了。

五代十国五十多年，涌现出了三个以"汉"为国号的政权，说明人们在乱世"人心思汉"的迫切性，间接地说明了获得民心和组织认同的重要性。电影《鸿门宴传奇》中有个桥段，范增曾委婉地告诉项羽："你要取的不单是咸阳，还有民心。你要胜的不单是刘邦，还有你自己。"由此，刘邦不仅在"马上打江山"时期，胜过了项羽。在建立汉朝后，刘邦也没有采用"马上治江山"的方式管理国家，而是采用"宽仁爱人"手段和"养民生息"方式管理国家。

历史辗转千年以后，元朝末年，依然还有人愿意扯起"汉"的大旗，从民所欲。再次说明，"中原逐鹿"，无论是马上打天下，还是马下治天下，围绕民心导向，加强人民的组织"认同感"至关重要。

综上，无论是霸气的项羽，还是豪气的刘邦，想"笑到最后"，就要让员工产生组织认同，让员工对组织忠诚。不要像项羽那样，自以为个人能力强、功劳大，就忽视下属的能力和付出，对员工实施权威管理和刻意压制；而是要像刘邦那样，显示出"豪爽大度，不拘小节"的胸怀和气度，信任自己的下属和员工，挖掘员工组织承诺的价值。

概念辨析

组织承诺：是指个体认同并参与一个组织的强度。在组织承诺里，个体确定了与组织连接的角度和程度，特别是规定了那些正式合同无法规定的职业角色外的行为。

组织认同：是指组织成员在行为与观念诸多方面与其所加入的组织具有一致性，觉得自己在组织中既有理性的契约和责任感，也有非理性的归属和依赖感，以及在这种心理基础上表现出的对组织活动尽心尽力的行为结果。

复习思考题

1. 从"烛之武退秦师"和"弦高犒劳秦师"故事入手，分析政治家的家国情怀和企业家的企业家精神的行为逻辑、当代价值和现实意义。

2. 组织承诺、心理契约和组织认同三者之间的关系是什么？三者之间的形成机制是否存在不同？

3. 从项羽分封诸侯时的"以亲爱王"和刘邦分封的"宽仁爱人"的典型案例

入手,探讨如何有效提升基层和一线员工组织承诺,增强文化凝聚力和组织认同感?

4. 中国历史上建政立国方面,为什么会出现众多以"汉"命名的政权,呈现出明显的"人心思汉"现象?

众恶之，必察焉。

众好之，必察焉。

——论语·卫灵公

第四章
贵和尚中——群体心理与群体行为

学习目标

1. 通过学习本章内容,读者应当能够从现实生活中的"漠视"与"哄抢"现象分析,深刻领会群体的概念内涵、群体类型划分以及群体特征当代价值。

2. 通过学习本章内容,读者应当了解群体行为规范产生的原因和影响,掌握在群体压力下,群体内成员是如何被影响从而产生羊群效果和从众行为的。

3. 通过学习本章内容,读者应当了解战国时期养士之风兴起的历史背景,总结和掌握"大型群体"的规范化管理实践经验。

4. 通过学习本章内容,读者应学会甄别我国古代养士所需的保健和激励因素,掌握养士过程中怎样体现团队建设和经营管理过程中的等距离交往优势。

5. 通过学习本章内容,读者应理解团队建设不倒翁模型文化内涵与行为逻辑,厘清物质、情感和道义对人们工作、生活和学习的影响机理和作用机制。

6. 通过学习本章内容,读者应当从"子产治国"典型案例中,领会如何控制决策风险,掌握群体决策风险控制方法和冲突应对技巧。

7. 通过学习本章内容,读者应当了解群体管理与团队建设过程中可能出现的问题,从墨家军建设经验中来领会"不可复制,无法替代"的团队管理智慧。

物以类聚,人以群分。心理学上认为,人群是自我个性逐渐弱化(去个体化),压力、从众等群体心理不断强化的被组织化了的群体。曾有人指出:中国文化是群体意识主导的家文化,西方文化是个体意识主导的群体文化。由此,中国群体文化本质上是情感文化,具有宗法性的圈子文化、伦理依附人治文化和人情交往的面子文化特征。西方群体文化本质上是哲理文化,具有浓重的个人英雄主义色彩和追求自由平等、重诺守信的契约精神特征。

下面本章就从群起效尤、直躬救父、指鹿为马、养士之风等典故入手,探讨群体概念、群体规模、群体行为规范和群体行为诱导问题,从子产"不废乡校"和"为政宽猛"两个角度,分析群体决策优劣势和群体冲突管理策略。

第一节 指鹿为马
——群体压力下的从众行为

权力距离,是社会承认和接受的权力在组织中的不平等分配的范围和程度。东方文化影响下的权力距离指数一般较高,人们对不平等现象通常会选择漠视或忍受。西方文化影响下的权力距离指数一般较低,权力意识深入人心,人们对权力分配不平等现象具有强烈的反抗精神。

"不忘本来,吸收外来,面向未来",为深入研究群体压力和群体从众行为,下面就从群起效尤、直躬救父、指鹿为马三个方面,对群体行为规范形成和群体从众行为演化进行对照分析,为后续群体行为诱导研究提供支撑。

一、群起效尤:法不责众,纪律严明

群体中会出现"一个好汉,三个帮"的现象,但也有"一个和尚有水喝,三个和尚没水喝"的困惑。

为了深入探讨群体行为规范和群体行为诱导问题,下面首先从"中国式"群体行为表现入手,通过解读"群体"概念,便于大家熟悉"群体"类型和国人"群体特征",为进行有效群体行为诱导奠定坚实基础。

(一)漠视哄抢,中国式群体行为

对于老人倒地,我们"扶还是不扶";面对没有车的红灯,我们"过还是不过";面对高速散落的货物,我们"抢还是不抢"。上述问题,确实是不好回答的现实问题。对于耳闻目睹、习以为常的"中国式过马路""中国式哄抢"现象,你怎么看? 你怎么办? 对频繁出现的"漠视"与"哄抢"行为,经常被归结为国民素质和道德水平问题。但本书认为应该归结为"群体"问题,陷入"无解"境地,要学着采用"群体心理"和"群体行为"的知识来解决。

(二)群体概念,人的互动集合体

群体概念是相对于个体存在的。关于个体,我们在前面章节中已经了解。那么,什么是"群体",群体的概念内涵是什么呢? "群体",是两人或以上的共同活动、相互作用的人的"集合体"。仔细分析,大家会发现:群体的概念中有四个关键词,一是数量限定,说明群体数量上应该不小于两个;二是共同活动,表明群体是需要"在一起"的特定环境;三是相互作用,群体中的个体之间不是简单的"扎堆",而会相互产生影响;四是人的"集

合体"。"物以类聚,人以群分"群体不是动物的"集合体",或其他事物的"集合体"。

(三)群体类型,群体的分类管理

了解群体概念内涵之后,大家还要熟悉群体划分为什么类型。一是根据规模和大小,群体可分为小型群体和大型群体。其中,"管鲍之交"中的管仲和鲍叔牙两人的"君子之交",他们之间不分贫富贵贱、不计荣辱得失、跨越世俗观念的交情,非常感人。但由于人数有限,也只能算作"小型群体"。"桃园结义"中的刘备、关羽和张飞三人,为实现"匡扶汉室"的目标,结拜为兄弟。《周易》中有:"二人同心,其利断金;同心之言,其臭如兰。"后来,"金兰之交",被引申为朋友之间,感情投合,结拜为异性兄弟姐妹的代称。刘、关、张三人肝胆相照、不离不弃、合力杀敌的"生死之交",虽然史料记载不足,但却影响深远,成为后世异姓兄弟"拜把子""结拜"的模仿对象。但可惜人数有限,还只能归结为"小型群体"。那么,什么群体能划分为"大型群体"呢?吕不韦的"食客"孟尝君的"门客"和信陵君的"宾客",数量都过千,可称为"大型群体"。二是根据正规性和流动性与否,群体还可以划分为"正式群体""非正式群体"和"开放群体"与"封闭群体"。关羽、张飞、马超、黄忠、赵云"五虎上将"有出处,不像刚才说的"桃园结义"是传说,而且经过正式授衔,可以归结为"正式群体"。那么相对应而言,刘、关、张的"桃园结义",可以理解为"非正式群体"。孔子曾说过"自行束脩以上,吾未尝无诲焉。"束脩就是一束干肉(一束是十条,束脩也就是十条干肉)。由此,孔子作为教育家,推行"有教无类"的教学方式,只要自带"十条干肉"做礼物,他就会"诲人不倦"了。由此,孔门收门徒是开放的,要想做孔子的弟子,门槛也不是很高。所以,孔门"三千弟子",可理解为"开放群体"。墨家学派组织非常严密,对加入者有严格的条件限制,思想要具有"四行","贫则见廉,富则见义,生则见爱,死则见哀。"(《墨子·修身》),要求"墨者"必须认同"兼爱、非攻"价值观。而且在行为上,还要求"墨者"能够"其言必信,其行必果,已诺必诚,不爱其躯,赴士之厄困"。由此,"墨家军"是一支坚守诚信原则,恪守"墨者之法","墨子服役者百八十人,皆可使赴火蹈刃死不旋踵"的高效能团队。由于"墨家军"有强大的信念支撑,有严格的组织纪律,墨子才能派出"禽滑厘等三百人,持墨子守城之器,在宋城以待楚寇",才可能有"止楚伐宋"的成功。这里,大家可将"墨家军"这个高效能团队,理解为典型的"封闭群体"。

二、直躬救父:子为父隐,直在其中

群体规范是由群体成员共同建立的,有利于群体生存和发展、规范群体成员行为、表达群体行为价值取向,约束组织成员的基本行为准则。为方便大家理解群体"行为规范"的内涵,本文以"直躬救父"故事演化作为引子,分析群体行为规范养成问题。

拓展阅读

墨子"止楚伐宋"

楚大宋小,楚强宋弱,楚国攻宋之心蓄谋已久。墨子坚持"兼爱""非攻"理念,依靠独有的防御技能和个人智慧,"解带为城,以牒为械。公输盘九设攻城之机变。子墨子九距之。公输盘之攻械尽,子墨子之守圉有余"。说服楚国大夫公输盘和楚王放弃侵略宋国的企图。

(一)叶公问政,言行一致直躬显

首先介绍一下"叶公好龙",这个叶公是春秋时楚国叶县的县令,名子高,封地在叶(古邑名,今河南叶县)。小学可能都学过这个故事。但下面要告诉大家一个不一样的"叶公"。

拓展阅读

叶公好龙

叶公喜欢龙,衣带钩、酒器上都刻着龙,居室里雕镂装饰的也是龙。他这样爱龙,被天上的真龙知道后,真龙便从天上下降到叶公家里,龙头搭在窗台上探望,龙尾伸到了厅堂里。叶公一看是真龙,转身就跑,吓得他像失了魂似的,惊恐万状,不能控制自己。由此看来,叶公并不是真的喜欢龙,他喜欢的只不过是那些像龙的东西,而不是真龙。

孔子周游列国,来到"叶公"的封地,曾多次与"叶公"谈论治国理政的问题。孔子告诉"叶公",为政应努力做到"近者悦、远者来",也就是让自己的百姓感到满意,让周边的人愿意投奔而来。

"叶公"非常高兴,说:我们已经实现了"近者悦",通过兴修水利工程,勉励百姓发展农业生产,减轻赋税和徭役负担,我的封地已实现了"路不拾遗,夜不闭户"。目前,正着手进行"远者来"方面的工作,孔子听后非常满意,留下了"叶公问政。子曰:近者说(悦),远者来"的文字记载。

但孔子与"叶公"关于忠诚和为人标准的讨论,成为一段争论至今的公案。叶公曾说:"吾党有直躬者,其父攘羊,而子证之。"其意思是我们这里有个"直身而行,诚实守信"的人,他父亲偷了别人的羊,会告发他的父亲。由此,叶公认为的直身躬行,是倡导大家言行一致,不包庇不隐瞒。

（二）直身救父，父子相隐显直躬

据传闻，叶公府里的一只羊跑到孔子和弟子们居住的地方，被孔子的弟子曾点烤着吃了。曾点的儿子，曾参把这事报告给孔子。这个曾参，是孔门之中非常厉害的人物，被后世称为"曾子"，尊奉为"宗圣"，是孔子的四大弟子之一。

关于曾参，还是流传甚广的《曾子杀猪》的男主角，曾子的妻子要去集市上买东西，儿子哇哇哭，要跟着一起去。曾子的妻子不太想带儿子去，就说："女还，顾反为女杀彘"，意思是说，你回家，等我回来后，给你杀猪吃。妻子回来时，曾子正张罗着杀猪，妻子阻拦他，说："特与婴儿戏耳。"也就是给孩子说着玩的。曾子指出："婴儿非与戏耳。"孩子可没把杀猪当成戏言。于是，曾子最后把猪杀了，他认为，教育孩子要讲诚信，首先自己要做到言行一致，这也就是"身教重于言教"的道理。

回到上文所提到的叶公和孔子谈论的"为人直躬"问题。曾参把父亲吃掉叶公羊的事情，告诉孔子。孔子非常了解曾参，告发自己父亲，会让他陷入"忠孝两难"境地。孔子就答应由他代替曾参，向叶公转告曾参的父亲吃羊的事情。孔子感叹道："吾党之直者异于是：父为子隐，子为父隐。……直在其中矣。"意思是说：我们那里人的直率，与你所说的有点不同。父亲愿意为儿子承担偷羊的责任，儿子愿意为父亲承担偷羊的责任。这也是一种直率的表现。叶公所说的是"吾党有直躬者"，说明叶公所说的"直躬"，是直身躬行，是"言行一致"的意思。而孔子回答的是"吾党之直者"。两者虽只有一个"躬"字的差异，但两者对"直躬救父"的理解却有着较大的不同。

《吕氏春秋》中也提及"直躬救父"的故事。楚国有个叫作"直躬"的人（叶公的封地属于楚国），把父亲偷羊的事情，上报给了楚王。当楚王派人杀他父亲的时候，他请求代替父亲受刑。楚王同意了，但在将要行刑的时候，这个"直躬"的人，告诉执法官员："父窃羊而谒之，不亦信乎？父诛而代之，不亦孝乎？信且孝而诛之，国将有不诛者乎？"也就是说，我上报楚王父亲偷羊，是"诚实守信"的表现；我代替父亲受刑，是"忠孝仁义"的表现；如果坚守"忠孝仁义"和"诚实守信"的人都要被处死的话。那么楚国还有谁不该被处死呢？楚王也感到很棘手，最后没处罚这个人。"直躬之人"父亲偷羊的事情，也就不了了之。

根据《吕氏春秋》记载，孔子听到"直躬救父"的故事后，感叹道："异哉！直躬之为信也，一父而载取名焉。"真奇怪，这"直躬之人"，只不过利用他父亲偷羊的事，来获取"忠孝仁义"和"诚实守信"的名声罢了。孔子得出的结论是："故直躬之信，不如无信。"由此，按《吕氏春秋》描述，"父为子隐，子为父隐"的"直"和"直躬之人"所谓的"信"，都不足取。

（三）叶公好龙，直身而行守诚信

可能受偷羊事件影响，孔子的叶邑之行没取得预期目标。后来，汉代大儒刘向在《新序·杂事五》中的寓言《叶公好龙》中将叶公描绘成了喜欢假龙,不识"真龙"的"伪君子"形象。

公元前 479 年,史书记载,楚国重臣白公胜发动叛乱,占领楚国都城,劫持楚惠王的危急关头,这个"伪君子",七十多岁的叶公,不顾年迈之躯,出兵平定了叛乱,迎楚惠王回朝,楚王感激他平叛功劳,任命叶公为令尹和司马,集军政大权于一身。但这个叶公却让位他人,回到家乡。叶公临终遗言:"毋以小谋败大作,毋以嬖御人疾庄后,毋以嬖御士疾庄士、大夫、卿士。"告诫后人不要听信"肖小"臣子的主意,破坏"忠厚诚实"大臣的作为;不要因为宠幸"美丽可人"的姬妾,而厌弃端庄慈祥的"王后";不要因为宠幸个别好"吹捧弹唱"的官员,而忽视那些"庄重守礼"的各级官员。

"叶公好龙"是叶公的政敌对叶公的公然贬低和有意抹黑。汉朝时期盛行儒家思想,作为持有道家思想的叶公,经常被当作"反面人物"对待,其实,叶公是个战绩辉煌、乐善好施的善人,曾组织修筑早于都江堰200多年、郑国渠300多年的中国现存最早水利工程东西陂。据考证,"叶公好龙"寓言故事中所提到的"龙",其实是叶公所画之龙,是东西陂水利工程图纸。

由此,如果行为规范中的"直"和"信",成为群体行为的束缚。我们还是要"听其言,观其行",不能人云亦云。下面,我们通过"秦失其鹿",来分析群体的压力和从众行为。

三、指鹿为马:顺从压力,东门黄犬

了解群体"行为规范"后,本文从"秦失其鹿"的故事,探讨群体压力和从众问题。群体"从众压力"是指个体在群体中与多数人意见分歧时,会感到压力,违背自己真实意愿,表现出顺从于群体大多数的行为。如果说赵高是"指鹿为马"故事的男一号,李斯就是最大的配角,"指鹿为马"故事中最为关键的人物。

(一)老鼠哲学,努力拼搏向上爬

李斯家境贫寒,小时候"穷怕了",刚当上"苍蝇"级别的小官,看到厕所中的老鼠,发现它们吃不干净的食物,见到人和狗,都会吓得"抱头鼠窜"。"观仓中鼠,食积粟,居大庑之下,不见人犬之忧。"看到粮仓中的大老鼠,吃着堆积如山的谷子,住着大房子,没有人和狗打扰他们自得的生活。他大为感慨;"人之贤不肖譬如鼠矣,在所自处耳!"人有没有"圣贤"的名声,和老鼠一样,在于他所处的环境。当他悟出著名的"老鼠哲学"后,开始发愤努力,先是跟从荀子学习,后来投靠吕不韦做"食客",被任命为郎。见到秦王嬴政后,被任命为长史,后升任客卿,客卿是当时秦国任命外国人的最高职位。

后来,受郑国间谍案影响,秦王颁布了驱逐六国客卿的《逐客书》,眼看着辛苦得来的岗位要丢掉,李斯不甘心,撰写了《谏逐客书》。这篇文章不仅让他保留了客卿职位,还被提升为廷尉。秦始皇统一六国后,李斯被任命为丞相,位列三公,走上了人生和事业的巅峰。

（二）合谋矫诏，委曲求全埋祸端

秦始皇在北部巡游时，听到"亡秦者，胡也"的预言，他认为对秦国最大的威胁，来自于北方的胡人，就下令大将军蒙恬"统兵三十万，北击于胡，略河南地"！将黄河河套以南的大片土地收复，并且打败了北方的匈奴。不仅如此，他还下令，在北部边境修建"万里长城"。

提拔自己登上人生巅峰的秦始皇刚刚去世，李斯没有想着怎么报答知遇之恩，仅因为太子扶苏，多次"劝谏"不要实行"焚书坑儒"。李斯就听信赵高的一面之词，臆断扶苏当上二世皇帝后，会危及他已经获取的物质利益和名誉地位。

赵高，本是秦国远亲，入秦宫后做宦官，担任"中车府令""兼行符玺令事"，掌管着"传国玉玺"，这个传国玉玺，是由李斯指派，令人用和氏璧雕刻成的。玉玺上刻着李斯亲自书写的"受命于天，既寿永昌"八个大字。赵高和李斯，一个位列三公，一个掌管"传国玉玺"，两人一拍即合，合谋伪造遗诏，拥立胡亥继位，迫使宅心仁厚的太子扶苏自杀。秦国经历二世一王被推翻（赵高逼杀胡亥，立去秦帝号，立子婴为秦王。后被刘邦劝降，在位仅四十六天），应验了"亡秦者胡"的预言，这个"胡"，不是北方胡人，而是秦始皇的小儿子胡亥。为什么赵高和李斯愿意铤而走险，拥立胡亥为皇帝呢？一是赵高是胡亥的老师；二是胡亥当时在场，便于与李斯、赵高合谋；三是胡亥权力欲强，容易被赵高和李斯驾驭。

（三）东门黄犬，无力回天悔当初

胡亥登基后，马上着手迫害与太子"扶苏"和大将军蒙恬关系密切的人。不仅如此，他还对兄弟姐妹痛下杀手，有的被集体碾死，有的被逼自尽。只有一个公子高，主动上书，愿到骊山皇陵，为秦始皇殉葬，家人才得以保全。

在赵高的管控下，皇亲宫室和反对派大臣，经历"血雨腥风"而噤若寒蝉。赵高为在胡亥面前争宠，罗列了李斯三条罪状。一是李斯想自己当王；二是李斯与起义的陈胜是邻县同乡，李斯的儿子镇压陈胜起义不积极，不主动；三是李斯作为丞相，权力过大，超过了皇帝。

听到赵高对李斯添油加醋的控诉，胡亥并没有马上行动，而是派人监视李斯的日常行动。李斯感到赵高的施压，两人开始相互网罗罪名，进行你死我活的斗争。可怜的是，在胡亥继位的第二年，李斯就被"具五刑"，并夷三族。李斯与大儿子一起，在闹市上被捉，就地行刑。当时，李斯对大儿子说："吾欲若复牵黄犬俱出上蔡东门逐狡兔，岂可得乎！"意思是说想和儿子一起，再牵着大黄狗，到家乡的东门外，去追逐兔子，可惜这是不可能的了。也由此，产生了"东门黄犬"的典故。

"大一统"秦朝的创立，有李斯"废分封，置郡县"的功劳，统一文字，统一度量衡，统一货币，很大程度上也是李斯的成就。司马迁指出："复李斯官，卒用其计谋，二十余年竟并天下。"也就是秦始皇废止《逐客书》,恢复李斯的官职,依赖李斯的计谋,在短短二十多年时间,就实现了"兼并六国、一统天下"的跨时代创举。

面对新兴的国家,在李斯有能力制止"指鹿为马"发生时,他没有选择继续建功立业、巩固国家政权。在关键时刻,李斯儿时揣摩得出的"老鼠哲学"占了上风,他选择了维护自己辛辛苦苦赚取的地位和利益,留下了"东门黄犬"无力回天、悔不当初的感慨。

李斯死后,赵高当上了丞相,掌握了秦朝军政大权,竟不把皇帝放在眼里。在群臣拜见胡亥的时候,让人牵一头鹿,献给胡亥,说:"臣进献一马供陛下赏玩。"胡亥说:"丞相误邪?谓鹿为马。"丞相啊,你搞错没有,把鹿当成马?这时候,群臣要么不敢说话,要么把鹿说成马来奉承赵高。这么看来,正因为李斯没有坚守个人操守,在群体压力下选择了"沉默"和"从众",甚至是"帮凶"行为,才导致"指鹿为马"闹剧得以上演,致使"秦失其鹿,天下共逐之。"由此来看,在群体压力下的"从众行为",会让组织成员违心地做出顺从行为,会给组织造成无法估量、无法挽回的损失。

四、敬业乐群:解铃群体行为须系铃

了解群体"行为规范"和群体压力下的"从众现象"后,我们回头讨论分析前面提及的群体"漠视"与"哄抢"行为的解决之道。

(一)化大型群体为小型群体

回顾"扶老人""闯红灯""哄抢"现象,可以看出:小型群体由于人数限制,容易沟通,也容易建立相互认同的群体规范,所以小型群体行为表现,不会太过离谱。根据群体共同认同的群体规范,我们比较容易进行群体行为的预测。由此,上述让我们头痛,难以解决的群体事件,大多是大型群体的行为表现。

(二)转开放非正式群体为封闭正式群体

"开放群体"由于群体成员的流动性,导致大家离开熟悉的生活空间,容易发生道德底线自我调低的现象。这就是大家常见的"兔子不吃窝边草"而"路边的野花人人采"的原因所在。所以,上述事件,大多是由成员流动性很高的开放群体和非正式群体造成的。由于群体成员相互不熟悉,或者日后很难再见面,"公路公路,你走得,我也走得",散落在高速公路上的物品,具有物权模糊的特征。群体中的个人受贪图小便宜的心理驱使,认为既然你可以抢,为什么我不可以抢。由此,大家都在以追求物质享受为荣耀的情况下,加上群体行为规范的解释权存在模糊空间或较大弹性,导致哄抢行为发生。

如果为了一头羊,连一贯坚持的"诚信"都可以置之不顾的话,"老鼠哲学"自然大行其道。为了自身的"蝇头小利",自然可以损害别人的利益,甚至损害国家利益,把鹿说成马,也就顺理成章了。

(三)对症下药根除群体从众环境

"中国式过马路""中国式哄抢"到底应该如何解决呢?综上,要想规避"中国式"群体现象,第一,需要严格执行《物权法》,明确群体行为中的责任、义务和权力,并对那些利用群体失范的机会,侵犯他人财产和权益的行为予以坚决打击;第二,需要建立公开透明的社会诚信系统,消除因为群体流动性造成的开放群体、大型群体和非正式群体行为失范的可能性;用充满"正能量"的群体规范,约束安人,诱导群体成员行为上坚持"君子爱财,取之有道"的原则;第三,采用大数据、云计算、物联网等新一代信息技术,加快智慧城市建设步伐,让地球变成一个小小的村庄。信息技术让流动性的开放群体和无序的非正式群体的群体,向"墨家军"类似的小型群体、正式群体和封闭群体行为过渡,逐渐实现老子提及的"小国寡民"群体管理状态,消除群体压力下的"从众"行为发生概率,避免群体事件中的"公共地悲剧"现象发生。

笔者也希望"直躬救父"的"伪诚信"不再有市场,人们生活在公开、公正、公平的社会氛围下,真正做到"近者悦,远者来"。通过"打虎拍蝇",让那些为攫取个人利益、名誉声望和权力地位的贪官污吏,难以给群体中无意识的"大多数"施加"指鹿为马"类型的群体压力,让群体行为在充满阳光和正能量的群体规范指导下科学、规范、有序地运行;另外,社会也应加强小型群体、正式群体和封闭群体行为的演化机理学术研究,以此减少群体行为的不确定性,尽量避免开放群体、大型群体和非正式群体行为的不良效应,把群体"压力从众"行为和"群体性事件"所导致的社会危害控制在最小范围。

综上所述,我们通过"指鹿为马"的故事,分析了"中国式"群体行为现象,梳理了群体概念、群体类型,解读了"中国式"群体规范形成过程和群体压力下"从众行为"表现,尝试着寻求群体"漠视"与"哄抢"行为的解决之道。

第二节　养士之风
——大型群体"士"的管理实践

春秋末年,"士"群体逐步摆脱土地束缚,"士无常君,国无定臣","士"成为当时社会上流动性最大的群体。国家发展层面,有"得士则昌,失士则亡"之说;经济层面,有"得士者富,失士者贫"的观点。一时间,养士成为国君、权臣等上层社会竞相标榜的行为,形成了养士越多越荣光的社会风气。当时,"士"群体,可分为"舍人""食客""门客"和"宾客"等,而根据"士"的技能,还可区分为"学士""方士""策士""术士"等。战国时期,养士较多、影响较大的有秦相吕不韦、战国四公子(魏国的信陵君魏无忌、赵国的平原君赵胜、楚国的春申君黄歇、齐国的孟尝君田文)、燕太子丹等人,他们养的士都超过千人。

在了解"中国式"群体行为解决困境的条件下,为研究群体行为诱导机理,下面就以春秋战国时期的"养士之风"入手,总结大型群体管理实践经验教训。

一、庭燎求贤：延揽人才，重在示范

春秋五霸之首——齐桓公曾经九合诸侯，成就了千秋霸业。对齐国来说，管仲功高至伟。但"庭燎求贤"故事，可能大家有所不知。

在管仲辅佐下，齐桓公为图霸业，求贤若渴，曾在宫廷前点燃火炬，日夜无休招揽和接待诸侯各国人才。然而整整一年，却没有一个人应约。后来，有个懂得九九算术的人，被齐桓公授以"庭燎之礼"后，在人才示范效应下，诸侯各国的能人"接踵而至"。齐桓公不仅坐等人才到来，还主动派人四处招揽人才。

"贤主劳于求贤，而逸于治事。"（《吕氏春秋》）当时为图霸业，贤主求贤成为头等大事，于是"为游士八十人，奉以车马衣裘，多其资币，使周游于四方，以号召天下之贤士"（《管子·小匡》）。齐桓公因为张旗鼓地，在各诸侯国招揽人才，成为春秋时期第一霸主，这种示范作用是空前的。

二、不韦养士：食客三千，功高震主

春战国时期"养士之风"盛行，一时间，"士无常君，国无定臣"。这种人才的国家间流动和人才的国家间竞争成为"常态"。其中，最为知名的"养士高手"有吕不韦和战国"四公子"。

（一）编纂吕览，杂家智慧字千金

吕不韦曾是"巨贾"，大商人。他认为帮助在赵国当人质的子楚是"奇货可居"。为应对战国"四公子"的宾客，礼贤下士，吕不韦以一人之力，招揽"食客三千"。而且，他所招揽的食客，质量高，能力强，是经过历史检验的。例如，吕不韦授命门下食客，编纂《吕氏春秋》。食客们根据所见所闻，编写了包含八览、六论、十二纪，共二十多万字的巨著《吕氏春秋》。该书汇合了先秦诸子各派学说，称得上"兼儒墨，合名法"，表明《吕氏春秋》书中的思想既有儒家和墨家，也包含名家和法家等诸子思想，所以，史称"杂家"。据说，《吕氏春秋》成书时，曾悬挂在秦国城门上，号称如果谁

能改动一个字,就赏千金,这就是"一字千金"的由来。

(二)谏逐客书,良鸟择栖攀高枝

《吕氏春秋》虽然"一字千金",却不被秦始皇认可。《吕氏春秋》主张"天下非一人之天下,乃天下人之天下也",国君应该"以无为为纲纪",治国时要"处虚",采用"无智,无能,无为"的方式管理国家。这显然与秦王嬴政的"意气风发、志在统一"很不合拍。于是秦王嬴政就听从秦国贵族意见,下发《逐客书》,准备驱逐被吕不韦招揽的六国食客。作为吕不韦的食客,出身于"上蔡布衣"(布衣指没有官职的老百姓)的李斯连忙上书《谏逐客书》,认为食客留在秦国,会产生"士不产于秦,而愿忠者众"的效果(也就是,不需要花钱培养人才,却能够收获人才对秦国的忠诚),如果实施《逐客书》的话,将会导致"今逐客以资敌国,损民以益雠,内自虚而外树怨于诸侯"。也就是说,对留在秦国的食客下逐客令,会损伤自己的利益,还会加强敌国实力,与所有诸侯国树敌。这样,才导致像尉缭和李斯等外国诸侯的食客在秦国能够继续受到重用。其中,懂得面相的尉缭,曾经评价秦王嬴政:"中怀虎狼之心,残刻少恩,用人时轻为人屈,不用亦轻弃人",而且他还判断,如果嬴政得志的话,"天下皆为鱼肉矣"!

❀ **拓展阅读** ❀

谏逐客书(节选)

臣闻地广者粟多,国大者人众,兵强则士勇。是以太山不让土壤,故能成其大;河海不择细流,故能就其深;王者不却众庶,故能明其德。是以地无四方,民无异国,四时充美,鬼神降福,此五帝三王之所以无敌也。今乃弃黔首以资敌国,却宾客以业诸侯,使天下之士退而不敢西向,裹足不入秦,此所谓"借寇兵而赍盗粮"者也。夫物不产于秦,可宝者多;士不产于秦,而愿忠者众。今逐客以资敌国,损民以益仇,内自虚而外树怨于诸侯,求国无危,不可得也。

(三)归居洛阳,养士盛名惹祸端

秦王嬴政担心吕不韦"功高盖主",免除相国,让吕不韦回到自己的封地。吕不韦在洛阳期间,"诸侯宾客使者相望于道"。诸侯各国都竞相聘请吕不韦到他们的国家任要职。由此,秦王嬴政给吕不韦写了一封信,其中有句话是这样说的"其与家属徙处蜀",也就是说,"请你和你的家属一起,全部都迁往蜀地吧"。吕不韦被逼无奈,"乃饮鸩而死"。

由此,吕不韦虽能"延揽天下士人,至三千之数",但不知道"养士三千""著书立说"有个副作用。"士为知己者死",当士人都愿意效忠于"秦相"时,李斯也曾忠告吕不韦,"此乃慕虚名而处实祸也",说明吕不韦在追求个人声望的过程中,导致"世人皆知有秦相,不知有秦王"。当世人都知道有个善于"养士"的"秦相",而不知道有个励精图治的

"秦王"的时候,秦王做何感想是可以预判的。

对比范蠡三徙,功成、名遂、身退,吕不韦养"食客",先当大商人,后担任相国,最后自杀身死。这样看来,吕不韦作为大商人,在群体管理方面还欠火候,真是"养士有风险,投资需谨慎"啊!"贤者求贤,而逸于治事",成也养士、败也养士。

三、窃符救赵:仁而下士,名冠诸侯

"善用人者,为之下",如果吕不韦能够采用信陵君侍奉宾客的方式,可能就不会有门下食客李斯另寻高就,也可能不会有日后的祸端。下面,我们分析一下"战国四公子"中的信陵君和孟尝君"养士"风格,探寻世间最难管理的"士人"群体的管理之道。

魏国信陵君魏无忌(因受封于信陵,被称为信陵君,信陵是现在的河南商丘宁陵县),被誉为"战国四公子"之首。信陵君的"养士"高明之处,司马迁在《史记》有记载。司马迁借"战国四公子"赵国平原君的口吻,评价信陵君:"天下诸公子亦有喜士者矣,然信陵君之接岩穴隐者,不耻下交。"由此说明虽然各诸侯国的公子都喜欢"养士",但唯独信陵君懂得"善处下则驭上"的道理,掌握"欲上民,必以言下之。欲先民,必以身后之"的道家思想精髓,能对"士""不耻下交"。由此,信陵君"养士",能做到推功揽过,"不耻人后,不为人先",也就是说,信陵君在与"士"进行交往的过程中,"公子为人仁而下士,士无贤不肖皆谦而交之,不敢以其富贵骄士"。信陵君虽然贵为"战国四公子"之首,却不以结交社会底层的"士人"为耻,不敢代替"士人"侵占原本属于他们的荣誉和利益。

信陵君"养士"典故,大家最为熟知的莫过于"信陵君窃符救赵",这个故事被高中二年级下册语文课文收录。"信陵君窃符救赵"的故事,描述了在赵国都城邯郸受到秦国攻击的时代背景下,"齿亡齿寒",在赵国亡国的危急关头,信陵君借助"宾客"侯嬴、朱亥等人的智谋,窃取魏国将军的兵符,主动出击,抗秦救赵的感人故事。

"窃符救赵",体现了信陵君的"不耻下交""仁而下士"的"养士行为",成就了他"名冠诸侯""万古希声"的美好声誉。"窃符救赵"故事,可划分为"仁而下士""贤而得士"和"士为国用"三个场景。

人物志:信陵君(?—前243年),战国时期魏国著名的军事家、政治家。礼贤下士、急人之困,曾两度击败秦军,挽救赵国和魏国危局,却屡遭魏安釐王的猜忌而未能予以重任。

人物志:平原君(?—前251年),战国时赵国贵族。因贤能而闻名,与平民百姓关系融洽,威名传扬于诸侯。长平之战后,秦军进围赵都邯郸(今属河北邯郸),形势十分危急。赵胜尽散家财,发动士兵,坚守城池,长达三年之久。

人物志:孟尝君战国时期齐国贵族。孟尝君依仗父亲留下的丰厚资产,在封地薛邑广招各国人才,门下有食客数千,担任过秦、齐、魏三国丞相。

(一)仁而下士,不耻下交获认同

侯嬴,在魏国都城大梁(现在的开封市)看城门,家境贫困。信陵君多次请他,侯嬴都"不以监门困故而受公子财",侯嬴虽然贫困,但多次拒绝信陵君的财物馈赠。后来,侯嬴让信陵君亲自为自己牵马,在闹市中让信陵君久等,信陵君虽然贵为公子,面对看城门的老头儿,依然表现出"执辔愈恭"和"颜色愈和"。这体现了信陵君"仁而下士"和"不耻下交"的胸襟。

(二)贤而得士,仁爱之心得死士

信陵君精心准备,为侯嬴过了个风光的七十大寿,侯嬴成为信陵君"宾客"群体中年龄最大的长者。"养兵千日,用兵一时",在信陵君为救赵"焦头烂额,无计可施"的情况下,准备铤而走险,率领"宾客"抗击秦军,来个鱼死网破。信陵君特意率领车马,经过侯嬴看管的城门。这时侯嬴却说,公子您好自为之,我有事不能随从。信陵君离开大梁几里路后,心中郁闷,又回到大梁城门,问侯嬴为什么不能随行,才知道自己率领"宾客"抗秦,是鲁莽和幼稚的行为。这时,侯嬴才献出了"窃符救赵"的计谋,并推荐自己的好友屠夫朱亥随同信陵君前往救赵。并对信陵君说:"晋鄙听,大善;不听,可使击之。"晋鄙是魏国派去救赵的将军,信陵君想到晋鄙将军可能被"朱亥"杀掉,流下了痛苦的泪水,怜悯敌将的性命,更能体现出他的"仁爱之心"。

(三)士为国用,知恩图报诺千金

屠夫"朱亥"用四十斤的大铁锤,杀掉魏将晋鄙后,信陵君通告魏国将士,"父子俱在军中,父归。兄弟俱在军中,兄归。独子无兄弟,归养",显示出信陵君对生命的尊重、对民众的爱护和人道主义关怀。秦军退却,赵国和魏国的威胁解除之后,侯嬴却因为假借王命,自愿承担欺君之罪责任,面向北方,自杀而死。信陵君违抗王命,"窃符救赵",不仅实现了魏国"北救赵而西却秦"的战略目的,还突显出他"急人之难""救人之危"仁而下士的境界。另外,还展示了侯嬴、朱亥等宾客"一诺千金,知恩图报""士为知己者死"的"豪侠"品质。

由此,信陵君"养士",懂得"不耻下交",能给予"士人"充分的尊重,并用"仁爱"之心,激发"士人"的"豪侠"行为。由此可以看出:"养士"不能仅靠物质利益,还应该挖掘工作本身和价值观认同对"士人"的激励作用,才能管理好这个世上最难管理的群体。

四、狡兔三窟:客无所择,一与文等

相对信陵君的仁而下士,孟尝君田文更善于沟通管理和处理情感问题。传言孟尝君所养的"门客"水平参差不齐,不仅有策士、辩士,也有武士和侠士,也有鸡鸣狗盗之徒,更有"任侠奸人"和"暴桀子弟"。但是他坚持"无贵贱一与文等"的养士口号,确实很有诱惑力,使得士人望风归附。下面,就从孟尝君的"同待遇"养士和"等距离"交往原则入手,分析一下孟尝君的养士特点。

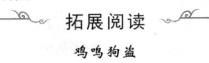

鸡鸣狗盗

鸡鸣狗盗,指微不足道的本领,也指偷偷摸摸的行为。出自于《史记·孟尝君列传》:齐孟尝君出使秦被昭王扣留,孟一食客装狗钻入秦营偷出狐白裘献给昭王妾以说情放孟。孟逃至函谷关时昭王又令追捕。另一食客装鸡叫引众鸡齐鸣骗开城门,孟得以逃回齐。

(一)一与文等,同等待遇待门客

齐国相国的孟尝君,田文"养士",号称:"食客数千人,无贵贱一与文等。"孟尝君"养士",与其他人不同的是,每个"士人"待遇都和自己一样。而且,"客无所择,皆善遇之。人人各自以为孟尝君亲己"。这说明孟尝君对"门客"不进行选择,统统给予优厚待遇,造成每个跟随孟尝君的"门客""士人"都认为他和自己最为亲近。战国时期诸侯贵族,在"养士"时,大多根据"宾客"的水平和能力,划分为"上客""中客""下客"三等。可能会有人怀疑这个说法的真实性。那么,孟尝君到底是如何做到"同待遇"养士和"等距离"交往的呢?

(二)客无所择,无好无能要待遇

冯谖在穷得无法养活自己的情况下,托人请求孟尝君,希望到他那儿做"食客"。孟尝君问他:"客何好?"冯谖说:"客无好也。"孟尝君又问:"客何能?"冯谖回话:"客无能也。"于是,孟尝君就哈哈大笑,接受了冯谖做"食客"的请求。

"左右以君贱之也,食以草具。"也就是说,孟尝君身边的人,认为主人不重视冯谖,就给他吃粗茶淡饭。冯谖就靠着柱子,弹着宝剑唱着歌:"长铗归来乎! 食无鱼。"孟尝君告诉下人,"食之,比门下之鱼客",也就是说,给冯谖"鱼客"待遇。然后,冯谖又弹剑唱歌"长铗归来乎! 出无车"。孟尝君又安排人,"为之驾,比门下之车客",给冯谖配了车马。

就这样,一个天天要待遇,经常要加薪的"食客",佩着长剑,乘着车,到处炫耀:"看,我被孟尝君尊为上客。"由此来看,孟尝君的"同待遇"养士,是对外的形象宣传,实际上对手下的"门客"仍是进行分类管理的。

有一次,孟尝君发布通告:"谁习计会,能为文收责于薛者乎?"意思是谁懂财务、熟悉会计工作,替我到薛邑收债? 冯谖在通告上签名,说自己愿意去。这时,孟尝君都忘记了他是谁,当得知他就是那个要鱼吃、要车坐的冯谖,就说:"客果有能也,吾负之,未尝见也。"也就是说,这么长的时间内,孟尝君都没有单独会见过冯谖,由此也说明孟尝君与手下的"门客""等距离"交往的说法是值得玩味的。

（三）冯谖市义，慷慨施恩埋伏笔

下面，从孟尝君的食客"冯谖市义"入手，解读"狡兔三窟"的典故。冯谖出行前，问："回来的时候，买什么回来？"孟尝君说："我们家少有的东西，你看着买回来就行。"意思是随便买点我府上没有的东西都行。其实，按照现代管理理念，孟尝君对冯谖的工作要求是开放性的，没有固定标准。估计孟尝君这样要求他，也是想通过这件事来测评一下这个天天要待遇的"门客"的管理智慧和人际技能。

冯谖到了孟尝君的封地"薛邑"后，把所有欠债的人召集起来，告诉他们，我们的主人说了，你们欠下的所有债务都不用还了，并当场烧掉了债券。很快，冯谖就返回向孟尝君复命。孟尝君很奇怪，心里想：这家伙怎么办事那么快？是不是债都收上来了？冯谖到底帮我买了什么回来啊？这时，冯谖不紧不慢地说："君家所寡有者，以义耳！窃以为君市义。"这也就是间接地骂领导"薄情寡义"，而且，冯谖还擅作主张，替孟尝君买回了所谓的"仁义"，让封地的老百姓感受到了"冬日暖阳"。这个冯谖，不仅没有收回债务，还烧掉了所有债券。孟尝君心想：这回损失大了，虽然有点不高兴，但还是说："诺，先生休矣！"意思是，我知道这件事了，你去休息吧。

一年后，孟尝君不再被齐国重用，当孟尝君返回自己封地薛邑的路上，百里之外，就能见到当地的老百姓扶老携幼、夹道欢迎他，让他感受到冯谖替他购买"仁义"的真正意义所在。

（四）狡兔三窟，延迟满足报恩主

这时，冯谖建议："狡兔有三窟，仅得免其死耳。今君有一窟，未得高枕而卧也。请为君复凿二窟。"意思是"买义"仅是开头，难以实现"狡兔三窟"的免死效果。于是请求孟尝君，让他再准备两个"洞穴"。于是，冯谖就准备了礼品，到大梁（今河南开封）游说，对梁惠王说："齐国不重用孟尝君，哪个国家先得到他，哪个国家就会成为未来的霸主。"梁惠王听后，愿意空出相位，虚位以待，并派出使节到齐国，公开地聘请孟尝君到梁国做相国。据"越是延迟满足能力强的人，越是容易获得最后的成功"观点，在冯谖授意下，孟尝君三次拒绝梁国聘请。

拓展阅读

延迟满足能力

延迟满足是指一种甘愿为更有价值的长远结果而放弃即时满足的抉择取向，以及在等待期中展示的自我控制能力。延迟满足能力的概念来自于20世纪60年代，美国斯坦福大学心理学教授沃尔特·米歇尔设计的"延迟满足"实验，实验证明人与人之间的自我控制能力存在着一定差异，自我控制能力是个体在没有外界监督的情况下，适当地控制、调节自己的行为。从小时候的自控、判断、自信的小实验中能预测出他长大后个性的效应，就叫迟延满足效应或称糖果效应。成年人抑制冲动，抵制诱惑，延迟满足，坚持不懈地保证目标实现的一种综合能力。

看到梁国诚心诚意地聘请孟尝君，三次邀请他做相国，齐王感到自己早先意气用事，不重用孟尝君可能是个错误，就请孟尝君重新做齐国相国。随后，冯谖建议孟尝君在自己的封地上建造祭祀齐国先王的宗庙，用以表示对齐国的忠诚。这样，冯谖就成功地为孟尝君挖掘了安身立命的"三窟"。

五、不倒翁模型：客无所择，一与文等

从吕不韦养"食客"、孟尝君待"门客"、信陵君侍"宾客"来看：三个人"养士"目的是有一定差异的。吕不韦养"食客"为个人名望，孟尝君待"门客"为一己私利，信陵君侍"宾客"为国家道义。大家可能注意到了，三人同为"养士"，本书用了三个不同的动词。一个是"养"，主要是提供物质保障；一个是"待"，主要是提供情感交流；一个是"侍"，不仅提供物质保障和情感交流，还辅之以仁爱和道义。这样看来，吕不韦、孟尝君和信陵君三人的"养士"格局高下可分。

孔子的弟子曾子有句话说得好："用师者王，用友者霸，用徒者亡。"这里，信陵君尊敬所养"士人"，是侍奉"宾客"，有对待师长的境界和格局；孟尝君亲身力行，倡导与"士人"同等待遇，尝试与他们"等距离"交往，对待"门客"，有点对待知心朋友的感觉；吕不韦凭借一人之力，豢养"食客"三千多人，仅注重为"士人"提供物质保障，发动"食客"们编纂《吕氏春秋》，却没给"士人"们著作署名权，有点用"临时工"的感觉。

（一）群体管理，各取所长建模型

古人云，天下之事，唯义利而已。以势交者，势倾则绝；以利交者，利穷则散。先义而后利者荣，先利而后义者辱。根据吕不韦、孟尝君和信陵君三人"养士"经历，从"物质保障、情感交流、道义担当"三个角度，构建一个容易理解的管理模型，便于读者改善群体管

理观念,提升群体管理技能,增强群体行为诱导效果。

　　现在向大家介绍下本书创建的"不倒翁"模型(图4-1)。在介绍模型之前,先向大家展示一个图案,看到这个图案后,大家可能都会产生一个品牌联想,那就是梅赛德斯奔驰汽车的标志。我们今天所说的模型,虽然与奔驰车没有直接的关联,但"不倒翁"模型却是以奔驰车LOGO形状为基础构建的。

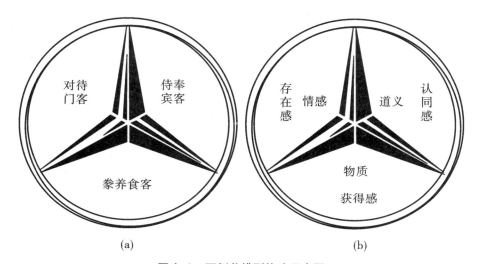

图4-1　不倒翁模型构建示意图

注:左图(a)表示三种不同养士风格,右图(b)表示养士风格相应的激励手段和行为反馈

　　如果类似"奔驰车LOGO"的三个区域中,加入"个体""群体"和"组织"后,大家可联想到:个体层面的"获得感"、群体层面的"存在感"和组织层面的"认同感",上述三者对人们工作和学习过程中提升满意度和忠诚度紧密相关。而且,从物质保障层面提升个体的"获得感",从情感交流方面增强群体的"存在感",从道义担当角度强化组织的"认同感",我们就可把奔驰LOGO填满。俗话说,没有物质为基础的激励,都是耍流氓。这样说来,处于底部的"个体""物质保障"的基础性作用就更加凸显了。所以,如果我们把奔驰LOGO立体化,变成球体,而且给球体底部的"个体"和"物质保障"更大的权重,这个球体就会变成一个重心低下、憨态可掬的"不倒翁",如图4-2所示。

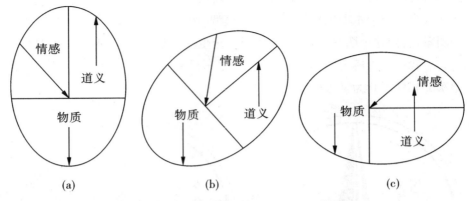

图4-2　"不倒翁"模型稳态平衡示意图

注：左图（a）表示"不倒翁"处于直立状态，中图（b）表示"不倒翁"被向右压，右图（c）表示"不倒翁"向右压到极限位置

（二）行为诱导，综合运用不倒翁

我们就前面"养士"的经验，从"物质保障、情感交流、道义担当"三个角度，构建起群体行为诱导"不倒翁模型"。大家都知道，"不倒翁"之所以能左右摇摆，还能回到站立不倒的初始状态，主要由于底部重心低。

群体交往，仅靠物质利益，可能导致"以利交者，利尽则散"。无论是吕不韦、孟尝君还是信陵君，他们能够"养士"过千，都要有雄厚的物质基础。没有物质保障的"养士"，会导致"友谊的小船，说翻就翻"。但如果在群体管理过程中，仅关注物质利益，不重视情感交流和道义输出，"士人"就会像李斯那样，步入"老鼠哲学"的死胡同，那么，"养士"就变成了"养猪"。等"猪"养肥了，随时待人宰割，不仅"无士可用"，还可能会发生"指鹿为马"的从众行为，落得"众叛亲离""身死国亡"。

由此，在群体管理过程中，我们不能忽视物质的基础保障作用。创业初期或者特殊时期，如果没有足够的物质条件，偶尔透支群体成员的信任感，领导者应清醒地认识到要马上弥补对群体成员物质利益的欠账。同时，还要像信陵君侍奉"宾客"、孟尝君对待"门客"那样，坚持"仁而下士""等距离交往"原则，善于放空自己，善于放低身价，在与群体成员交流的过程中，更加注重真实的情感交流和仁爱忠信道义输出。只有这样，才能让群体成员在日常行为过程中，不发生或者少发生"道义放两旁，利字摆中间"的背信弃义行为。因此，要想让群体管理工作，群体成员能像福气公婆般的"憨态可掬"的"不倒翁"那样，无论面临怎样的环境变化，无论受到什么样的外界诱惑，都能保持初心，回到原点再出发。

通过"不倒翁"模型，我们感受到豢养"食客"、对待"门客"和侍奉"宾客"的差别，深刻理解了物质基础对个体"获得感"提升的重要性，深入挖掘情感交流对群体"存在感"、道义担当对组织"认同感"的潜在价值。由此,领导者只有合理地分配资源、时间和精力,科学处理物质利益、情感交流与道义担当之间的关系,不断增强群体成员"获得感""存在感"和"认同感",才能实现对世上最难管理的"士人"群体行为进行科学管理和有效诱导。

第三节　宽猛相济
——决策风险控制与群体冲突管理

了解群体行为诱导"不倒翁"模型后,大家对群体管理的理解会有所加深,但要成为群体管理的高手,还要掌握群体决策风险控制和群体冲突应对的技巧。我们从郑国的相国子产"宽猛相济"治国实践入手,结合"墨家军"高效能团队建设经验,探讨如何在发挥集体决策优势的情况下增强群体行为诱导有效性,规避群体思维对决策质量的负面影响,灵活运用群体冲突管理的回避、迁就、妥协、合作与竞争策略。

一、不废乡校:群体决策,控制风险

"其行己也恭,其事上也敬,其养民也惠,其使民也义",孔子非常仰慕子产,评价他在四个方面有君子之风,分别是严于律己、行为举止恭敬,辅佐郑国君侯不盲从、不敷衍、不居功,为百姓谋利益、便民利民、惠民富民,征税和调用民众合情合理合法。所以,孔子曾说"人谓子产不仁,吾不信也",如果谁说子产执政不仁不义的话,他是不相信的。

下面,我们就从"不毁乡校"入手,谈谈子产执政"宽猛相济"中的"宽",分析他是怎样消除群体思维负面影响的,学习他是如何利用他人智慧,有效控制决策风险的。

拓展阅读

包围定律

围绕着权力,也有一个看不见的权"场"。各种意有所图的人都会在"权场"中向着权力中心做定向移动。于是就有了"包围"。包围是客观存在的,在中国,有权力就一定有包围。权力越大,包围就越厚。诸葛亮在《出师表》中提及亲小人,远贤臣,《史记》中有《佞幸传》,《汉书》中有《奸佞传》,奸臣在历史长河中始终保留一席之地,连史家不敢忽略。包围者不仅有奸臣小人,还有女人,鲁迅先生说,凡是"猛人","身边便总有几个包围的人们,围得水泄不通。"结果,"是使该猛人逐渐变成昏庸,有近乎傀儡的趋势"。"中国之所以永是走老路,原因即在包围……"。这就是包围定律。他认为,"猛人倘能脱离包围,中国就有五成得救",他想作一篇《包围新论》,讲述"包围脱离法"。但却"终于想不出好的方法来"。

(一)子产执政,不废乡校察民意

子产,春秋时期郑国人,从政四十年,为卿三十三年,执政二十三年。被国人所称颂,为诸侯所敬仰,后人称他是"春秋第一人"。子产的封邑,位于现在郑州市的管城区一带。1000多年以前,宋朝的皇帝宋真宗在路过郑州子产祠时,特地写诗一首,最后一句是:"国侨遗爱常如在,百执宜思继德音。"表达了他对子产"仁德治国"的追思,同时也显示出真心渴望有这样一位贤相辅佐自己治理天下,造福大宋子民。

子产执政的第二年,郑国的大夫然明向子产建议,废除乡校制度。"郑人游於乡校以论执政",也就是说,乡校是郑国为下层大夫和士人设置的参政议政机构。子产说:为什么要废除呢? 人们辛苦劳作之余,聚集在乡校闲谈,还能帮助了解执政的好坏。"其所善者,吾则行之;其所恶者,吾则改之。是吾师也,若之何毁之?"由此,子产以百姓为师,不愿像周厉王那样"防民之口甚于防川",提倡体察民心,了解民怨,而不压制民意。另外,他还能够做到知人善用、人尽其才,善于运用他人智慧和群体决策手段,化解个人决策风险。

(二)群体决策,取长补短少失误

神谌能谋,冯简子能断大事,他们有点像唐朝被称为"房谋杜断"的房玄龄和杜如晦,神谌善于出计谋,冯简子擅长做决断。神谌这个人,比较有意思,"谋于野则获,谋于邑则否",他虽善于谋划,只有在清静的郊外,所提方案才更科学会奏效;而在喧闹的城市里,做出的计谋,往往是坏主意难以成功。子产每次向他问计,都要陪同他驾车郊游,子太叔长相俊美文雅,就让他处理内部宾客事务。"公孙挥能知四国之为……而又善于辞令";每当要处理诸侯间复杂的外交事务时,子产都要听取公孙挥的意见。正因善于用人之长,发挥集体智慧,子产执政期间很少出现决策失误。

(三)风险控制,鲜有败事显智慧

群体决策有很多优点,但也会受群体思维影响,导致决策偏差。群体思维,是指群体决策论过程中影响决策质量的心理现象,主要表现为"小集团思想"。那么,子产是怎么消除群体思维带来的负面影响,做到"鲜有败事"的呢?

群体思维对决策质量的负面影响,有如下四方面:一是防止顺从权威,群体决策时,成员会对领导俯首帖耳,顺从于领袖人物或权威人士的观点。有人送条活鱼给子产,子产说把鱼放生吧。送鱼的人偷偷把鱼吃了,告诉子产:"始舍之,圉圉焉,悠然而逝。"他说,刚把鱼放到水里,鱼还半死不活地不愿动,后来就悠闲地游走了。子产说:"得其所哉!得其所哉!"鱼到该到的地方了!送鱼的人见人就说,"谁说子产聪明,我把鱼吃了,他还说得其所哉!"对领导俯首帖耳,何尝不是一种欺骗?子产通过"得鱼放生"的故事,让下人有质疑权威的机会,同时,也透露着"难得糊涂"的境界。二是抵制小集团思想,群体决策时,群体中可能山头林立,"小集团思想"盛行,造成"凡是敌人支持的,我就反对"。甚至,"小集团"成员,会对领导者封锁消息,让领导者处于信息的盲区,这就是大家熟知的"包围定律"。前面讲到的"指鹿为马"故事中的赵高,居然连陈胜、吴广已经建立张楚政权的消息,都敢对二世皇帝胡亥隐瞒。子产广开言路,"不废乡校",直面批评,支持舆论监督,就是防止"小集团"成员对他封锁消息,避免成为孤家寡人的有效手段。三是避免盲目自信,群体决策,会高估自己的能力,低估失败的可能性。子产死之前,曾对继任者大叔指出:"宽猛相济"治国理念并不是放之四海而皆准的,采用的时候需要具体情况具体分析。"宽猛结合"治国方式的精髓,在于以猛为主,以宽为辅。提醒他:"猛"是更加有效的治国方式,人民对宽松的环境会很随意,导致"宽"的政策实施难度要大得多。但是大叔治国,开始不忍用"猛"政,导致前"宽"后"猛"。四是谨防首创精神假象,群体决策,认为所做决策是绝无仅有的,具有拯救组织命运的划时代意义。子产铸刑书,开创了我国公布成文法的先例(国外有古巴比伦《汉谟拉比法典》和罗马的《十二铜表法》)。"铸刑书"不仅彰显了国家权力的威严,还引导其他诸侯国纷纷效仿,但子产并没有止步于首创"铸刑书"的功绩,而是积极奉行"以宽服民""以猛治民"的主张,开创并践行和完善了系统化的"宽猛相济"的治国方略。

二、古之遗爱:为政宽猛,冲突管理

政宽则民慢,慢则纠之以猛。猛则民残,残则施之以宽。宽以济猛;猛以济宽,政是以和。由此来看,管理学中的难题集权与分权问题,在国家管理层面就体现为是选择"宽"还是选择"猛"的治理方式,如果特别"宽",则会导致百姓"怠慢,不思进取";如果特别"猛",就会导致百姓"残暴,无法无天"。于是,"为政宽猛"就是要把握好集权与分权的契合点,处理好"宽"和"猛"的度,不然的话,就会导致社会管理冲突和组织运营风险。

(一)宽猛有度,刀尖跳舞赢尊重

子产是最早提出"人性"观念的人,是我国哲学史上探讨人性问题的鼻祖。他指出:"夫小人之性,衅于勇,啬于祸",他认为人都有逞一时之勇,趁乱谋取利益的本性。同时,他还提出:"天道远,人道迩",体现出他更加重视人道,关注人的行为。也许正因为子产对人性的深刻认识,才能让他在复杂的政治环境下在"刀尖上跳舞",没有像前几任那样,非正常死亡。

大家可能不知道,在子产执掌郑国之前,郑国执政的前几任相国——子驷、子孔、伯有都被杀身亡。其中,伯有执政时,与贵族驷带发生争执,光天化日之下,大白天在羊肉铺里就被凶残地杀害了。伯有,也因此成了含冤而死"厉鬼"的代名词。当时,郑国人听到"伯有"来了,浑身都会起鸡皮疙瘩。

那么,子产是何方神圣,究竟有什么样的秘密武器让"一代宗师"孔夫子成为他的忠实粉丝?即使是听到大量关于"子产不仁"的舆论,孔子还坚持说:"人谓子产不仁,吾不信也。"孔子不仅不相信诽谤子产的传言,还认为他"是古之遗爱也",对其倾慕已久、赞赏有加。另外,孔子还总结出子产执政的四个成功经验,对弟子进行案例教学。这四点经验是:"其行己也恭,其事上也敬,其养民也惠,其使民也义。"这说明,子产在日常行为上,能保持谦恭礼让;对待上级,能做到敬重爱戴;造福民众,能给予便捷实惠;征募劳工时,能符合情理道义。由此来看,子产不仅把郑国治理得秩序井然,还擅长用不同的手段对不同群体进行群体管理与行为诱导工作。

子产曾提出:"苟利社稷,生死以之。"这句话后来演化为:苟利国家生死以,岂因祸福避趋之。意思是:"只要对国家有利,即使牺牲生命也心甘情愿。由此来看,他认为群体之间发生冲突,是不可避免的。所以,他不是像周厉王止谤那样,恐惧和逃避冲突,而是主动吸取从"乡校"得来的指责、批评与合理化建议,充分利用群体智慧,采用群体决策方式,降低个人决策风险,在执政的时候,能让所面临的冲突保持在可控范围,并引导和诱导群体行为向符合组织利益的方向发展。

(二)冲突管理,坚持原则不动摇

冲突管理策略,根据群体所面临的冲突问题的原则性和双方的合作程度的差异,可划分为回避、迁就、妥协、合作与竞争五种类型。

回避策略:不激化矛盾,弱化冲突,维持暂时的平衡。子产推行新政,第一年的时候,看到要清点家产,征收田税,贵族士大夫都不理解,说"孰杀子产,吾其与之",子产没有被传言所吓倒,主动亲近贵族士大夫,持续推进井田制等新政。三年以后,新政效果日益显现,获得经济实惠的贵族们开始说,子产不能死啊,要不,到哪里去找像子产这样的人为他们谋取利益呢？

迁就策略：为维护关系，以长期利益为重，愿意暂时牺牲。郑国曾征服许国。后来许灵公亲自到楚国，请求攻打郑国，说，你不派兵，我就不走了。楚国很犹豫，迟迟没有发兵。无法预料的是，许灵公死在了楚国。楚王召集群臣商议，认为再不派兵，会失信于诸侯。子产有个观点，"苟利国家，生死以之"，面对强敌进攻，没抵抗，让楚军长驱直入，俘虏了九个百姓。楚王得胜算是对许灵公一个交代，楚王回国后厚葬了许灵公。

妥协策略：对于非原则问题，双方都采取让步，放弃部分利益。前面提到，伯有死后，民间认为伯有化为索命的"厉鬼"。有人梦见伯有，说三月初二，要杀死仇人驷带，第二年正月二十七要杀死公孙段。结果，这两个人都在相应的时间死了。郑国人一听到"伯有来了"，都吓得四散逃开。一个月后，子产聘请伯有的儿子和公子嘉的儿子做大夫，伯有"闹鬼"才得以平息。有人问，请伯有的儿子做大夫，好理解。但为何还要立伯有的政治对手公子嘉的儿子呢？子产说，执政的目的在于获取民心。其实，伯有三代执政，也是有实力的，同时聘请伯有和公子嘉的儿子，是一种政治"平衡"的策略。

合作策略：满足双方甚至多方利益诉求，寻求互惠互利方案。一次，子产陪着郑简公到晋国去交"保护费"。结果，晋平公为显示"大国威仪"，没接见他们，让他们在奴隶住的"馆舍"等待。子产命令把围墙给拆了，晋平公派人询问原因。子产说，我们是夹在晋国和楚国之间的小国，大国索要"贡品"，我们都会带来好东西。听说，晋文公时代，宫殿比较简朴，但接待外宾的"馆舍"却高大豪华。我们住的"馆舍"低矮，难以放下"贡品"，所以，为保护晋国的财产，就拆坏围墙，准备妥善安置"贡品"后，再把围墙修好。迫使晋国新建了高大上的"国宾馆"，还以高规格礼仪接见郑简公。子产拆墙，不仅让晋国恢复礼遇外宾的传统，还让其他小国外交生态得到改善。

竞争策略：采用强制手段，牺牲别人的利益，实现自我主张，也可称为压迫策略。子产执政七年后，施政阻力逐渐减少，开始推行"铸刑书"。把法律条文铸造在"鼎"上，公布于众，抛弃了"刑不可知，则威不可测"的传统观点，开创了公布成文法的先河。晋国大夫叔向给子产写信说，原来判案，都是就事论事，不公开法律，是为了避免百姓钻法律的空子，挑战国家威严。国内出现了民间讼师邓析（是我国最早的律师），认为刑书不科学，自编一部法律，刻在竹子上，称为"竹刑"。他不仅帮着老百姓打官司，还聚众讲学，传播法律知识和诉讼方法。但是，子产不顾其他国家的反对和国内的抵制，积极推行"以法治国""以猛服民"，确立了"宽猛相济"的为政之道。

孔子称赞道："善哉！宽以济猛，猛以济宽，政是以和。"听到子产死讯后，他泪流满面，悲痛地说："子产，古之遗爱也。"由此，子产不仅是政治家和思想家，还是风险控制高手，是群体冲突管理和群体行为诱导的专家。

子产死后，"国人皆叩心流涕"。子产活着时，受到百姓爱戴，他去世时，国人为之悲痛。子产执政，不计个人得失，死后竟然"家无余财，子不能葬"，于是，他封邑的百姓，争相拿出家中贵重物品,要厚葬子产。但子产的儿子恪守遗训,拒绝了百姓的馈赠。人们就把财物丢到河中,寄托对子产的哀思。一时间,河水都成了金色,这就是目前郑州市金水河名字的由来。

三、兼爱交利:为政宽猛,冲突管理

前面我们了解到群体冲突管理和群体行为诱导的难度,可能一不小心,组织内部就会形成团团伙伙,在群体压力和从众行为的影响下,会引发或激发群体冲突,甚至酿成不可挽回的损失。因此,打造出"招之即来、来之能战、战之能胜"的高效能团队,成为领导者朝思暮想的渴求。

团队是一种特殊类型的群体,由技能互补的人组成,成员承诺为共同负责的目标而自愿付出行动的集合体。团队具有统一价值观、目标一致、恪守规范、协作配合和技能互补等特征。

诸子百家,能够成为"显学"的为数不多。韩非子曾说:"世之显学,儒、墨也。儒之所至,孔丘也。墨之所至,墨翟也。"也就是说,当时的主要显学是由孔子创立的儒家学派和墨翟创立的墨家学派两大流派。后来,孟子也曾说过:"天下之言,不归杨则归墨。"他认为墨家是当代主流观点。

拓展阅读

墨子号量子通信卫星

墨子号量子科学实验卫星于 2016 年 8 月 16 日 1 时 40 分在酒泉用长征二号丁运载火箭成功发射升空。首颗量子通信卫星以我国古代科学家墨子的名字来命名。墨子最早提出过光线沿直线传播的观点,进行了小孔成像实验。用他的名字命名以纪念他在早期物理光学方面的成就。

光量子学实验卫星以中国科学家先贤墨子来命名,体现了中国的文化自信。

（一）有领袖、有思想、有组织

墨家团队的特殊性首先在于领袖的巨大感召力和凝聚力。历代墨家的掌门人,被称为巨子。巨子是墨家组织的领袖,巨子的产生方式,是由上一任巨子选拔贤者担任,代代相传。墨家团队成员都遵守墨家之法,他们被称为"短衣帮",他们平日里短衣草鞋,为人们提供廉价技术服务、造福于一方百姓。但是,就这样一个"有领袖、有思想、有组织"的"墨家军",却在盛极一时后在历史长河中神秘消失了。让我们不由对"墨家军"群体管理的特殊性产生浓厚兴趣。

（二）有统一价值观，重义尚同

墨家团队有统一价值观，一是尚同，二是重义。墨家被称为"短衣帮"，代表社会底层人民群众利益，推崇"尚同"，也就是价值观的统一。指出天下大乱主要在于有"人异义"。认为每个人都追求私利，将导致"人是其义，以非人之义"，那么，损人利己就会大行其道，甚至出现"天下之百姓，皆以水火毒药相亏害"的极端现象。由此，墨家坚持"选贤任能"，提倡天子、诸侯、卿相、乡长、里长一律选举产生。这样，就会实现"一同天下之义"。同时，墨子从"本、原、用"三个角度，进行统一价值观的宣传和贯彻工作。指出：向上，要学习古代圣贤治理方式；向下，要体察民间疾苦，推行有利于百姓利益的"天下大利"。

拓展阅读

互害行为与互害模式

孟子指出："春秋无义战。"墨子曾指出："天下之百姓，皆以水火毒药相亏害。"鲁迅在《狂人日记》中指出："翻开历史一查，这历史没有年代，歪歪斜斜的每页上都写着'仁义道德'几个字。……仔细看了半夜，才从字缝里看出字来，满本都写着两个字是'吃人'！"

近年来，在食品、药品安全领域，苏丹红、瘦肉精、三聚氰胺、地沟油等令人触目惊心的"互害事件"一次又一次地牵动着人们的神经，经济利益至上，导致人的行为越来越粗鄙、野蛮，甚至是戾气冲天。网上曾有人调侃，疫苗问题和降压药致癌事件一出，连那些倒卖地沟油的、食品添加三聚氰胺的人们都义愤填膺，指责疫苗造假者和致癌降压药生产者。

合作共赢，互害俱损，没有人是一座孤岛，可以自全。害人终害己。如果社会发展成为每个人都是原告，也都是被告的话，人人追求自保，但又难获保全。最后，鲁迅在《狂人日记》中高呼：没有吃过人的孩子，或者还有？救救孩子……救救那些还没有被世俗侵染的人吧！

（三）目标一致，兼相爱，交相利

墨家，主张"兼爱"和"非攻"，推崇正义、公平、平等，提倡人与人之间无差别的爱，反对不正义的战争，倡导"人民之利"和"天下之利"，以"兴天下大利，除天下之害"为己任。墨家坚持"义以利人"目标，"摩顶放踵利天下"，为天下黎民百姓谋福利，磨光头顶，走破脚板，也心甘情愿。在行动上，墨家团队成员都必须听命于巨子。行动原则上坚持"上之所是，必皆是之；上之所非，必皆非之。"实现了令行禁止和政令信息的上通下达。由此，墨家团队在统一的价值观指引下,目标和行动高度一致。

(四)恪守规范:纪律严,遵信义

墨家团队纪律严明,成员都以遵守信义,恪守墨者之法为荣。《吕氏春秋》记载,叫"腹"的巨子的儿子杀人,秦惠王以巨子年纪大,只有一个儿子为由,准备赦免巨子的儿子。巨子"腹"严守墨者之法"杀人者死,伤人者刑",处死了自己的儿子。巨子孟胜在阳城即将失守时,派出两人,将巨子传位给宋国的田襄子。他以身赴死,追随巨子死的有"百八十"人(报信的两人后来也回到阳城慷慨就义)。墨者的集体赴死,目的在于以身作则、率先垂范。"现在的行为是为后来人铺路",墨者恪守墨者之法,是让后人能相信墨者,并向之求严师、求贤友、求良臣。

(五)协作配合:举能人,重培养

墨家提倡"亲士",墨子可能是最早发现"彼得原理"的人。彼得原理也被称为"向上爬"理论,指人们往往被提到难以胜任的岗位的现象。墨子指出:"不胜其任,而处其位,非此位之人也。"说明能力不胜任岗位的原因不在个人,而在于制度设计。墨家强调人才选拔和培养,重视团队协作。禽滑厘曾是儒家弟子,跟从子夏学习,后跟随墨子三年,埋头做事,不敢提问题。墨子专门在泰山之巅为他准备了酒肉,传给他守城之道。后来,他成为墨子的首席大弟子。墨家用人坚持"有能则举之,无能则下之",墨子还安排弟子耕柱到楚国、高石子到卫国、公尚过到越国、曹公子到宋国宣扬墨家之义,使墨者"弟子弥丰,充满天下"。墨家重视发挥人的长处,让能谈辩的人、能说书的人和能做事的人做他们擅长的事。

了解到墨家团队有统一价值观,目标与行动高度一致,有严明组织规范,重视用人之长和协作配合之后,如何打造高效能团队对大家来说可能就不再陌生了。

概念辨析

从众效应:也叫羊群效应,是个人观念或行为由于真实的或想象群体的影响或压力,而保持与多数人相一致的方向变化的社会现象。这是作为受众群体中个体在信息接收中采取的与大多数人相一致的心理和行为的对策倾向。

正式群体:正式群体是指由组织正式规定而构成的群体。这种群体,成员有固定的编制,明确职责分工,明确权利和义务,并且,为了组织目标的实现,有统一的规章制度和组织纪律。

非正式群体:非正式群体指以个人好恶兴趣等为基础自发形成,无固定目标,无成员间的地位及角色关系的群体。非正式群体也有一定相互关系的结构和规范,但是往往没有明文规定,群体成员中会自然涌现出首领,群体成员的行为受群体中自然形成的规范所调节。

　　群体思维:是指群体决策过程中影响决策质量的心理现象,主要表现为"小集团思想"。

　　群体决策:群体决策是为充分发挥集体智慧,由多人共同参与决策分析并制定决策的整体过程。其中,参与决策的人组成了决策群体。

　　决策风险:所谓决策风险,是指在决策活动中,由于主、客体等多种不确定因素的存在,而导致决策活动不能达到预期目的的可能性及其后果。降低决策风险,减少决策失误,一直以来都是为人们所关注和探讨的问题。

　　彼得原理:是彼得根据千百个有关组织中不能胜任的失败实例的分析而归纳出来的。其具体内容是:"在一个等级制度中,每个职工趋向于上升到他所不能胜任的地位。"

复习思考题

　　1.所谓"中国式"群体行为特征是什么?如何防止"中国式"群体现象发生?

　　2.小型群体、正式群体和封闭群体跟大型群体、非正式群体以及开放群体的行为特征分别是什么?请举例说明。

　　3.结合本章所学知识,谈谈你对"士无常君,国无定臣"的理解。

　　4.就养士之道与团队建设来说,你认为哪一点最为重要?请以现实生活的群体管理为例说明。

退小人之伪朋，用君子之真朋，则天下治矣。

——欧阳修·朋党论

第五章
群而不党——非正式组织及其行为

学习目标

1.通过学习本章内容,读者应当了解非正式组织的特征特点、存在原因和组织内外部的深层次文化根源。

2.通过学习本章内容,读者应当了解庙堂上"朋"和"党"之间的争斗,掌握如何协调处理非正式组织与正式组织的冲突问题。

3.通过学习本章内容,读者应理解非正式组织沟通对组织运行的监督和规制作用,分析社会上流行抹黑"仁义"行为及"地域黑"的历史渊源和原因。

4.通过学习本章内容,读者应当了解古代诸侯之间的"圭璋之礼"、士人之间的"执挚之礼"的基本内涵,理解古人贵和尚中与礼尚往来作为人际关系处理理念和沟通方式对非正式组织沟通的作用机理和影响机制。

5.通过学习本章内容,读者应当了解我国古代"非正式组织"管理的成功经验,掌握"八小时之外"的非正式组织管理技巧。

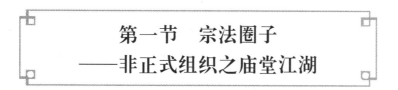

第一节　宗法圈子
——非正式组织之庙堂江湖

自秦始皇建立大一统秦朝起,中国经历了两千四百年左右的封建社会。宗法制度是由氏族社会父系家长制演变而来,按照血缘关系进行国家权力分配,以世袭统治为特征的制度。实行宗法制度的社会组织,泛称为封建社会。我国宗法制度确立于夏朝,发展于商朝,完备于周朝,延续至清王朝。

周时,周王自称天子,为天下大宗。"立嫡以长,不以贤",天子除嫡长子外的儿子被分封诸侯,各路诸侯相对于天子,是小宗,但他们在自己的封国中又是大宗。诸侯除其嫡长子之外的其他儿子被封卿大夫,卿大夫对诸侯而言是小宗,但在他的采邑内却是大宗。从卿大夫到士也是如此。由此,贵族嫡长子总是不同等级的大宗(也被称为宗子)。大宗对宗族成员有统治权和话语权。后来，在周朝宗法制度基础上，逐渐建立起由政权、族权、神权、夫权组成的宗法制度体系。

虽然维系宗法制度的封建社会已经土崩瓦解，但受宗法制度社会管理理念中的血缘亲疏、等级秩序和权力距离作用，我国传统的社会治理和人际关系呈现出明显的"差序格局"特征。由此来看，宗法制度和血缘关系依然对当今社会的个体行为方式、基层乡村治理、社会资源配置等方面产生重要影响。

西方社会重个体，重视个体人格的独立性；我们重集体、重视群体人际关系的和谐性。"圈子"和"面子"就是我们当前社会中重视集体的具体表现。目前，虚拟的网络世界和社交工具"微信圈"出现后，人们在自己的"朋友圈"中各种刷、各种秀、各种晒，体现出人们在快节奏的生活中，寻找存在感、认同感和归属感的心理诉求。另外，2015 年中央电视台春节联欢会播出的相声《圈子》中，提及的"有圈儿好办事"思维，就是一种依托"血缘""地缘""学缘"等各种人际关系，构造出亲人、老乡、校友等各种"圈子"，圈里和圈外的规则不一样，人与人之间的关系有明显"由里向外、由己及人"的特点。其实，微信"朋友圈"和央视春晚节目"圈子"中所提到的各种"圈"，都与我国古代以血缘为基础的宗法制度和"差序格局"社会结构有着非常密切的联系。

一、五服血亲：父宗为重，远疏近亲

"五服"不仅是古代"天子、诸侯、卿、大夫、士"五个等级服饰，还是"以父为宗"自高祖至玄孙的九个世代（通称本宗九族）的"五服血亲"，如图 5-1 所示。

古代，由于受人的寿命所限，四世同堂比较常见，但五世同堂就不太多见。中原地区及周边有个习俗，五服之外可以通婚。出了"五服"，亲属关系比较疏远，即使是同姓，也可以通婚。"远亲不如近邻"中的"远亲"是指出了"五服"的亲戚关系；"家丑不可外扬"，由于规避商鞅变法建立的"连坐"制度（"连坐"制度到清朝 1905 年才被废除），在"五家为伍，十家为什"，限制流动、相互监督、相互揭发的"十家连坐"制度高压下，"人人自危，户户自保"，自然，人们选择把"丑事"传播限制在家族内部。

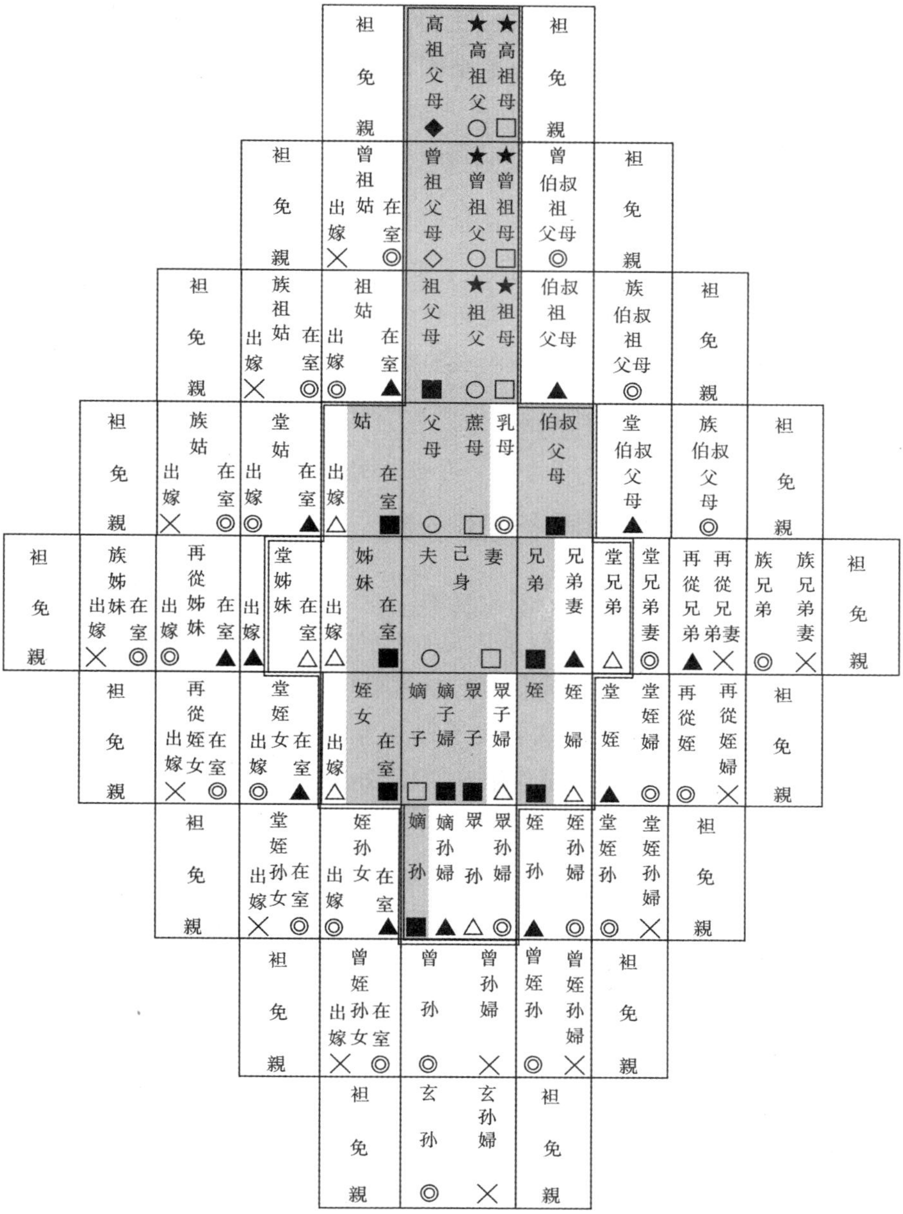

图5-1 本宗五服九族血亲关系谱系图

拓展阅读

连坐制度

连坐制起始于周朝时期。秦的社会组织相当严密,商鞅变法建立了"连坐制",内容包括:禁止父子兄弟同室而居,凡民有二男劳力以上的都必须分居,独立编户,同时按军事组织把全国吏民编制起来,五家为伍,十家为什,不准擅自迁居,相互监督,相互检举,若不揭发,十家连坐。这种严苛的法律把农民牢牢束缚在土地上,国家直接控制了全国的劳动力,保证了赋税收入。统一后秦国将此推广至全国。1905 年,清廷正式宣布废除连坐制。

二、五服布局:中心外围,天下一统

这种"五服"以内为亲、"五服"以外为疏的"五服"血亲制度,其实与古代天子的都城和诸侯行政区划空间布局有着密切联系。大禹治水后,当洪水退去,受泥土淤积影响,地形的变化非常大。于是,大禹就"更制九州,列五服",将尧末期划定的十二州,以禹都阳城(河南登封市告成镇)为核心,重新将天下划分为九州,九州按照"五服"的方式布局。天子都城的核心叫甸服,甸服之外是侯服,侯服之外是宾服(绥服),宾服之外是要服,要服之外是荒服。上述每服,都以五百里为半径。而且,服内部又以百里为半径,形成圈层结构。上述"五服"由里及外,从天子都城的王畿重地,到诸侯藩属下国,形成了古代行政区划的中心——外围结构,也体现出"天下一统"的"大一统"治国理念,如图 5-2 所示。

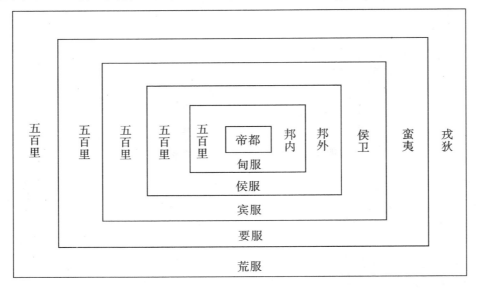

图 5-2　九州"五服"空间布局图

"先王制五服,各有等差。"五服制度,服和服之间以及服内部根据远近,都有具体的责任和义务规定,体现出古代国家治理的远近亲疏差等关系。五服制度,依托血缘宗法,世袭和分封制度,在周朝时期就形成了除了王(也就是周天子)之外的,公、侯、伯、子、男五种爵位(有意思的是,我国古代公、侯、伯、子、男五种爵位与西方设置的公爵、侯爵、伯爵、子爵和男爵居然惊人地相似)。

三、五种服饰:王侯公卿,等级森严

根据爵位设置,五服制度演化为从天子到诸侯、卿、大夫和士五种不同的服饰类型。这五种服饰,是正儿八经的"五种不同的服装"了,用不同服装来区别身份的方式,到清朝发展到极致。大家知道,"黄马褂"原本是皇帝身边的"近臣"和"侍臣"的服饰,当有卓著的功勋官员穿上"黄马褂"后,能体现出他与以皇帝为中心的权力距离更近了。

孔乙己作为"站着喝酒而穿长衫的唯一的人",比较另类。要知道,"长衫"是满族人非正式场合穿的"常服",虽然孔乙己的"长衫"似乎十多年没有补,也没有洗,但社会低微的他却以能穿这种"正装"为荣,到死都不肯脱下来,主要在于区别于平民大众"短衣帮",显示出旧社会知识分子的酸腐与另类执着。被称为"狂儒"的辜鸿铭曾指出"头上的辫子好剪,但心里的辫子难去",而且,当钱少爷剪掉头上的辫子后,还要戴上假辫子充数。

无论是那些身穿"黄马褂",不思为民谋利的达官贵人,还是执着于"长衫"和"辫子"的平民百姓,与代表社会底层人民利益的墨者相比,真是"云泥之别"啊!墨者虽然"穿短衣,着草鞋",但以坚守"墨者之法"和"天下大义"为毕生追求。所以,有组织的"墨者",好似天上飘逸的白云。"可怜之人,自有可恨之处",社会底层无组织的"长衫"和"辫子",就像任由碾压的泥土。

综上所述,本节通过挖掘国人非正式组织的渊源,让我们感受到,在"以父为宗"的"五服制"宗法思想影响下,人与人之间的交往强调远近亲疏和级别差等。由此,相对于西方社会来说,我们的非正式组织结构更加庞大和复杂。

四、庙堂江湖:党锢之祸,朋党之争

如果说五服布局和五种服饰是正式组织中等级关系的表现的话,那么,五服血亲则是民间非正式组织交往的规则。在"五服制"宗法制度影响下,国人习惯于以自己或家庭为中心,人与人之间的关系也具有明显的"由里向外、由己及人"特征。

古往今来,"非正式组织"管理工作都非常棘手,让管理者又爱又恨。一方面,对庙堂中朋党的结党营私、争夺权利深恶痛绝,这里的"庙堂"是指皇帝治国理政的朝堂;另一方面,又对散落江湖的"士人"的家国情怀欣赏有加,这里的"江湖"是指远离"庙堂"的民间。

自古至今,官场上的派系争斗,因政见不同而相互倾轧的情况时有发生。历史上的"朋党之争",大都源自于内朝与外朝的争斗。内朝是指皇帝的近臣和侍臣,多以皇帝的智囊身份出现,没有固定官职;外朝是指以丞相为首的正规官职序列。由此,历代"朋党之争",也可看成非正式组织"内朝"与正式组织"外朝"之间的冲突和对峙。

(一)党锢之祸,不扫一室扫天下

下面,我们从东汉的"党锢之祸"分析庙堂上"朋"和"党"之间的争斗,探讨落败后的"士人",何以处江湖之远仍能怀抱"进亦忧退亦忧"的家国情怀。

东汉党锢之祸,是士大夫与贵族代表的外朝,同宦官和内朝官员之间的冲突。外朝的代表是陈蕃,是"党人"的精神领袖,他不惜冒犯天子,带领着"外朝"官员与"内朝""侍臣"进行了两次对抗。

前文曾经提到过陈蕃,那个"不扫一室"的少年。这个以"扫天下"为己任的少年,当官后为政清廉、刚正不阿。担任太尉职务后,位列三公,多次上书皇帝疏远近臣。由此,陈蕃得罪了一大批内朝官员。内朝官员虽嫉恨他,但却不敢贸然加害。其他外朝大臣和地方官员,虽获民间百姓的称道和支持,却不能被内朝官员所容。

就在内朝和外朝剑拔弩张的时候,河南尹李膺按照律法处死了宦官党羽张成的儿子。这个事件成为第一次党锢之祸的导火索。宦官集团联名上书桓帝刘志,恶人先告状,说李膺等人"养太学游士",与太学的学生们结党营私,妄议中央,诽谤和非议皇帝。桓帝一听,很生气,下令逮捕李膺等"党人",这时很多外朝官员都受到牵连。但是,太尉陈蕃却以"罪名不成立"为由,拒绝签署皇帝下发的逮捕令。这让皇帝感到很没"面子",就跳过司法程序,让"内朝"亲自办理逮捕事宜。于是,李膺等人都被投入大牢。这次,被逮捕的大都是"天下名士",是民间老百姓认同的"贤人"。居然有位将军,认为没有被列入"党人"名单而感到受到了"侮辱",主动上书要求与"党人"一起坐牢。搞得皇帝哭笑不得,也懒得理他。然而,陈蕃坚持己见,多次上书皇帝,桓帝深受其烦,免除了陈蕃的太尉职务。后来,皇帝的岳父窦武出面,才释放了这批"党人",但最终,这批"名

士"和"贤人"还是被贬为百姓,并判定终身不得为官。

不久,灵帝继位,皇后成为皇太后,窦武作为皇太后的父亲,被任命为大将军。陈蕃再度被任命为太尉,李膺等"党人"也被重新启用。真可谓是"一朝天子一朝臣呐"!老百姓认为"贤人"们重新回到庙堂,是新天子带来的新气象,社会会逐渐恢复太平。

但树欲静而风不止,"内朝"宦官集团不甘心失败,屡次兴风作浪。为了消除宦官干政的弊病,太尉陈蕃与窦武联手,准备除去宦官集团。但不幸的是,走漏了风声,宦官集团来个反扑,提前发动了政变。陈蕃被杀死,窦武也被迫自杀,李膺等"党人"再次被逮捕,判为终身禁锢。后来,有不少官员,冒死上书,要求为"党人"平反。宦官集团看到"党人"的名望不降反增,深感不安。于是,对李膺等"党人"大开杀戒,这就是第二次"党锢之祸"。

(二)朋党之争,结党营私隐江湖

两次"党锢之祸",动摇了汉朝的统治。诸葛亮就曾指出:"亲小人,远贤臣,此后汉所以倾颓也。"由此来看,忠于汉室的诸葛亮,认为汉朝末年"贤臣"与"小人"的争斗,桓帝和灵帝两位应该承担不可推卸的领导责任。

"君子群而不党,小人党而不群",北宋时期,欧阳修和范仲淹等人在被诋毁为"党人"的时候,欧阳修指出:朋党自古以来就有,认为君子是有道德底线的,君子有"朋",但不会结"党";小人善于结"党"营私,却不会有真正的"朋友"。范仲淹被贬到河南邓州为官时,写出了闻名后世的《岳阳楼记》,那时,他曾感慨:"居庙堂之高则忧其民;处江湖之远则忧其君。"

由此来看,当追逐权势和利益的"非正式组织""内朝"做大,将会导致"士人"流落江湖之远;当追求道义和名节的"正式组织""外朝"强势的时候,才可谓名正言顺,才能实现"名士"和"贤人"稳居庙堂之上。

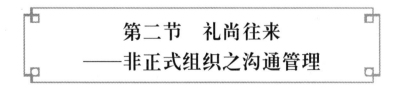

第二节　礼尚往来
——非正式组织之沟通管理

自古以来,组织的沟通问题都很受重视。早在尧帝时期,就设立了"诽谤之木",通过广开言路,使氏族部落之间保持顺畅的沟通;舜帝时期,设置了"纳言"专职官员,"明通四方耳目",便于信息"上通下达"。周朝时期,设立了"行人"专门机构,负责管理诸侯国的"采诗官",形成了联络国家各管理层级之间的沟通网络,以便于周天子能够"观风俗,知得失"。

春秋战国时期,随着"私学"走向民间,"士"阶层逐渐形成。先秦诸子、百家争鸣、学派林立,真可谓"异彩纷呈"。当时,儒家、墨家等"显学"学者,多以帝王的老师自居;但是道家尤其是庄子,却把权力和地位视若粪土,充分显示当代言论自由和学术独立。由此,官方一向非常重视民间的非正式沟通,并有意识地发挥非正式组织沟通对组织的监督和规制作用。

一、名正言顺:追逐名利,颠倒黑白

宋襄公,是历史上"极富争议"的人物,有人对他推崇备至、赞赏有加,有人说他沽名钓誉、虚仁假义,甚至有人骂他食古不化、愚蠢至极。我们先不对宋襄公做出评价,下面通过"让国之美""平定齐乱""泓水之战""礼遇重耳"等故事,分析宋襄公的沟通理念和行为逻辑。

(一)让国之美,名正言顺美名扬

宋襄公,名叫兹甫,是宋桓公的嫡长子,按周朝的继承制度,兹甫是王位继承人。但宋桓公的妾有个儿子,叫目夷,年龄却比兹甫大。而且,目夷还深受宋桓公喜爱。有一次,宋桓公病重,兹甫就说:"目夷长,且仁,君其立之。"再三请求让位给目夷。目夷推辞说:"能以国让,仁孰大焉? 臣不及也,且又不顺。"意思是,兹甫能够让出王位,是大仁大义的表现。我比不上他。更何况,按制度,兹甫理应当王。让位给我,"名不正,言不顺",难以让天下信服。宋襄公继任王位后,任命目夷为"左师",让他掌管军政大权。由此,宋襄公"让国"的行为,使他声名鹊起。

(二)名震诸侯,平定齐乱不负托

当时,春秋首位霸主,齐桓公没有嫡长子。相国管仲建议,立贤明的公子昭为继承人,并把公子昭托付给宋襄公。管仲去世后,齐桓公不听忠告,信任近臣,竟被活活饿死。一时间,齐桓公的几个儿子,为争夺王位,相互攻打,齐国乱成一团,公子昭逃亡到了宋国。宋襄公,先后两次联合诸侯(其他大国都不愿掺和,只有与宋国交好的三个小国响应),辅佐公子昭回国,公子昭成为齐孝公。宋襄公不负重托,平定齐乱,让他名震诸侯。

(三)泓水之战,坚守古训不变通

鉴于齐桓公死后,霸主空缺。凭借"让国之美"的名头,加上"平定齐乱"的道义,宋襄公认为,自己有仁、有义、有名望,想仿效齐桓公,充当老大,想通过会盟诸侯,图谋霸主之位。而且,会盟的时候,没有听从目夷的劝告,不带军队就匆忙参加会盟了。不幸,会盟时,被楚国俘虏,押解到楚国囚禁。后经多方调停,才被释放回国。回国后,宋襄公想挽回面子,就攻打与楚国亲近的郑国。这也为楚国发兵宋国找到了理由。宋襄公听到都城危险,被迫率领军队回撤,与楚军在泓水相遇。宋襄公坚守两国交战的古训,认为攻打没有"渡过河、列好阵"的楚军,不是"仁义之师"的作为。结果,宋襄公被射伤,宋军大败。后来,宋襄公因箭伤发作,不治身死。

（四）礼遇重耳，退避三舍践诺言

晋文公重耳，曾流亡国外十九年。当时，很多诸侯都不待见这个落魄公子。为彰显"仁义大度"和"礼贤下士"，宋襄公对重耳加倍礼遇。宋襄公死后，楚国再次包围宋国都城商丘，晋文公为报答宋襄公礼遇之恩，率军抗楚救宋。同时，晋文公为答谢流亡时也曾受过楚王的款待，下令军队主动后退九十里，这就是"退避三舍"典故的由来。

（五）抹黑仁义，利益导向颠黑白

"春秋无义战"，法家的代表商鞅，舍弃了对仁义的追求，坚持"利者，义之本也"观点。如果说商鞅城南立木，为了取信于民，还顾及民间舆论的话，法家的集大成者韩非子，认为"上古竞于道德，中世逐于智谋，当今争于气力"，把宋襄公定性为"亲仁义之祸"。"非有仁贼，利在其中"，社会上卖车的人天天祈祷所有的人都富贵，能够买得起自己的车；卖棺材的人成天想着所有的人能早点死就好了，有利于自家生意兴隆。法家认为无论是卖车人还是卖棺材的人，他们追求自身利益是无可厚非的。当法家掌握话语权后，就彻底地把人们的价值追求由"仁"和"义"，引导向了"名"和"利"，导致"天下之百姓，皆以水火毒药相亏害"，导致社会上"马基雅维利主义"和"丛林法则"盛行。

一时间，社会上流行起抹黑"仁义"行为、"抹黑"宋国的风气。智子疑邻、宋人服丧、守株待兔、拔苗助长等故事迅速流传，宋国成为人们竞相讥笑的靶子。而且，"叶公好龙""杞人忧天""郑人买履""买椟还珠"等故事广泛传播，地处中原的小国、弱国成为大家嘲弄和讽刺的对象。

这股两千多年前流行的"地域黑"，是统治者有意识地引导民间价值观转变的先例，是一种明显的政治图谋。"用师者王，用友者霸，用徒者亡。"当"士人"不再是统治者的导师和朋友，而是执行霸权和人治的工具时，"士"阶层的独立性逐步弱化。"名不正，则言不顺"，官方也开始越来越不重视民间意志，最终受损的肯定是人民群众的切身利益。

二、礼尚往来：投桃报李，以德相交

自古以来，我国就被称为"礼仪之邦"，人与人交往彬彬有礼、谦虚礼让。"夫礼者，自卑而尊人。"我们善于采用自谦的方式，依靠尊崇和抬高他人来获取"面子"和个人尊严，实现"人情"交往中的平衡协调与情感维系。世人都知道"礼尚往来，往而不来，非礼也；来而不往，亦非礼也"的说法，但如果把"礼尚往来"认为是请客吃饭、送礼收礼，那是对古人"礼尚往来"沟通之道的极大误解。

戴圣指出："礼尚往来，往而不来，非礼也；来而不往，亦非礼也。"所以，"礼"作为"立国""立事"和"立人"的基本准则，相互往来至关重要。下面，从诸侯间的"圭璋之礼"、士人间的"执挚之礼"探讨一下非正式组织"八小时之外"的交往规则。

拓展阅读

礼仪之邦

古老的中华民族源远流长,在五千年的历史长河中,创造了灿烂的文化,形成了高尚的道德准则、完整的礼仪规范和优秀的传统美德,被世人称为"文明古国,礼仪之邦"。中国古代的"礼"和"仪",实际是两项不同的概念。"礼"是制度、规则和一种社会意识观念;"仪"是"礼"的具体表现形式,它是依据"礼"的规定和内容,形成的一套系统而完整的程序。

(一)圭璋之礼,重礼轻财尚往来

"天下无事,则用之于礼义;天下有事,则用之于战胜。"春秋战国时期,诸侯国间纷争不断,出现个别不讲规则、不重礼仪的现象。诸侯国为显示自己重礼轻财,倡导百姓文明礼让,虽然程序烦琐,"圭璋之礼"依然作为重要的外交礼仪规范,被大多数诸侯国遵行和奉守。

由于诸侯盟会并不经常发生,为沟通和联络感情,诸侯国之间经常派卿大夫进行互访,外交礼仪都有明确的规定。当用圭和璋行聘礼的时候,就不需要其他物品。圭和璋都是玉器,"君子比玉于德",认为用玉代表着美德和仁义。诸侯间的"圭璋之礼"程序分为辞玉、受玉和还玉三个步骤。其中,辞玉是指东道国表示自己的谦恭,不敢接受来访诸侯国送来的圭和璋。受玉是东道国表示接受送来的圭璋美玉,受玉程序结束的时候,诸侯使者任务完成。使者归国时,还玉是将先前接受的圭、璋原物奉还使者。

既然已经收下圭璋,为什么又要原物送还呢?这里就是周礼设计的"奥妙"所在。天子与诸侯,诸侯与诸侯间相互走动,重在"以礼相交",这个"礼",是"礼仪"的"礼",而不是"礼物"的"礼"。周朝重礼,是通过"相互敬让",抑制"以财相交",防止"财尽则散"。由此,诸侯之间实行轻财重礼的"圭璋之礼",会引导人民形成文明礼让的风气。中原地区及周边的老百姓,传统节日期间,访亲串友,还保留有"辞礼""受礼"和"还礼"的习俗。前来拜访的客人,回家时,还带回部分自己的礼物。大家既沟通了感情,又规避了衡量礼物轻重的烦恼。

(二)圭璋之礼,以德相交显情操

古代士人相见,礼物叫"挚","挚"和雉读音相同,雉是一种野鸡。大家可能疑惑了,士人的见面礼,"冬用雉,夏用腒",为什么冬天用野鸡,夏天用野鸡干肉呢?其实,用雉做见面礼,是有道德隐喻的。野鸡具有"不可诱之以食,慑之以威,必死不可牲畜"的习性,士人认为野鸡能抵挡住金钱诱惑,不怕威慑压力,是"威武不屈,贫贱不移"精神的化身,这种"坚守道义,忠信死节"的意志,是"士人"和知识分子的心灵写照和精神寄托。

士人间"执挚相见",倡导以"以德相交",在于表达相互间的敬意和信义。如果"士"向官职高的"士人"行"执挚之礼",程序分为"献挚""辞挚"两步;如果"士人"平级之间相见,程序上有"献挚""辞挚""受挚"和"回挚"四个步骤。

当士人向位置高的官员行"执挚之礼"的时候,"双手横捧雉,雉头向左",也就是说,士人双手横着捧着野鸡,野鸡的头还要指向左边,这是"献挚"的标准动作;士人无论怎么"献挚",高官为显示身份,不能把自己等同于前来拜会的"寒士"和"下士",只能"终辞其挚"。经过友好会谈后,士人带回自己的礼物,会见结束。

"士人"平级之间的"执挚之礼":"献挚"阶段,客人为拜见主人,前来"献挚";主人再三推辞,"辞挚"不收;客人坚持"献挚",主人"受挚";接受礼物以后,主人需要定期回访,还要带回原来客人所送的礼物,叫"回挚"。如此说来,"士人"的"执挚之礼","士人"送的野鸡,并没有真正送出去。因此,"士人"有知识、讲情操,"执挚之礼",只是宾主相见的工具和媒介。

"君子之交淡如水",古人推崇的礼尚往来,是一种沟通手段,是受社会道德观念和风俗习惯影响所形成的日常礼仪规则。"礼尚往来"中的"还玉"和"还挚",是非正式沟通行为规范,有利于维系双方的情感,加强互动和交流。另外,"士人"知识分子"八小时之内"的正式沟通,强调"在官言官,在朝言朝",不能随便谈论私事。这就要求"八小时之内"的正式沟通与"八小时之外"的非正式沟通区别对待,不能混为一谈。

近年来,中纪委对"明显超出正常礼尚往来"的行为予以处分,就是警告官员不要打着"礼尚往来"的幌子,搞权钱交易和不正之风。要求党员干部通过"照镜子、正衣冠、洗洗澡、治治病",着眼于自我净化、自我完善、自我革新、自我提高,要求官员做到廉洁自律、公私分明、克己奉公。

三、为而不恃:非正式组织管理技巧

"我无为,而民自化;我好静,而民自正;我无事,而民自富;我无欲,而民自朴。"管得太死,非正式组织没有工作激情。放得太松,会导致"党锢之祸"和"朋党之争"。"非正式组织"管理工作是让领导者又爱又恨的两难问题,下面就从留侯的"功成不居"、鄐侯的"律法九章"和汲黯的"卧理淮阳"三个故事,总结和梳理西汉初期的"非正式组织"管理成功经验,挖掘"非正式组织"管理技巧,探讨激发非正式组织工作热情的有效途径。

西汉初期,多年征战,经济萧条,百姓生活极端困苦。统治者吸取秦朝亡国教训,一方面,采用"黄老之术"治国,实施"礼法结合,无为而治"的政策。"黄老之术",是指尊崇黄帝和老子的思想,坚持"行仁义,法先圣"的原则,实现了"我无为,而民自治"效果。另一方面,推行"约法省刑,轻徭薄赋"的"与民休息"措施,废除商鞅"连坐"法度和秦朝酷刑,不断降低人民税负的比例,甚至一度下令全国免税,积极发展生产,促进经济元气恢复,奠定了汉朝四百年基业。

(一)留侯张良功成不居

位列"汉初三杰"的留侯张良,反秦的最初动机是报仇。张良是个典型的"官二代",父亲和爷爷担任过韩国的五任相国。为了报秦朝灭国之恨,张良曾找大力士在古博浪沙,对秦始皇实施"斩首"行动,行动失败后,张良隐姓埋名、浪迹江湖。后来,张良在一个古桥上,为陌生老人三次拾鞋,被赠一部奇书。跟随刘邦后,张良多次给刘邦讲解奇书的谋略,刘邦每次都能领悟大意。后来,张良运筹帷幄,妙计连连,帮助刘邦平定天下。

刘邦分封诸侯时,张良再三推辞,勉强担任留侯,并将三万户的封赏,自愿降为三千户。如此淡泊名利,与争功的群臣形成鲜明对比。后来,"愿弃人间事,欲从赤松子游耳",不愿过问俗事,想云游四方的张良,在刘邦想废掉太子时,出计请出信奉黄老之学的"商山四皓"为太子站台。使太子顺利登基,这个太子就是后来以"拱手而治"著称的汉惠帝。

(二)酂侯萧何律法九章

萧何被刘邦认定为第一功臣,封为酂侯,食邑最多。后来,萧何担任丞相,在刘邦攻入咸阳的"约法三章"基础上,删除了秦朝严酷法令,制定了律法九章(造律台,位于萧何的封邑酂地,现位于河南省永城市)。

汉惠帝时,萧何临终,推荐曹参做丞相。曹参全力推行律法九章。担任丞相之后,他整天整夜地喝高度酒,不问政事。当下属向他汇报工作的时候,曹参都会强行留客,让他们陪酒,要求来人喝醉后才能离开,致使下属没机会讲工作的事情。

后来,汉惠帝责怪曹参不理国事。曹参问惠帝:"你觉得自己比先帝刘邦强吗?"惠帝说:"自己不敢跟先帝相比。"曹参又问:"你觉得我和萧何相比,哪个强?"惠帝说:"你好像也比不上萧丞相。"曹参说:"那不就得了,高皇帝和萧丞相平定了天下,明确了法度。陛下您只要垂衣拱手,官员只需恪守律法九章就可以了。"这就是成语典故"垂拱而治"和"萧规曹随"的由来。

人物志:**张良** (? —前190或前189年),字子房,河南颍川城父(今河南宝丰)人。秦末汉初杰出谋士、大臣,协助汉高祖刘邦夺得天下,帮助吕后扶持刘盈登上太子位,被封留侯。后借"欲从赤松子游"晚年修道。

人物志:**萧何** (? —前193年),沛丰人。楚汉战争时,他留守关中,对刘邦战胜项羽,建立汉代起了重要作用。制定律令制度《九章律》。法律思想上,主张无为,喜好黄老之术。

人物志:**汉惠帝** (? —前188年),西汉第二位皇帝。汉惠帝即位后,实施仁政,减轻赋税,与民生息政策,推动了经济的繁荣。

人物志:**曹参** (? —前190年),字敬伯,汉族,沛县人。西汉开国功臣,名将,是继萧何后的汉代第二位相国,汉惠帝时官至丞相,一遵萧何约束,有"萧规曹随"之称。

（三）无为汲黯卧理淮阳

汲黯，位列九卿，曾是汉武帝的老师，被汉武帝称为"社稷之臣"。"文景之治"以后，人民安居乐业，"粮食足用，府库充实"。国家政策急需转型，汉武帝雄才大略，锐意改革，颁布"推恩令"，减少诸侯封地，削弱诸侯势力。对内"罢黜百家""独尊儒术"，对外"抗击匈奴""攘夷拓土"。

在这种背景下，汲黯仍然奉守"黄老之术"，显得有些不合时宜，造成比汲黯官职低的儒学官员，纷纷升官加爵，很多原本官职低下的人官位和职级都超过了他。借个机会，他私下里向汉武帝抱怨，农夫堆放木柴时，后面的放在上面，暗指汉武帝任用和提拔官员就像农夫堆柴一样，后来居上。搞得汉武帝很不高兴，拂袖而去。

后来，汉武帝任命汲黯为淮阳郡的太守。汲黯以经常生病为由，不愿去淮阳，说愿意跟随汉武帝左右，陪皇帝聊聊天，顺便帮助纠正不必要的过失。汉武帝特殊照顾，准许他"卧而治之"，特许他躺在家中治理淮阳。汲黯采用一如既往的"无为而治"方式，淮阳郡被治理得井井有条。

综上来看，张良功成不居，向刘邦灌输奇书中的黄老思想，选定精通黄老之术的"商山四皓"辅佐汉惠帝，奠定了汉朝初期"黄老之术"治国方略基调。萧何和曹参，制定和执行律法九章，为"约法省刑，轻徭薄赋"政策奠定了制度基础。汲黯"卧理淮阳"，在"罢黜百家、独尊儒术"的背景下，仍然以身作则，维护"无为而治""为而不恃"的执政方式。由此来看，无论是张良、萧何、曹参还是汲黯，都是非正式组织管理的高手，善于用"八小时之外"的非正式沟通手段，间接地影响和左右决策者的政策导向。

人物志：汲黯（？—前112年），西汉名臣。今河南濮阳人，世代贵族。做东海太守，有政绩。主爵都尉，列于九卿。为人耿直，好直谏廷诤，汉武帝称其为"社稷之臣"。主张与匈奴和亲。后犯罪免官，居田园数年。不畏权贵，敢于直谏汉武帝，曾流传"后来居上"典故，召拜淮阳太守，卒于任上。

人物志：汉武帝（前156—前87年），汉武帝刘彻，西汉第七位皇帝，政治家、战略家。颁行推恩令，解决王国势力，并将盐铁和铸币权收归中央。文化上采用董仲舒"罢黜百家，独尊儒术"的建议，兴太学，颇有建树，开创汉武盛世局面。后期穷兵黩武，留下诸多负面影响。死前两年，还颁布罪己诏。

概念辨析

宗法社会：宗法，是指调整家族关系的制度，是以血缘关系为基础，核心是嫡长子继承制。依血缘关系分大宗和小宗，强调前者对后者的支配以及后者对前者的服从。这种制度起着维护政治等级制度和稳定社会秩序的作用。实行宗法制度的社会，泛称封建社会。

正式组织：是具有一定结构、同一目标和特定功能的行为系统。任何正式组织都是由许多要素、部分、成员，按照一定的联结形式排列组合而成的。它有明确的目标、任务、结构和相应的机构、职能和成员的权责关系及成员活动的规范。

非正式组织：是人们在共同的工作过程中自然形成的以感情、喜好等情绪为基础的松散的、没有正式规定的群体。人们在正式组织所安排的共同工作和在相互接触中，必然会以感情、性格、爱好相投为基础形成若干人群，群体不受正式组织的行政部门和管理层次限制，没有明确规定的正式结构，但内部也形成一些特定的关系结构，有不成文的行为准则和规范。

案例剖析

春秋时期，孔子私收弟子开坛讲学，引起了鲁定公的重视，想邀请他到宫中讲学。由此，季府总管阳虎特地去看望孔子，孔子借故不见他。一次特地给孔子留下一只烤乳猪，知道孔子最讲究礼尚往来，终于得到孔子的回访。

结合阳虎给孔子"送礼"的小故事，结合士人在交往过程中的"执挚相见"和"以德相交"，从组织沟通角度，分析阳虎送给孔子烤乳猪的行为。

复习思考题

1. 为什么我国的五等爵位与西方的公侯伯子男爵位如此雷同？

2. 本章中所提到的"丛林法则"为何能够在某些时代盛行？当今社会，是否存在"丛林法则"？如何应对"丛林法则"给组织沟通造成的负面影响？

3. 结合本章节所学知识，从沟通过程要求"名正言顺"的角度，简单陈述如何解决非正式组织的沟通障碍问题。如何提高非正式组织沟通效果？

4. 结合"让国之美""平定齐乱""泓水之战""礼遇重耳"等历史典故，用组织行为学关于沟通的有关知识，分析宋襄公价值诉求、沟通理念和行为逻辑。

5. "非正式组织"是让管理者又爱又恨的管理难题，探讨如何做好"非正式组织"的行为诱导，如何提升"非正式组织"管理技巧。

千羊之皮，不如一狐之腋。

千人之诺诺，不如一士之谔谔。

——史记·赵世家

专题讨论二
士的精神与信念坚守

学习目标

1. 通过本次讨论和思考，读者应领会"中国式"漠视和哄抢是个伪命题。了解"中国式"哄抢行为群体特征，采用什么方式才能做好群体行为诱导。

2. 通过本次讨论和思考，读者应当了解"春秋无义战"的战国纷争年代，能言善辩的策士群体通过什么方式实现"所在国重，所去国轻"的影响力。

3. 通过本次讨论和思考，读者应掌握古代先贤养士的出发点和心路历程。

4. 通过本次讨论和思考，读者应理解"不倒翁模型"文化内涵行为逻辑。

曾几何时，原本应该充满荣耀与自豪的带有国家名称的称谓"中国式"，被各式各样、形形色色的行为表现贴上了"不文明"标签。目前让人遗憾的是，"中国式"几乎发展成为"中国问题"，这显然与传播正能量、讲好中国故事、展示国家魅力、坚定文化自信和弘扬人文精神是南辕北辙、背道而驰的。

大家是否对"凑够一撮人就可以走了，和红绿灯无关"的"中国式"过马路司空见惯；对中小学和幼儿园等学校的门口车水马龙、拥堵不堪的"中国式"接送孩子习以为常；对"中国式"插队、"中国式"跨栏、"中国式"旅游、"中国式"漠视和"中国式"哄抢等不良社会风气或社会现象屡见不鲜，甚至是熟视无睹。但是大家也不要对上述所谓"中国式"行为忧心忡忡、过度解读，本书认为上述社会现象是由群体问题或是由群体行为冲突造成的。由此来看，既然上述各类"中国式"问题是组织行为学中有关群体的专业性问题，就应该在对群体概念深入辨析的基础上，采用群体相关理论知识进行分析解决。

第一节　谁主沉浮
——中原逐鹿之尽力竭智

秦失其鹿,天下共逐之。备受国人关注的楚汉争霸不仅破除了"成王败寇"的魔咒,而且还催生出对垒"楚河汉界"公平博弈形式的智力游戏——中国象棋。本节对项羽破釜沉舟、击败秦将的霸气和胆识不做赘述,只是对比项羽、刘邦能否让下属,尤其是能否让核心团队成员尽力竭智,从有效诱导群体行为的角度,分析中原逐鹿大戏中谁主沉浮的关键影响因素。

一、项羽以亲爱王

项羽青年时期,看到秦始皇出巡,就曾发出"彼可取而代之"的豪言壮语。项羽一路走来,打出"亡秦复楚"旗号,以曾战胜秦军的楚将项燕的名义起事,拥立楚怀王,受命"上将军",巨鹿之战一战成名,反秦诸侯望风归附。后来,项羽自立"西楚霸王",分封十八路诸侯,可谓风光无限。但项羽分封呈现的"以亲爱王",不能论功行赏,不能尽范增之智,不能赏韩信之忍,不能信陈平之忠,成为他由盛转衰的分水岭。

虽然项羽个人能力超强,占尽天时地利,但在人和方面出了问题,由"失人心"导致"失天下",最后天真地发出"此天之亡我也,非战之罪"的喟叹,说明将出名门的项羽个人能力强只体现在身体的勇猛。他对于自身行为结果的归因方面,外部归因得多、内部归因得少,是其独断专行行为习惯和"以亲爱王"心智模式的具体体现,也应是他与刘邦间楚汉争霸落败的主要原因。

二、刘邦宽仁爱人

刘邦年轻时,看到秦始皇出游,不由自主地发出"大丈夫当如是"的喟叹。刘邦以泗水亭长起家,宣称自己是赤帝之子,在永城芒砀山斩蛇起义,率领民众杀死县令,自称沛公,率部抗击暴秦。经历鸿门宴刀光剑影,后侥幸先入咸阳,约法三章,被项羽分封汉王,烧毁栈道隐忍赴任。随后,明修栈道暗度陈仓,公开与项羽对垒。却在荥阳被围,断食数日。幸得手下纪信代死,才有鸿沟议和兵围垓下,成就四百年大汉帝业。大业已定,评论得失,归因三杰,并追封陈胜为隐王,着专人为陈胜守墓。

纵观"刘项争霸",刘邦虽然个人能力上比不上扛鼎的项羽,历尽千难万险,却能够成功逆袭,主要在于他宽仁爱人的品性和能与天下同利的格局。虽然刘邦在楚汉争霸过程中不占天时地利,处处凶险,但却依靠雍齿封侯的魄力和推功揽过的外部归因心智,收纳各路英雄豪杰为己所用，从而成功扭转败局，从一个不思读书、不事稼穑、好酒及色、游手好闲的社会底层无赖，凭借广开言路、从谏如流、知人善任、敢于授权的驭人之术和宽仁爱人、克己隐忍、韬光养晦、谋定全局的控局能力，一举开创汉朝四百年基业，成为逆天改命、草根逆袭、成就霸业的千古传奇人物。

由此，从刘邦项羽楚汉争霸事件来看，中原逐鹿成功的密码不在于领军人物是否是"万人敌"，也不在于是否占据天时地利之便，而在于能否凭借"人和"的优势弥补天时和地利的缺陷，在于能否用独到的驭人之术，激发个体的内在价值，让组织中"士"群体中的"人杰"主动献计建策、尽力竭智。

第二节　庙堂江湖
——在朝在野之士仕隐侠

士，作为"士农工商"四民之首，被人熟知，有时被人们认为是知识分子的化身。儒生也被称为"士子"和"士人"，社会上流传有"仗义每从屠狗辈，负心多是读书人"之说；有时，"士"也被人们理解是侠义之士的形象，盛传"士为知己者死，女为悦己者容"；还有，"士"有时也被认为是超凡脱俗、自命清高，坚信"世人皆浊我独清"的隐士，他们秉承"邦有道则仕，邦无道则隐"的观念，或遁世于山林，或躬耕于陇亩，或沽名于终南。但是，国内的"士"与欧洲中世纪的"骑士"相比，"士"一般无恒产，具有流动性特征，但"骑士"是底层贵族，不仅拥有自己的庄园，还是专职军人，为领主而战，为荣誉而战。千人之诺诺，不如一士之谔谔，由此来看，"士"可以是知识分子，也可以是贩夫走卒，"士"可以成为隐逸山林、不问政事、自寻逍遥的"隐者"，也可以成为不甘平凡、仗义执言、快意恩仇的"侠士"。

《说文解字》中对"士"解释为："事也。数始于一，终于十。"从这个意义上，士是从一而十，能够不忘初心，慎始善终的。孔子曾说："推十合一为士。"也就说明"士"要从基础做起，要想做到顶天立地的事业，才能成为众人心目中的无冕之王。要不然，就有可能成为"氓"，成为无意识的"巨婴"，成为乌合之众。那么，什么是真正的"士"？如何做真正的"士"？由此，要想真正理解"士"群体的精神内涵，就需要对我国的用人制度进行深入分析和解读。

大家知道，上古时期，人们采用"法先圣"的方式治国理政，用人方式主要是"禅让制"；夏朝、商朝以及周朝早期，天下由"天下人的天下"逐渐过渡到了"家天下"，用人制度转变为"世禄世卿制"；春秋战国时期，从齐桓公吸纳"游士"王霸诸侯以后，"客卿制度"和"养士风气"盛行。一时间，形成了食客、门客和宾客向上流动的社会通道，社会阶层间的流动性通畅，导致寒门子弟也能够依靠才学实现"所在国重""所去国轻"的人生逆袭;秦汉时期,用人采用"察举制",旨在为国家察举孝子廉吏,但由于只有各郡国的官员才具备察举资格,导致难以体现民意,从而导致"举秀才,不知书;举孝廉,父别居"的流弊风行;魏晋时期,选官用人采用"九品中正制"(将人分成上上、上中、上下、中上、中中、中下、下上、下中和下下九类,并按照不同品级举荐做官),但受到士族门阀为代表的地主和贵族阶层把持,导致社会阶层持续固化,出现了"上品无寒门,下品无士族"的乱象;隋唐至元明清时期,采用相对公平的"科举取士"选拔人才,民间虽仍有"宁为百夫长,不为一书生"的观念,但打开了"朝为田舍郎,暮登天子堂"的社会底层逆袭之路,打开了由江湖至庙堂的上升通道。

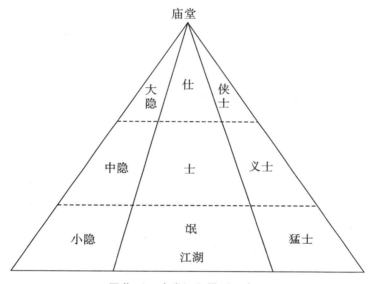

图Ⅱ-1 庙堂江湖模型示意图

如图Ⅱ-1,古代,处于庙堂和江湖之间的"士"群体成长路径有:一是入仕为官,实现理想;二是委婉圆润,隐忍朝外;三是丧失自我,谋官取禄;五是逃避政治,退归学界;六是投奔山林,替天行道等。也可总结为"由士而仕"上升通道、"由士而隐"游离通道、"由士而侠"反抗通道和"由士而氓"沦落通道等几种类型。

一、"由士而仕"上升通道

学而优则仕,"由士而仕"思想上倾向于儒家思想,知识分子大都有"居庙堂之高,则忧其民;处江湖之远,则忧其君"进取心态,"学得文武艺,货与帝王家",成为寒门士子追求封侯拜相,获取功名利禄的主流上升通道。"由士而仕"成为人们追求事业发展诉求的重要通道,民众认为"出则为将,入则为相,不为良相,便为良医"是个人成长的正道和坦途。察举制时期体现为举孝廉和九品中正选官重德行,科举取士阶段逐渐发展为以四书五经为考察内容的八股排偶文章的方式选拔官员,形式上重视文采和学识。

二、"由士而隐"游离通道

"用之则行,舍之则藏""事了拂衣去,深藏身与名","由士而隐"游离通道思想上由儒家转向道家,行为上不愿为五斗米折腰,由积极入世转为消极出世。"小隐隐于野,中隐隐于市,大隐隐于朝",但"由士而隐"通道中有时也不都是要真隐,还可划分为小隐、中隐和大隐。其中,小隐不慕名利,隐于山野之间,追求人格独立和精神自由;中隐不慕仕途,甘为贩夫屠狗之辈,追求与世无争、和光同尘;大隐隐于朝堂,忍辱负重、不计个人得失,行为上表现出大智若愚、大巧若拙的特征,追求云淡风轻、宠辱不惊、物我两忘的人生境界。

三、"由士而侠"反抗通道

"所守者道义,所行者忠信,所惜者名节","由士而侠"抗争通道思想上由儒家转向墨家,行为上不与当政者合作,专打抱不平、快意恩仇、重诺守信、扶危济困、行侠仗义。"侠"又可分为"墨侠""任侠"和"义侠"三种。其中,墨侠侠义为民,是个行动派,是墨家的一个分支,行为上自苦为极、兴利除害、赴汤蹈火、死不旋踵;任侠尚武,以侠义自任,也被称为游侠,行为上爱憎分明、舍己为人、抑恶扬善;义侠以"侠义爱民"为行动纲领,行为上奉天行道、利国利民。结合上图,侠之大者,为国为民;侠之中者,舍己助人;侠之小者,为友为邻;任侠等同于猛士,墨侠类似于义士,义侠相当于侠士。

四、"由士而氓"沦落通道

"为天地立心,为生民立命,为往圣继绝学,为万世开太平","士"本应博学多智,专心做学问,追求"道德高尚、温文尔雅、品行高洁",以"立德、立行、立言"三不朽为己任,坚持"仕而优则学,学而优则仕",在学中干、在干中学,在学中思、在思中学,通过内观自省、见贤思齐,边干边学、干学结合,不断提升自己的品行操守和个人修养。但"士"如果怠惰因循、不思进取,将会滑入"由士而氓"的沦落通道,思想上迂腐不堪、麻木不仁,生活上四体不勤、五谷不分,行为上失魂落魄、自甘沉沦、腐化堕落,沦为集体无意识的"群氓"和"乌合之众"。

"隐为名率性,儒以文乱法,侠以武范禁",人的角色可以在士、仕、隐、侠和氓之间转化。其中,隐士由于思想上淡泊名利,行为上深居简出,给世人以较强的神秘感,逐渐成为"高士""名士"和"名流"的代名词,惹得"由士而仕"上升通道受阻的人们寻求以退为进、以隐求仕的"终南捷径"。孔子也曾提出"邦有道则现,邦无道则隐",如果"隐士"一副"世人皆浊我独清"的架势,不委曲求全、不依附权势,成为变相控诉当权者"无道"的载体和见证,往往不会为庙堂当政者所容。"夫事君者,谏过而赏善",坚守"自由之精神,独立之人格"的"仕"擅长用写文章的方式,让当权者"如芒在背""如坐针毡",有可能被流放、被贬谪而郁郁寡欢;也有可能因为自身生性放达、为人率真,寻求个性张扬和自我突破。"杀身成仁,舍生取义","侠士"坚持"言必信、行必果、诺必诚"的行为方式,必然与封建社会"大一统"导向的当权者产生矛盾冲突。所以,汉朝董仲舒倡导"罢黜百家,独尊儒术",教导民众"大人者,言不必信,行不必果",致使拥有雄才大略,被称为"千古一帝"的汉武帝,能向老百姓低头,创造性地颁布"罪己诏",但却与平民游侠郭解这样的小人物较劲。

拓展阅读

罪己诏

罪己诏,是古代的帝王在朝廷出现问题、国家遭受天灾、政权处于安危时,自省或检讨自己过失、过错发生的一种口谕或文书。罪己诏,作为中国古代帝王对灾难和过错的反省、自检,有积极作用,一来表达了他们为了国家和人民,愿意把事情办好的愿望;二来笼络人心,形成一个团结一心的局面。

罪己诏,通常在如下三种情况下出现:一是君臣错位,二是天灾造成灾难,三是政权危难之时。用意都是自责,只是情节轻重有别。汉武帝在《轮台罪己诏》中自责悔过,"深陈既往之悔",决心重启汉初"黄老"思想,奉行"无为而治",与民休息,不忍心再"扰劳天下",决心"禁苛暴,止擅赋,力本农"。《轮台罪己诏》是中国历史上第一份内容丰富、保存最为完整的罪己诏。

综上所述,在庙堂江湖社会结构中,积极发挥"士"群体民间领袖"得士则昌,失士则亡"的人文教化和社会规范导向作用,对于群体行为诱导至关重要。一般情况下,"士"群体奉行"穷则独善其身,达则兼济天下"的信条,以天下兴亡为己任,不会给社会管理添乱。但如果社会上升通道狭窄,不仅不能让"士""学而优则仕",也不能让"士"无法轻松地做"士"(做真正的自己,保持自己希望的生活方式),甚至被压制为"隐"、逼迫为"侠"、沦落为"氓",他们就可能会"由士而隐""由士而侠""由士而氓"。

"士"群体的个别人一时的不合作,偶尔任性、发点牢骚,也是可以理解的。但如果当权者不能容忍"隐为名率性,儒以文乱法,侠以武范禁",认为自己"有权可以任性",在以暴制暴、粉饰太平的道路上越走越远,杀隐士、流放名士、对游侠赶尽杀绝、让贤者遁隐山林的话,不仅不能保证歌舞升平和长治久安,还会造成巨大的社会矛盾,埋下冲突祸端。

第三节 养士风波
——仁而下士之稳定平衡

如果说项羽是因为失人心而失天下,刘邦是因为用三杰而得天下,那么保持"由士而仕"上升渠道通畅、发挥"由士而隐"意见领袖作用、疏导"由士而侠"反抗抵制情绪、规避"由士而氓"群体沦落塌陷,就能实现"士"群体"尽心竭智""近悦远来"的行为诱导效果。

一、私学游士

商周时期,有"大夫食邑,士食田"之说,"士"作为最低阶层贵族,拥有自己的独立田产。春秋时期,社会动荡不安,政治经济文化重心下移,部分贵族没落,在土地领主和封臣关系弱化的时代背景下,转化为脱离土地束缚、游走四方兜售谋略的"游士"。"天子失官,官学在四夷",孔子提倡"克己复礼",杏坛设教、兴办私学,主张"有教无类",收徒不论社会地位和家庭背景,让贫民和社会底层有了受教育的机会。并且,作为重要的游士,孔子坚持"志于道、据于德、依于仁、游于艺"的教学理念,"知其不可而为之",率领弟子们周游列国,开创从游加体验式教学方式,收获三千弟子,能够熟练掌握"礼、乐、射、御、书、数"的"贤士"就有七十二位之多。

"天下诸侯方欲力争,竞招英雄,以自辅翼。此乃得士则昌,失士则亡之秋也",随着周天子式微和诸侯国纷争,诸侯公卿、大夫强族为保障自身利益和巩固统治地位,对"士"群体产生了巨大的需求,五霸之首齐桓公(? —前643年)就曾经设庭燎、发求贤令,收留"游士八十人",资助以车马钱粮,让他们周游四方、招贤纳士,增强了"士"群体的社会流动性,助推了"士无常君,国无定臣"人才流动的发展局面。

二、养士之风

战国末期,养士之风盛行。当时,"士"有学士、策士、方士、食客之分。被称为"战国四君子"的信陵君魏无忌、春申君黄歇、孟尝君田文(? —公元前279年)、平原君赵胜以养士众多,数以千计著称。秦国相国吕不韦"养士三千",连李斯也曾做过吕不韦的门客,吕不韦豢养食客,重在用物质维系。吕不韦召集门客编撰了杂家名著《吕氏春秋》。《吕氏春秋》编纂完成后,曾悬赏"一字千金",导致"人知秦相,不知秦王",说明吕不韦的养士目的在于贪图个人"名声"。孟尝君田文对待门客,尝试与所养士"同等待遇"并与之"等距离交往",重视与门客之间的情感交流,从"冯媛市义"和"狡兔三窟"的故事来看,孟尝君的养士目的意在长期权势,可以认为他是个"长期主义者"。信陵君魏无忌侍奉宾客,体现出"不耻下交"和"仁而下士",从"信陵君窃符救赵"的典故来看,信陵君的养士强调道义和仁爱。

三、稳态平衡

对照战国养士之风,吕不韦豢养食客,重物质利益,可以为食客提供"获得感";孟尝君对待门客,重视情感交流,可以让门客感受"存在感";信陵君侍奉宾客,提出道义担当,能够让宾客体悟"认同感"。如把物质、情感和道义分别放在奔驰车标志三个区域,便可挖掘群体行为诱导激励机制(如前文第四章图4-1所示)。

由此,要想激励"士"为我所用,有效诱导"士"群体行为,就需要灵活运用物质激励、情感交流和文化引导,让"士"群体同时拥有获得感、存在感和认同感,就会营造出近悦远来的组织氛围,理顺"士群体"由士而仕、由士而隐、由士而侠、由士而氓的流动通道,促进"士"群体尽力竭智,发挥"士"群体从一而十、内圣外王的作用,将会激发组织激活个体价值能力。

综上分析,如把奔驰车标志转变成为不倒翁形状,便可得到养士稳态平衡"不倒翁"模型(如前文第四章图4-2所示)。

由此来看,"不倒翁"模型之所以能够保持"不倒",主要在于物质激励如同"重力"一样始终保持向下,情感激励始终保持"向心"凝聚力,"道义"作为企业文化和价值观,体现出正能量,如同"浮力"始终保持向上。当"不倒翁"被向右压到的时候,物质激励垂直向下、情感始终向心、道义导向始终向上,"不倒翁"就会在三种力量的扭矩作用下,重新回到直立状态。由此,"士为国之宝",合理运用物质激励、情感交流和文化引导作用,将会使组织始终保持稳态平衡状态。

"千人之诺诺,不如一士之谔谔","指鹿为马"故事中的"男二号"李斯,曾经写出影响高层决策的《谏逐客书》,扭转了秦国"损民益仇""树敌诸侯"驱逐客卿的错误主张,防止了秦国的人才外流。"秦之失在政不在制,李斯还曾经驳斥王绾为首的"保守派"实行"分封制",主张在全国范围内推行"郡县制",他的"郡县制"主张被称为"千古创论"。从这个意义上来说,李斯这个"千古一相",本来可为秦朝大一统历史奠定帝制"万世基业"。但最终,李斯却坚持"老鼠哲学",贪恋富贵权力和既得利益,与赵高密谋改写圣命,使得"亡秦者胡也"的谶言成真。自己也被"腰斩于市",再想过"东门黄犬"那样简单快乐的生活,也不能实现了,落得个悔不当初。由此来看,无论"士"在庙堂、江湖社会结构的位置爬到多高,如仅关注物质利益,不兼顾国家安危、江湖道义和知遇之恩的话,都会"由士而氓",甚至沦落为社会发展的绊脚石。

综上分析,无论是指鹿为马、刘项争霸,还是养士之风,在"得士则昌,失士则亡"的战乱纷争年代,要想保持竞争优势,就要掌握知人待士的文化精髓和"不倒翁"稳态平衡模型群体行为诱导机制,并加以灵活运用。诚然,没有物质利益做基础的激励,都是"画饼充饥、望梅止渴",都是"耍流氓"！但如不懂得"天下同利",只会像项羽那样任性地"以亲爱王",就会导致身死国败；如果仅停留在贪恋富贵权力和既得利益,没能对"知人善用"的秦始皇产生感激之情,只讲权术、不讲道义,就会悔不当初,徒留"东门黄犬"追求简单幸福的渴望而不可得的遗憾！所以,如能吸取吕不韦、孟尝君和信陵君养士经验教训,"物质做基础、情感做纽带、道义做担当",而不是"道义放两旁,利字摆中间"。只有灵活运用养士"不倒翁"稳态平衡条件,理顺"士"群体流动通道,激发个体价值创造,集合组织智慧,才能使"士为国用""所在国重""所去国轻"。

复习思考题

1. 如何降低或消除"中国式"群体行为对组织发展带来的负面影响,从战国时期"养士风波"的角度,总结凝练"中国式"群体行为诱导关键影响因素？

2. 如何理解"庙堂江湖"模型"士"群体的社会流动性,如何发挥"士"群体对社会稳定的作用？如何协调"士"群体的激励与社会高质量发展？

3. 分析战国纷争年代,策士如何实现"所在国重,所去国轻"的影响力。

4. 如何运用"不倒翁"模型中士、隐、侠之间的稳态平衡,激活"士"群体对组织共生的价值？

千人同心，则得千人之力。

万人异心，则无一人之用。

——淮南子·兵略训

第六章
见得思义——群体动力与激励理论

学习目标

1. 通过学习本章内容,读者应当了解群体动力与激励理论都包含哪几种类型,每种类型所包含的基本理论和主要观点都是什么。并灵活掌握在哪种情况下应该使用何种群体激励策略。

2. 通过学习本章内容,读者应当掌握内容型激励理论包含的理论和内容。

3. 通过学习本章内容,读者应当掌握过程型激励理论包含的理论和内容。

4. 通过学习本章内容,读者应当掌握调整型激励理论,又称为行为改造理论包含的理论和内容。

5. 通过学习本章内容,读者应当领会"过犹不及"、了解如何应用儒家的"中庸之道"思想,进行群体动力的激励。

自古以来,在"家国同构"价值观指引下,"天下兴亡,匹夫有责",众多仁人志士以天下兴亡为己任,"其身正,不令而行;其身不正,虽令不从",行为上率先垂范,追求自我完善和自我管理,"先天下之忧而忧,后天下之乐而乐",进则救世、退则救民,不能为良相,便甘当良医。

激励,原本是心理学术语,指激发人动机的心理过程。激励可以挖掘人的潜能,提高人的主观能动性,加强组织凝聚力。前面章节,大家了解到如何保证"庙堂江湖"社会结构中"士""侠""隐""氓"流动渠道的积极正向,还学习了知人待士群体行为诱导"不倒翁"模型中群体管理方法。

"水不激不扬,人不激不奋",每个人在行为上都可能产生惰性。"士为知己者死,女为悦己者容",若要提升群体行为诱导效果,还需要对群体激励理论进行深入研究。

第一节 投其所好
——需求导向之精准激励

大家知道,群体动力激励理论分成内容型、过程型、调整型三种。其中,内容型激励理论有马斯洛的需要层次论、奥德弗的 ERG 理论、赫茨伯格的"双因素理论"、麦克利兰的"成就需要激励理论"等,内容型激励理论旨在把握人们真实的需求,诱导群体行为,激发群体动力。

内容型激励理论,重点研究群体动机的激发和诱导因素。下面,我们通过"子罕辞玉""邓析名辩""子贡赎人"三个故事,帮助大家把握群体成员的真实动机,提升群体行为的诱导能力。

一、子罕辞玉:不贪为宝

子罕,姓乐,名字叫"乐喜",曾担任春秋时期宋国的建设部部长。当时,有位宋国人,向子罕送一块美玉,子罕推辞不接受。送玉的人说:"经过鉴定,这块玉真的是稀世珍宝。"子罕回答:"我以不贪为宝,尔以玉为宝,若以与我,皆丧宝也,不若人有其宝。"由此,说明群体中人和人的需求是不同的,送玉的人认为玉是珍宝,说明送玉的人,比较注重物质和财物之类的较低层次需求,而子罕却以"不贪"为珍宝,注重个人名声,是较高层次需求。

二、邓析名辩:两可之说

邓析,春秋初期郑国人,曾担任郑国的大夫,是"名辩之学"倡始人。有一次,郑国发洪水,一个富人被淹死。有个穷人打捞起了富人的尸体。富人的家人找到穷人,想赎买尸体。但穷人有点"挟尸要价"的嫌疑,富人感到价格太高。就找到讼师邓析(最早最知名的律师)出主意。邓析说:"放心吧,除了你们家,没有第二家买(尸体)"。后来,穷人着急了,也找到邓析。邓析说:"放心吧,除了在你这儿,他们在哪里也买不到(这个尸体)。"

由此来看,邓析的逻辑思维和辩论能力确实不一般,能

人物志:子罕 (生卒年不详)乐喜,子姓,乐氏,字子罕,是春秋时期宋国(今河南商丘)贤臣。叔向评曰:"施而不德,乐氏加焉"。

人物志:邓析 (前 545—前 501 年),河南新郑人,郑国大夫,春秋末期思想家,"名辩之学"倡始人。名家学派的先驱人物。他的主要思想倾向是"不法先王,不是礼义"。

人物志:子贡 (前 520—前 456 年)端木赐,复姓端木,字子贡,以字行。华夏族,春秋末年卫国(今河南淇县)人。孔子的得意门生,孔门十哲之一,"受业身通"弟子之一,孔子曾称其为"瑚琏之器"。

把黑的说成白的,也能把白的说成黑的。他持有"两可之说",两头收取律师咨询费用,搅乱了民间诉讼秩序。其实,他的主要目的在于,宣扬自己编写的法律《竹刑》,挑战子产推行的"铸刑书"。由此,邓析为提升专著《竹刑》的知名度,对抗政府现行法度,是典型的成长发展需要。但是,他为了个人需要,"操两可之说,设无穷之词",不顾客户生存的需要和人际关系的需要。把自己的成功建立在别人的痛苦和社会混乱上,是不足取的。

拓展阅读

名辩之学

名辩学是中国古代名学和辩学的合称。名学亦称为"正名学",主要指中国古代有关名实关系和正名的理论,内容涉及正名的对象和范围、目的和意义("所为有名")、正名的认识论基础("所缘以同异")、客观标准、基本原则("制名之枢要")和制止乱名("破三惑")等。辩学亦称为"论辩学",指中国古代关于辞(命题)、说(推理)和辩(论证)的学说,主要包括辩学的一般哲学基础、"以辞抒意"的命题学说、"心说出故"的推理学说、"以辩争彼"的论证学说、论辩的基本规律和规则等。

名学和辩学均系阐述名、辞、说、辩等内容的学说,故两者的有机结合可总称为名辩学。从内容和性质来看,古代逻辑构成名辩学的核心和重点,但名辩学并不等同于古代逻辑或逻辑史,因为名辩学仅包含有大量哲学、认识论等非逻辑理论,不研究印度因明和西方形式逻辑在中国的传播和发展。

三、子贡赎人:私德公用

子贡,复姓端木,叫端木赐,是春秋末年卫国人(都城朝歌,现河南淇县),孔门十哲之一。当时,鲁国为了增强国力,颁布一个政策。凡是能把沦落在外的鲁国奴隶买回来,可以到鲁国的国库报销赎金,还能领取奖励。大家知道位列"孔门十哲"的子贡,不仅口才好,而且善于经商,有一定的经济实力。子贡从国外赎回鲁国奴隶,由于"不差钱",拒绝收下鲁国提供的赎金和奖励。孔子批评了子贡,认为子贡赎人,接受赎金,不会损害赎人的"义举",不求回报虽然是"善举",表面上看是在做好事,但却把"私德"作为"公德",无形中抬高了社会上做好事的"道德标准",破坏了鲁国的赎人规则,误导了人们的行为准则,导致其他人"想"赎人,却没有足够的经济实力,而"不能"赎人。由此,子贡认为赎人的奖励是保健因素,不要也不能减少自己赎人的动机。但却把别人将赎人奖励作为激励因素的机会给剥夺了,让人缺少了一个既能获得奖励,又能获得名声的"生财之道"。

拓展阅读

方圆之道

方，我们认为是秩序。没有方，没有秩序，就没有约束。圆，我们认为是人情。没有人情，世界负荷太重。只有方圆兼具、处方圆人生，才能保持恰如其分的度，社会才会和谐。这是一门艺术，兼顾情与理的艺术。水至清则无鱼，人至察则无徒，凡事要掌握分寸，把握好度。要善于运用处世的方法谋略，要尽量不为了规矩而失了人情，不要为了人情失了秩序，无论偏向或者忽视哪一方，都会失了平衡。二者兼顾，圆内有方、方内有圆，乃方圆之道，处世之哲学。

综上分析，关于内容型群体激励理论的实践应用，可做如下三点总结：

第一，在了解内容型激励理论的基础上，需要深入分析群体中不同个体的真正需求，"投其所好，避其所恶"，才能激发人们的行为动机，否则，就有可能像给子罕送玉的宋人那样，不仅没给别人送成宝贝，还破坏了别人"引以为荣"的宝物。

第二，"己欲立而立人，己欲达而达人"，做人应该有"仁德"之心，不能像邓析那样，为了自己"扬名立万"，"以非为是，以是为非"，搅乱国家法度，搞乱群体规范，让百姓无所适从。同时，大家应该形成换位思考的意识，不然，就可能像子贡赎人那样好心办坏事。

第三，即使是"己所欲"，也不要想当然地强加给别人，或者是做了"无心之过"，为宣扬自己的"道德"，进行"道德绑架"，不仅扭曲了社会规范和行为准则，还抬高了人们"做好人，做好事"的成本。

由此来看，激发群体动力，诱导群体行为，需要把握人们的真正需求，"投其所好"，这可是个"技术活"。希望大家在学习本节内容以后，能够"有所思，有所悟，有所得"。

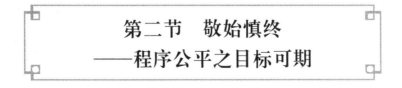

第二节　敬始慎终
——程序公平之目标可期

大家可能见过经常说"我不管过程，只看结果"的领导者，"敬始而慎终……君子之道，礼义之文也"，说明群体行为诱导，就是要关注过程，不仅看结果，更要看激励过程的公平性、期望的合理性和目标设置的科学性。

过程型激励理论，主要研究群体成员从动机产生到采取行动的心理过程。过程型群体激励理论有亚当斯的公平理论、弗鲁姆的期望理论和洛克的目标设置理论,过程型群体激励理论更加重视群体行为诱导过程中的程序公平性、期望可变性和目标设置差异性,更加关注激励全过程监控。

下面,就从"过犹不及""纣之善恶""不得其门"入手,提升大家对群体行为诱导过程的分析能力。

一、过犹不及:中道智慧

子夏,名叫卜商,晋国温地(河南温县)人,孔门十哲之一,有较高的文学修养。子张,复姓,颛孙、名叫颛孙师,陈国(都城宛丘,现河南淮阳)人,孔门十二哲之一(相对孔门十哲,被增补进常委,这是清朝乾隆年间的事了)。子贡,复姓端木,叫端木赐,是春秋末年卫国人(都城朝歌,现河南淇县),孔门十哲之一,口才非常好。

(一)有选择交友之道

有一次,子夏的弟子问子张:"师叔啊,能请教下如何交朋友吗?"子张说:"你老师子夏,怎么教你的?"大家知道,既然子夏的文学修养特别高,估计在与人交往过程中,会有那么一点清高,有点心高气傲。由此,子夏的弟子回答说:"师父教导我们,能结交的就和他们做朋友,不能结交的就同他们保持距离。"

(二)等距离交往原则

子张说:"这和我的观点不同,如果自己比别人贤良,那么,还有什么不能容纳不如自己的呢?如果按照你师父子夏的交友原则,我不比别人贤良,别人就会不待见我。我们还有什么资格拒绝别人呢?"

从这个角度来看,子张的观点要比子夏的高明些。但是,大家还是有点争执不下。孔门的第一辩论高手子贡,就去请教孔子。同时,求证一下交友之道。子贡问:"子张和子夏,这两位同学哪个更贤明一些呢?"孔子回答:"子张常常做得有些过,子夏做得有些不足。"子贡说:"是不是可以这样理解,子张既然做的过一些,稍微好一点吧?"孔子回答"过犹不及",做过了和差一点,效果其实是一样的。

(三)中庸之道的智慧

如果想保持相对的公平性,就需要汲取"中庸之道"的智慧(中原地区的人,把行、好说成"中",与该地区处于"天

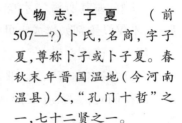

人物志:**子夏** (前507—?)卜氏,名商,字子夏,尊称卜子或卜子夏。春秋末年晋国温地(今河南温县)人,"孔门十哲"之一,七十二贤之一。

人物志:**子张** (前503—?)颛孙师,复姓颛孙、名师,字子张,战国时期陈国人,孔门十二哲之一,受儒教祭祀。主张"士见危致命,见得思义,祭思敬,丧思哀",重视德行修养。

人物志:**原宪** (约前515—?),字子思,春秋末年宋国商丘人。孔门七十二贤之一。原宪出身贫寒,个性狷介,一生安贫乐道,不肯与世俗合流。"孔子卒后,原宪退隐,居于卫。"

地之中"的地理位置,以及持有的"中庸之道"哲学观念有一定关联性)。所以说,交朋友的时候,不仅要与比自己贤明的人结交,还要给比不上自己的人交朋友的机会。而且,要想保持结果的公平、程序的公平和制度的公平,就要真正理解"中庸之道"的内涵。其实,"中庸之道"的智慧,不是"折中调和",不是"各打五十大板",而是体现着"公平之道"的思想,让人们无论是纵向与自身相比较,还是横向同他人相比较,都能够感受到"公平",从而获得更大的心理满足,有"获得感"。

拓展阅读

中庸之道

中庸之道是中国古代唯心主义哲学观点论,出自儒家文化的《中庸》。中庸之道是人生的大道,事业成功、生活与健康的根本理论,基本包含三层理论:

第一层理论:中不偏,庸不倚。是指人生不偏离,不变换自己的目标和主张。这就是一个持之以恒的成功之道。孔子有曰:"中庸之为德也,其至矣乎!民鲜久矣。"第二层理论:指中正、平和。人需要保持中正平和,如果失去中正、平和一定是喜、怒、哀、乐太过,治怒唯有乐,治过喜莫过礼,守礼的方法在于敬。只要保持一颗敬重或者敬畏的心,中正、平和就得以长存,人的健康就得以保障。第三层理论:中指好的意思,"庸"同"用",中用的意思。指人要拥有一技之长,做一个有用的人才;又指人要坚守自己的岗位,要在其位谋其职。

二、纣之善恶:两分辩证

子贡说:商纣王虽然不好,但也并不像传说中的那么差。主要在于:那些自认为"君子"的人,往往喜欢在脑门上贴上道德标签。"君子"们平日里注重个人操守,讨厌处于卑下的境地。子贡曰:"纣之不善,不如是之甚也。是以君子恶居下流,天下之恶皆归焉",由此来看,"商纣王"作为"下流"人,这里的"下流"是"向下流动"的意思,是指"商纣王"是个从神坛上被推倒,并被"钉在历史耻辱柱"上的人。

(一)两分判断双面看

"墙倒众人推,恶往一处归。"子贡却认为,一旦身居高位沦落到社会底层的人,人们习惯于把天下恶名和坏事都归到他身上。相反,人们还经常臆想"君子"都是"高大上"的,没有缺点,没有瑕疵,习惯于把好名声,都集中到一个人身上,搞得"君子"像神仙一样。

子贡还说过:"君子之过也,如日月之食焉。"其实,"君子"们也不是"神",也有阴晴圆缺,而且,正因为"君子"袒露于众目睽睽之下,"君子"的过失,每个人都看得清清楚楚,有时候,自己却浑然不觉。所以,当"君子"改正自身过失的时候,往往更能够获得世人的敬仰和信赖。

由此来看,我们往往习惯性地把人分成"好人"和"坏人"。记得小时候看电影,出来一个人物,就会向大人询问:"是好人还是坏人?"其实,"好人"并不是没有缺点、完美无缺;"坏人"也不是"头上长疮、脚下流脓",从上到下全部都坏透。这种"善恶"两分法是比较危险的。因此,无论是"君子",还是"小人",既不要刻意地掩盖自身的"污点",也不要为了所谓的"名声"而涂抹和粉饰。

(二)两分辩证看问题

期望理论,是指激励的效果取决于期望值和效价的乘积。其中,效价是满足需求获得的价值,效价直接影响着工作的态度;期望值是人们认为能达到目标的概率(机会的大小)。

根据期望理论,如果神化"君子"的行为和踩压"小人"的行为,能够获得更高效价,而且,期望值比较大(成功的概率大,又不受约束)的情况下,人们就会选择用"错误"掩盖更大的"错误",用"谎言"维持更大的"谎言"。由此,我们应倡导"证实"习惯的同时(证明行为的合理性),又能独立地去"证伪"(解读行为的不科学性)。只有这样,主动地分析和诱导群体的行为,才不至于混淆视听,导致大家"误入歧途"。

三、不得其门:仰之弥高

子贡长相佳、口才好,又是土豪,可以说是个"高帅富"。有人奉承他,说:"子贡啊,我认为,你比孔子还贤明呢!"子贡细思极恐,马上解释说:每个人的德行都不一样,"就拿围墙来说吧,我的围墙高度刚刚到肩膀,大家都能够看到家中干净整洁的摆设。但夫子的围墙有几丈高,大家'不得其门而入',主要是能看到围墙内部豪华庙堂的人太少啦!"子贡"不得其门"的说法间接说明了电影《孔子》中的台词"世人皆知夫子的痛苦,不知夫子在痛苦中领悟的境界"的穿透力。

(一)瑚琏之器有瓶颈

有一次,子贡问孔子:"您对我有什么评价?"孔子说:"器也。"意思是,你是一个高级的物件。子贡追问:"是个什么样的物件呢?"孔子说:"瑚琏之器。"是个用于国家祭祀的高级玉器。大家知道,孔子还曾说过:"君子不器。"由此,不管把子贡比喻成多么高级的器皿,孔子都认为,子贡与"安贫乐道"的原宪相比,还是有距离的。

(二)安贫乐道没有病

原宪,字子思,宋国(都城河南商丘)人,他出身贫寒,却安贫乐道。有一次,子贡做了卫国的上大夫后,穿着华丽的衣服,坐着豪华的马车,前呼后拥,去看望原宪。当看到原宪满脸菜色的时候,子贡关切地问:"你是不是生病了?"原宪说:"无财谓之贫,学道而不能行者谓之病。我只不过是贫穷而已,没有病。"子贡听后,很惭愧。

按照目标设置理论,目标是人们行为的最终目的。由此,目标本身具有激励作用,有明确目标的人会更有活力。不同的人,目标设置的高度也不一样。子贡认为他与孔子相比,有很大距离。但与原宪相比,还是小有自信,但从原宪"做学问不图名利,追求仁义不为显达"来看,子贡的目标设置相比安贫乐道的原宪来说,还真是有点低。

综上所述,为提升群体行为的诱导效果,需要灵活地运用公平理论、期望理论和目标设置理论,重视群体行为诱导过程中的程序公平性、期望可变性和目标设置差异性,注重激励的全过程监控,做到"敬始慎终"。

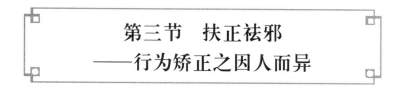

第三节　扶正祛邪
——行为矫正之因人而异

"飞鸟尽,良弓藏;狡兔死,走狗烹",早有范蠡预言越王勾践只可共患难不可共享乐,秦将白起拒王命不从死于秦相范雎之手,伍子胥苦心经营成就吴国霸主后惨遭赐死。晚有朱元璋火烧庆功楼、赵匡胤杯酒释兵权。"敌国破,谋士亡",刘邦、项羽争霸尘埃落定后,韩信被诛杀于长乐宫。"君之视臣如手足,则臣视君如腹心;君之视臣如犬马,则臣视君如国人;君之视臣如土芥,则臣视君如寇仇",本来君臣之间的正常关系应该恩威并施和忠诚辅佐,君以君道,臣以臣道,但是如果君臣之间不能"防微杜渐,忧在未萌",君臣关系处理不能"两尽其道"的话,那么,君臣之间就有可能陷入前期患难与共、同舟共济,后期"反目成仇、相爱相杀"的轮回。

调整型群体激励理论,又称为行为改造理论,有斯金纳的强化理论和亚当斯的挫折理论两种。调整型群体激励理论强调对不同类型成员应"因人而异",灵活运用正强化、负强化、惩罚和忽视策略等不同方法进行行为矫正,不能死搬硬套。

强化理论认为,人的行为是可以矫正的。领导者可以强化员工对组织有利的行为、弱化不利行为、忽视无关行为和惩罚有害行为,诱导员工把工作本身作为最大的"激励"手段。下面,就从被誉为"最会用人、最有学问、最会打仗"的"三最皇帝"光武帝刘秀的用人之道入手,探讨刘秀何以能够避免把君臣关系处理的"君礼臣忠""两尽其道",陷入"兔死狗烹"的轮回,解读他的群体行为矫正、群体行为改造和群体行为诱导"君臣之道"。

一、勤于稼穑:秀才造反,一统天下

西汉末年,群雄割据,刘秀作为"一介布衣""勤于稼穑",是个"干农活"的好手,是一个地道的"农民"。刘秀年轻时,有个不太远大的梦想,"仕宦当作执金吾,娶妻当得阴丽华",就是想当个京城卫戍部队的小头目,娶个叫阴丽华的年轻貌美姑娘。

由于长得眉清目秀，刘秀被人称为"美须眉"。这个"太学"学生，相当于读过大学本科的知识分子，本来可以靠"颜值"吃饭的"白面书生"，不仅没有受"秀才造反，十年不成"魔咒的影响，相传，刘秀受王莽追兵围追堵截，赊下写有"刘记"的酒旗，招兵反莽，在短短三年时间，就登基称帝，建立东汉政权（刘秀登基后，念兴隆店酒老板赊旗有功，封兴隆店为"赊旗店"，"龙泉酒"也随之更名为"赊店老酒"，作为宫廷御用）。

刘秀做皇帝后，又用十二年，南征北战，东征西讨，一统天下。除大家熟悉的"云台二十八将"外，被封为列侯的有一百多人。平定四川战役之后，增加封地的功臣就有"三百六十五人"之多。那时候，真是"将星云集"。

二、"三最"皇帝：前车之鉴，矫枉之志

令人敬佩的是，刘秀不杀功臣的行为。"鉴前事之违，存矫枉之志"，刘秀这样对待功臣，本身是对屠杀开国功臣行为的矫正。后来，很多人习惯拿刘秀与刘邦做比较，认为刘秀完胜刘邦。毛主席对刘秀也大为赞赏，说他是"最会用人、最有学问、最会打仗"的"三最"皇帝。既然刘秀是行为矫正和用人高手，我们就分析他的"正强化、负强化、惩罚和忽视"行为矫正策略，提高大家对行为改造理论的理解。

（一）正强化策略

正强化策略是对有利于组织目标的行为进行奖励，增加这种行为出现的概率。

邓禹，是"云台二十八将"的首席。刘秀多次把他比喻为萧何，并有意分封他为酂侯（萧何也被刘邦封为酂侯）。而且，刘秀不以成败论英雄。邓禹交战失利，引咎辞职，刘秀仍任命他为右将军。后来，邓禹重振雄风，两次打败了劲敌延岑。

邓禹，作为刘秀的大学同窗好友，不仅打仗勇猛，还有远大的战略眼光，他建议刘秀"延揽英雄，立高祖之业"。这个建议对刘秀来说，正中下怀，刘秀让身边的人对邓禹行大礼，尊称他为"邓将军"，邓禹成为刘秀最为信赖的谋士。另外，刘秀认为邓禹有"以为知人"的优点，多次把邓禹比喻成孔子最喜欢的弟子颜回。说："自从有了邓禹之后，

人物志：刘秀（前5—57年），字文叔，南阳郡蔡阳人（今湖北省襄阳市枣阳市），生于陈留郡济阳县济阳宫。中国东汉王朝的建立者，庙号"世祖"，谥号"光武皇帝"。

人物志：邓禹（2—58年），字仲华，今河南南阳新野人，东汉初军事家，云台二十八将第一位。被刘秀"恃之以为萧何"。协助刘秀建立东汉，功劳卓著。

人物志：冯异（？—34年），字公孙，汉族，颍川父城（今河南省宝丰县东）人，东汉名将、军事家，云台二十八将第七位。曾大破赤眉、平定关中。

人物志：李轶（？—25年），与堂兄李通一起与刘縯、刘秀兄弟共同起兵，背弃刘氏兄弟，主张杀掉刘縯，后被刘秀借刀杀人。

人物志：臧宫（？—58年），字君翁，颍川郏县人，东汉名将、云台二十八将之一。原为小吏，追随刘秀南征北战，屡立战功，平定蜀地，多次建议征讨匈奴。

'门人日亲'，有更多的人才愿意投奔了。于是，邓禹发挥自己善于"发掘人才"的优势，举荐了很多将才。由此来看，邓禹在刘秀的"正强化"策略下，充分发挥了"制定战略、举荐人才和征战南北"的重要作用，被称为东汉"元功之首"，当之无愧。

（二）负强化策略

负强化，是指消除或者减少成员厌恶的消极刺激，从而让员工的组织认同行为的发生概率大幅度提高。

冯异，颍川父城人（现河南宝丰县东），位列"云台二十八将"第七位。王莽末年，曾担任颍川郡的长官，被刘秀捉住后，说家中有老母需要安顿，如果放他走，愿意带领自己管辖的五个县，投靠刘秀。刘秀释放了冯异，冯异没有说谎，果然带领五县归顺。从此，冯异成了刘秀的左膀右臂。后来，冯异接替邓禹，成为征西的统帅，立下了赫赫战功。而且，冯异连续坐镇关中多年，创造了显著政绩。由此，谣言四起，说冯异要当"咸阳王"。冯异很是不安，上书辞职。刘秀安慰他说："义为君臣，恩犹父子。"意思是说，名义上咱们是君臣，实际上情同父子。你没有必要担心和害怕。后来，冯异打了个大胜仗，很多人都争功邀宠。冯异"独屏树下"，默默地坐在大树下，从不计较功劳和得失。由此，冯异被尊称为大树将军。但是，刘秀却专门下诏书，提出冯异"以崇谦让"，给予他更高的荣誉和地位。

（三）惩罚策略

惩罚策略，是指通过教育、惩戒和惩罚，约束和减少员工对组织的有害行为。

刘秀对有功的将士，"有功则增邑赏"，只要有功劳，马上封赏，能够把握奖励的及时性。而且，对于功勋卓著的"云台二十八将"，能够"宥其小失"，对小过失不追究，让将军们在天下大定之后，"保其福禄，终无诛谴者"。不杀戮，不贬低，让开国功臣享受胜利果实。说明刘秀在奖罚方面，一向以奖励为主，惩罚为辅。

李守，南阳人，曾在京城做官，预测出："刘氏当兴，李氏为辅。"就安排两个儿子——李通和李轶去辅佐刘秀。但是，李轶见南阳人刘玄被拥立成皇帝，称为更始帝，就投靠了刘玄。不仅如此，他错误地认为，"刘氏当兴"的刘氏是刘玄。而且，李轶还劝刘玄杀了刘秀的大哥。投桃报李，李轶后来被刘玄封为"舞阴王"，李通也被封为"西平王"。后来，刘玄政权马上要倒台的时候，李轶委托"大树将军"冯异向刘秀转交书信，想向刘秀投降。刘秀收到这位"老朋友"的信后，评价道："人不能得其要领。"公开了书信内容。利用"借刀杀人"手段，把李轶给杀了。"惩罚有度"，刘秀在李轶这件事上，并没有实施"连坐"，刘秀论功行赏，任命李轶的哥哥——李通为大司空，位列三公，相当于宰相的高位。

（四）忽视策略

忽视策略，是指对不符合组织目标但不影响大局的行为，采取"冷处理"的方式，让类似行为自动"消退"。

臧宫,颍川郏县(河南郏县)人,位列"云台二十八将"第九位。臧宫,曾当过家乡的亭长。追随刘秀后,率领军队南征,参与讨伐巴蜀,平定成都,可谓是屡立战功。

东汉初年,由于力量悬殊,加上远征劳民伤财,当时国力难以支撑远程征伐,对匈奴主要采取积极的防御策略。有一次,刘秀问臧宫对匈奴的看法,臧宫说:"让我带领五千精兵,扫平他。"刘秀笑笑说:"你是常胜将军,与敌人较量的时候,未必考虑得周全。"二十多年后,臧宫上书,说要带领军队,抗击匈奴,把得胜的消息刻在石头上。刘秀没想到过了这么长时间,臧宫还惦记着抗击匈奴的事情。

刘秀无奈,颁发诏书,说:"举天下之半以灭大寇,不如息人。"用举国之力,去消灭过于强大的敌人,还不如息事宁人。从此以后,再也不见臧宫自告奋勇,要带兵去打匈奴了。

综上所述,要想成为群体行为矫正和驾驭人才方面的高手,就要像刘秀那样,应该"因人而异",对不同类型的成员行为采用不同的方法进行矫正,不能死搬硬套。因此,只有灵活地运用正强化、负强化、惩罚和忽视策略,才能像光武帝刘秀那样,让"不太大"的梦想长大,让更大的梦想成真。

◎ 概念辨析

内容型激励理论:是指针对激励的原因与起激励作用的因素等内容进行研究的理论,重点研究激发动机的诱因。主要包括马斯洛的"需要层次论"、ERG 理论、赫茨伯格的"双因素理论"和麦克利兰的"成就需要激励理论"等。

过程型激励理论:指着重研究人从动机产生到采取行动的心理过程,主要任务是找出对行为起决定作用的某些关键因素,弄清它们之间的相互关系,以预测和控制人的行为。主要有公平理论、期望理论和目标设置理论三种。

调整型激励理论:又称为行为改造理论,重点研究激励的目的(即改造、修正行为),有强化理论和挫折理论两种。

复习思考题

1. 如何利用所学群体动力激发理论,诠释"网络暴力"行为和"道德绑架"现象? 结合刘秀用人典故,解读"韩信用兵多多益善"和刘邦善于将将。

2. 如何理解中庸之道在群体动力激发理论应用的当代价值?

3. 结合"纣之善恶",尝试分析善恶"二分法"的弱点,如何依据权变理论,全面系统地评价人的行为?

4. 结合强化理论,你认为在何种情况下,才应该采用忽视策略?

5. 结合组织承诺概念,综合运用群体动力激发理论,尝试探讨 Z 时代不愿入职和频繁跳槽的原因并寻求问题解决之道。

世异则事异，事异则备变。

是以圣人不期修古，不法常可。

——韩非子·五蠹

第七章
识时通变——组织结构与组织设计

学习目标

1. 通过学习本章内容,读者应当了解组织结构都有哪几种类型,每一种具有什么样的特点,掌握组织结构类型遴选,实现环境与组织结构的合理匹配。

2. 通过学习本章内容,读者应当掌握各种组织结构的图形化表达形式。

3. 通过学习本章内容,读者应当掌握传统的组织结构设计原则有哪些,为什么,不遵循这些原则就会产生不良的后果?

4. 通过学习本章内容,读者应当掌握动态的组织结构设计的动态原则有哪些,为什么不遵循这些原则就会产生不良的后果?

5. 通过学习本章内容,读者应当掌握组织变革为何难进行,会遭遇的阻力有哪些?如何应付这些阻力?

自秦始皇建立大一统秦朝以来,以法家思想"事在四方、要在中央"为基础,创立了中央集权制管理体系,国家管理层面有三公九卿,中央地方管理层面有郡县制组成的制度体系。皇帝统揽全国政治、经济、军事大权,上至三公、下至郡县县令,均由皇帝统一任免。

据《史记·秦始皇本纪》记载,天下之事无小大皆决于上,上至衡石量书,日夜有呈,不中呈不得休息。反映出秦始皇建立了皇权至上的中央集权管理体制,形成了大权独揽、小权分散、日理万机的繁忙工作状态。时间跨越一千八百多年以后,康熙大帝也曾感慨:"今天下大小事务,皆朕一人亲理,无可旁贷。若将要务分任于他人,则断不可行。所以无论巨细,朕必躬自断制。"体现出中央集权在皇权专制这个问题上达到高度统一。"普天之下,莫非王土;率土之滨,莫非王臣",我国社会管理由先古圣王的"公天下",逐步过渡到夏禹更制九州后的"家天下",再到中央集权制的皇权"私天下"。虽然"天下非天子独有,为天下人共有"的理念深入人心,但在"大道之行,天下为公"描绘的美好蓝图麻痹下,在官员"与士大夫共治天下"的质问下,封建统治者明知普天下百姓有"天下者,天下之天下,非一人之私有故也"的强烈诉求,但是代表封建王朝至高权力的皇帝们依然会像雍正皇帝那样,虚心假意地将"惟以一人治天下,岂为天下奉一人"的楹联悬挂于卧室,渴望更大程度的集权。在封建社会中央集权管理体制下,"天下"已经不再是"天下人之天下",而成了皇帝一人之天下。

第一节　分权制衡
——国家层面之组织结构

就国家管理体制演变来看,历经朝代更迭,由秦朝三公九卿、汉朝内朝外朝、隋唐三省六部、宋朝两府三司,发展到清朝内阁军机处,贯穿其中的是皇权与相权、内朝与外场、内廷与外廷、中央与地方相互博弈、相互制衡的过程。其中,皇权与相权又是上述过程争斗和纠缠的关键,从秦汉的丞相制,到隋唐的三省合议制、宋朝的二府三司制、元朝的中书一省制,再到清明的内阁制,国家层面集权与分权的演化过程,呈现出朝代建立初期重视发挥相权、用皇权不断挤压相权,随后发展为用内朝、内廷和内臣不断弱化相权的特征。对照历朝历代国家管理体制和组织结构调整过程,政权兴衰治乱、循环往复,无法突破历史周期律,究其实质,就在于主权与治权、所有权与代理权之间的委托代理关系不明确。虽然大家都明白"水能载舟亦能覆舟"的道理,但醉心于中央集权的封建社会帝王们"在其位,谋其政",只会在皇权与相权、主权与治权之间摇摆,难以自我革命,认真审视政权与民权、委托与代理权之间的关系,勇敢地还权于民、还信于民、还情于民、还利于民。孙中山依据西方立法权、行政权和司法权的"三权分立"思想,创立的"行政、立法、司法、监察、考试"管理体制,就在于防止个人独裁,确保政府在行使治权时的分权制衡。《中华人民共和国宪法》明确规定国家权力属于人民、国家尊重和保障人权的原则,坚持对人民负责、民主集中制、依法治国,形成了由全国人民代表大会及其常务委员会、中华人民共和国主席、国务院、中华人民共和国国家监察委员会、中华人民共和国最高人民法院、中华人民共和国最高人民检察院、中华人民共和国中央军事委员会等机构组成的中央层面国家行政管理机构。

拓展阅读

历史周期律

"历史周期律"是指世界上任何一个国家的政权都会经历兴衰治乱,往复循环呈现出的周期性现象。"失鹿亡秦,斩蛇兴汉",从夏商周秦汉,到唐宋元明清,"分久必合、合久必分","其兴也勃焉,其亡也忽焉",兴衰治乱,循环不已。

中国的历史周期律问题,是1945年黄炎培先生在延安向毛泽东提出的,黄炎培到延安考察,谈到"其兴也勃焉,其亡也忽焉",称历朝历代都没有能跳出兴亡周期律。毛泽东表示:"我们已经找到新路,我们能跳出这周期律。这条新路,就是民主。只有让人民来监督政府,政府才不敢松懈。只有人人起来负责,才不会人亡政息。"

组织结构设计,是通过对组织资源的整合和优化,确立组织某一阶段合理的管控模式,从而实现组织资源价值的最大化和组织绩效最大化。"前事不忘,后事之师",本书研究和分析古代国家管理体制和国家机构组成,不是要泥古不化,而是要在法古和师古的基础上,明白"圣人不法古,不修今,法古则后于时,修今则塞于世"的道理,在"不忘本来、吸收外来,面向未来"原则指引下,提出本土化组织管理模式。在新的时代背景下,构建适用于国家层面的管理模式,创建企(事业)单位适应内外部环境的组织结构类型。

为便于理解组织结构类型,下面就结合历朝历代国家层面组织机构演变,从制度、组织和运行层面为大家解读直线制、职能制、事业部制、矩阵制和项目制等组织结构类型及其主要特征。

一、直线制:源自军队,令行禁止

直线制组织结构,是最早也是最简单的组织结构类型。这种结构类型,源自军队,也被称为"军队式组织结构"。我国商代,军队编制采用"什伍之制"。"伍"是五个人,"什"是十个人;十个"什",是一个"行"。这就是当兵的往往自称是"行伍出身"的缘由。行的领导人被称为"百夫长",唐朝时期,"宁为百夫长,胜作一书生"的诗句抒发了当时人们热衷于"投笔从戎、保家卫国"的爱国热情。十个"行",是一个"大行";三个大行,是一个师。这样计算的话,商朝时期,一个师有三千人。秦朝末年,有项羽率领江东"三千子弟"起兵反秦之说,说明项羽跟随项梁起兵时期,刚好是一个"师"的建制。三个师的兵力,被称为王师,由商王亲自率领。所以,春秋末年,孔子率领三千弟子周游列国,这三千弟子中有会打仗的冉有,有会武功的子路,有外交家子贡,有能言善辩的子我,确实在当时是一支不可小觑的政治力量。孔子周游列国的师生队伍,甚至都有颠覆一个小诸侯国国家政权的能力,"投鼠忌器",这也体现出众多诸侯国对周游列国的孔子团队处处设防的微妙心理。

二、职能制:专业分工,相互独立

职能制,指同层级设置互不归属,互相合作的能够发挥专业特长的职能部门。由此,职能制在各类专业化分工的组织中都有所体现。相传,在夏朝时期,就有分管农事、百工、教化等职责分工的岗位;商朝时期,"内服官"中有"尹""宰""卿事"和"三公"的职责划分;周朝时期,"三公"的职责分别由太师、太傅、太保行使;后来,国家层面的职能部门划分,逐步演化为秦朝的"三公九卿"、隋唐的"三省六部"和宋朝的"两府三司"等组织结构形式。其中,秦朝时期的"三公九卿制",就是充分发挥丞相(最高行政长官)、太尉(最高军事长官)、御史大夫(最高监察长官)的"三公"管理能力和专业特长的职能制组织结构类型(见图7-1)。"三公九卿制"从秦朝一直延续至两晋,相传,西汉时期,汉文帝曾向左丞相陈平咨询全国的粮食收成和社会治安情况。陈平回答说,粮食收成问治粟内史、社会治安问廷尉,汉文帝反问陈平,那么你们丞相的职责到底是什么?陈平坦然地说,丞相的职责就是负责管理和协调百官。由此来看,汉朝时期的"三公九卿制"岗位设置具有鲜明的职能制组织结构特征。

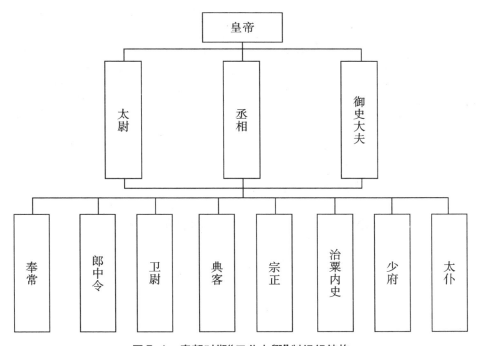

图7-1 秦朝时期"三公九卿"制组织结构

三、事业部制:相对分权,发挥主动

事业部制,又被称为公司制,是通用公司收购众多小公司之后,按产品种类划分的、高度集权背景下相对分权管理的组织结构类型。秦朝统一六国以后,在李斯的坚持下,积极推行"郡县制"(郡县制是一种高度中央集权条件下的相对分权组织类型,郡县以上的管理采用中央集权管理方式,县以下采用相对分权的宗法自治方式)。秦朝的郡县制(见图7-2),把全国分成三十六个郡,郡下设县,郡守和县令都由皇帝直接任命。县设县尉和县丞,县以下设乡、里和亭,建立西汉的汉高祖刘邦就曾经当过秦朝的亭长。社会治理方面有"皇权不下县,县下唯宗族"之说,县以下治理方式采用宗族自治,形成"县下唯宗族,宗族皆自治,自治靠伦理,伦理造乡绅"的治理局面,这也就是费孝通在《乡土中国》中提及的"乡土自治"式自组织管理方式的具体写照。

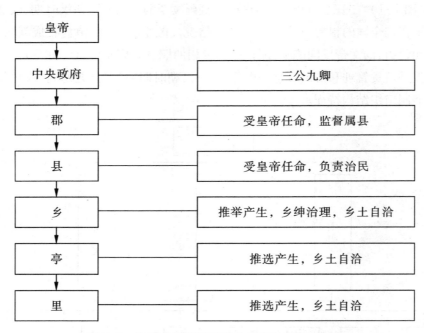

图7-2 秦朝时期"郡县制"社会治理结构示意图

拓展阅读

乡土自治

《大家小书：乡土中国》是费孝通研究中国农村——基层传统社会面貌的作品，讲述中国乡土社会传统"礼治秩序"文化和"乡土自治"社会治理结构。

"乡土自治"具体表现为宗法圈子、差序格局、礼俗社会、家族本位、血缘联结等特征，形成了诸如家族、血缘群体、村落共同体等"乡土性"基层社群（非现代群体）和面对面社群，在乡土自治的社会中，社会范围是一根根私人联系所构成的网络，礼是社会公认合式的行为规范。

四、矩阵制：宗法分封，各司其职

矩阵制，是由职能部门和临时组建任务组成，基层组织既要服从上级命令，也要服从职能部门的指令，这时，基层组织被"双重领导"。周朝，诸侯国都是分封的，外围诸侯，各自有各自的职责，像众星捧月一般，为中央的甸服提供武装保卫、交纳贡赋和朝觐述职等职能（中国礼制文化的原典《周礼》记载周朝有九服，九服正中间是王畿，王畿是周天子直辖的地盘，九服从内到外分别是侯服、甸服、男服、采服、卫服、蛮服、夷服、镇服和藩服）。

周灭商后，周天子分封天下，将土地和连同人民分别授予王族、功臣和贵族，让他们建立自己的领地，拱卫王室。当然，诸侯必须服从周王室，按期纳贡，并随同作战，保卫王室。西周的周幽王就曾为博得美人褒姒一笑，多次点燃烽火戏弄诸侯，导致诸侯国不再派兵保卫王室，使得西北游牧民族犬戎攻破周王室都城，西周宣告灭亡。周朝实行宗法"分封制"（见图7-3），是一种相对分权的组织结构。封国国君的爵位也有高低，周朝时期，诸侯国有公、侯、伯、子、男五等爵位，形成了"凡邦国大小相维，王设其牧，制其职各以其所能，制其贡各以其所有"的邦国管理格局（这也是孔子在"礼乐崩坏"的时代，周游列国，坚持恢复"周礼"的理想和动力）。礼乐征伐自天子出，但在诸侯国邦国实力发生变化以后，原来诸侯国逐步由以周天子为中心的"尊崇周王室，诸侯不兼并，侵夺外夷地"的征伐原则，发展成为"不再向周天子朝贡，各自为政、各行其是、相互攻伐"的混乱局面。孟子认为"春秋无义战"，诸侯国征伐，与周天子对诸侯国分权而无制衡的治理方式不无关系。

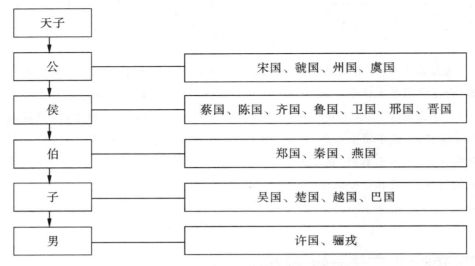

图7-3　周期时期宗法分封制社会治理结构

五、项目制：小国寡民，自组织

项目制，是一种围绕具体任务而开展的组织结构类型，是一种较大程度分权的组织结构类型。古代，"自给自足"的小农经济占主导地位，后来，"农耕"逐渐发展成为"耕织"结合，是典型的"小国寡民"，具有一定的自组织特征，这种"自然经济"被老子所称道，倡导无为、不扰民、与民休息，给予民众较大的自由度。陶渊明《桃花源记》描绘的安宁和乐、自由平等的生活场景是国人向往的典型的传统乡土自治自组织结构的现实写照。

如果从项目制组织结构临时性特征来说，东汉时期的司隶校尉和明朝时期的锦衣卫更符合项目制组织结构特征。其中，司隶校尉始置于汉武帝征和四年（前89年），设置初期，仅有"掌徒隶而巡察""役国中之辱事"两项职能，作为皇帝的钦命使者，司隶校尉权力不断加强，后来不仅有督察权，而且有逮捕权、惩治权，"纠皇太子、三公以下及旁郡国，无所不统"，成为督察皇太子、三公以下百官，以低治高，以贱治贵的特权机构，导致司隶校尉獠牙丛生，达官显贵不断上书要求裁撤司隶校尉。后来，汉宣帝裁撤司隶校尉军权，又让廷尉跟司隶校尉分权，进一步弱化司隶校尉职能。到了东汉时期，司隶校尉权势开始膨胀，光武帝刘秀执政，司隶校尉与尚书令、御史中丞一起参与朝会，并设有专座，有"三独坐"之称。该时期的司隶校尉权力空前，不仅掌控京师七郡，成为十三州之一地方长官，还拥有劾奏三公等尊官的权力，深为百官所畏惮。

可能司隶校尉鲜为人知，明朝的锦衣卫作为军政搜集情报机构，更为人熟知。洪武十五年（1382年），朱元璋裁撤亲军都尉府与仪鸾司，改置锦衣卫，作为皇帝侍卫军事机构,直接向皇帝负责,主要职能为"掌直驾侍卫、巡查缉捕",可逮捕包括皇亲国戚的任何人,并进行不公开审讯(见图7-4)。洪武二十年(1387年),朱元璋为了给太子即位扫清障碍,下令废除了锦衣卫。

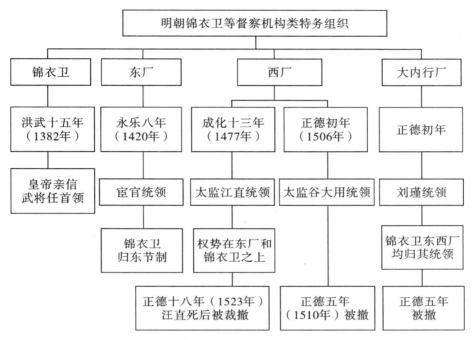

图7-4　明朝锦衣卫等督察机构类特务组织谱系图

综上分析,吴起主张兵不在多,"以治为胜"。直线制强调指挥与服从,职能制强调分工,事业部制强调集权下的分权,矩阵制强调沟通和协调,项目制强调放权与和谐。纵观历史,周朝后期,王室衰微,但却用"烽火戏诸侯"的方式透支矩阵制制度红利,结果导致天下大乱、诸侯纷争。大诸侯国,秦国,为规避"分封制"弊端,加强中央集权,推行相对分权的"郡县制"。鉴于郡县制相对于分封制是更加符合当时社会发展的制度,所以有"秦之失,在政不在制"的说法,就是说,虽然秦朝"兴也勃焉,亡也忽焉",但是秦朝最终的败亡不能归结为制度因素,而主要在于制度执行没有到位。后来,历朝历代封建君主都对加强中央集权情有独钟。每个强盛的王朝之前,都有一个短命的王朝,但是往往短命的王朝在制度创新方面为后面的强盛王朝奠定了重要的组织保障。强汉、盛唐和富宋之前,有秦、隋和后周,秦朝开创了郡县制,隋朝创立了科举制,后周确定了重文抑武基调。由此,才有了西汉初年的"黄老之术"治国,与民"休养生息";才有了唐朝"三省六部制"分权制衡、各司其职;才有了宋朝初年的"两府制",文府中书省,武府枢密院的"重文抑武";上述三朝,主要是经过长年的战乱后,经济凋敝,民生艰难,经过短暂的分权,让百姓得到片刻"喘息"后,但国家层面的管理马上又步入了加强中央集权的通道。

因此,组织结构,不仅是人员名单的简单排列,也不仅是挂在墙上的人员组成图。其实,组织结构不仅蕴含着复杂的人性假设、管理理念、制度设计、权责划分、收益分配等深刻内涵,还受组织所处的外部环境、内部资源、文化氛围等外部因素影响。因此,国家、企(事业)单位究竟要采用何种组织结构类型,或尝试介于两类之间的过渡组织结构类型,都需综合考虑上述因素,权衡利弊、谨慎行事。

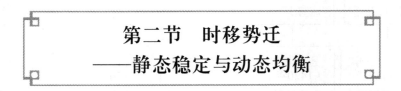

第二节　时移势迁
——静态稳定与动态均衡

前面,我们以"分权制衡"的角度,分析了直线制、职能制、事业部制、矩阵制和项目制等组织结构类型及特征,下面来探讨组织结构设计原则问题。

一、传统组织结构设计原则

传统的组织结构设计原则主要有:层级原则、管理跨度原则、统一指挥原则、权责一致原则和监督制衡原则等。

(一)层级原则

老子倡导的"小国寡民"是一种扁平式的组织结构,管理层级只有一层。秦朝"郡县制"将全国分成"郡"和"县"两级。东汉末年,"郡县"逐渐发展成为"州郡县"三级。目前,我们还依然沿用着"省、地、县"三级管理方式。"郡县制"层级管理,有利于中央对地方实施垂直管理,既能够防止"分封制"造成的地方割据,还能规避分封制和郡县制并存的离心离德问题。

(二)管理跨度原则

管理跨度是领导者直接指挥的人员的数目。秦朝将"分封制"中诸侯的采邑,转化为"郡县",大大提高了皇帝的管理工作量。导致始皇帝先后五次巡游,一方面,巡游是为了寻找"不死仙丹";另一方面,由于增加了管理工作量,"按下葫芦浮起瓢",把精力充沛的始皇帝搞得疲于奔命,最后,积劳成疾,才50岁就死于巡游途中。由此来看,"韩信用兵,多多益善"中的兵,是同质化的,可以采用一个方式进行管理。但是,"郡"和"县"却千差万别,管理方式不能简单复制。秦始皇初创的郡县制,极大地增加了管理幅度,对于领导者管理智慧、心智模式和身体素质都是极大的挑战。

(三)统一指挥原则

西汉初年,曾经有一段时间"封国制"和"郡县制"并行。"封国"中的异性王,成为统一指挥的矛盾焦点，致使刘邦不得不着力剪除异姓王，做了一个很有"仪式感"的活动，与群臣杀了一匹白马，制定了"非刘氏而王，天下共击之"的"白马之盟"。随后，汉武帝推行的"推恩令"，进一步削弱了诸侯国实力，为汉朝实现真正的"大一统"扫清了障碍。后来，刘秀建立东汉后，通过不让功臣参政方式，防止"政出多门"，跳出了"开国杀功臣"的循环。

（四）权责一致原则

"天下大势，分久必合，合久必分。"国家"大乱"与"大治"循环，"分分合合"，与集权和分权关系密切。秦朝推行"军功爵位制"。一方面，加强中央集权，剥夺了"世禄世卿"贵族权力；另一方面，严苛的"连坐法度"，让百姓感受不到权力保障，导致"周之失，失之于制，不在政；秦之失，失之于政，不在制"。

（五）监督制衡原则

西汉初年，经过六七十年"休养生息"，到汉武帝时候，国力强盛。汉武帝敏锐地发觉：像汲黯这样的老臣，依然持有"黄老之术"治国理念，是一种路径依赖。无论是针对"罢黜百家、独尊儒术"的内部管理，还是面对"犯我强汉者，虽远必诛"的反击匈奴等外部问题，汉武帝都深刻感受到：以丞相为首的"职业经理人"对中央集权方式治国理政的约束越来越大。一开始，他频繁换相。据统计，汉武帝时期，十三位丞相走马灯地上任。后来，汉武帝创造性地采用"身边人"来制约"外朝"官员，后来，上述皇帝的"身边人"逐步发展成为后来的"内朝"，"内朝"与"外朝"的争斗，为汉朝末期党锢之祸埋下了隐患。

二、内朝、外朝争斗具体体现

"内朝"与"外朝"的争斗在君强臣弱时，利大于弊；在臣强君弱时，"内朝"官员就有可能挟持朝政，"内朝"就会"尾大不掉"，这时，明显弊大于利。由此来看，"内朝"与"外朝"的纠缠，是后期士人与宦官"党锢之祸"的祸根。综上所述，可总结如下几点。

（一）保持层级合理

除了高度分权、无为而治，组织的管理层级只有一层，是一种高度扁平的组织结构类型。但这种组织结构类型，往往停留在理论层面。但在互联网企业出现的创客化等自组织现象，呈现出一定的高度分权特征。因此，组织层次设置，需要根据组织规模、工作难度、成员成熟情况，结合组织面临的经营环境进行综合考虑。

（二）弹性设置幅度

随着管理层级的增多，领导者不受管理跨度原则的制约，难以对复杂大型组织实施有效管理。对于管理跨度原则来说，领导者管理工作越是可以被标准化，被管理对象的数量，就可以突破管理跨度约束。当领导者面临的管理问题越是复杂多变，工作就越难以规范化和程序化。

（三）防止多头管理

"政出一门"，才能实现不同层级间沟通的上通下达。刘邦分封，是过渡时期不得已为之，但必须要有手段拨乱反正。否则，不仅组织管理的公平性受到挑战，还会出现"多头管理"现象，导致管理者不得以采用"白马之盟""推恩令"等非常手段，较长时间才能扭转"多头管理"造成的混乱局面。

（四）避免权责失衡

"利出一孔者，其国无敌"，组织结构设计，就是对利益相关各方的权力、责任和利益的平衡。权力越大，责任越大，对组织的破坏程度越高。因此，应加强对领导者和管理高层的监管，让他们树立"战战兢兢"的责任意识，养成"有权不可任性"的行为习惯。

（五）坚持内外有别

当领导者不认同职业经理人管理方式时，不应该退化为采用"内朝"的方式来控制"外朝"，而是需要坚持"内外有别"原则，理顺代理关系，防止"内朝"与"外朝"火并现象的发生。

三、组织结构设计动态原则

组织结构设计的动态原则主要有职权与知识结合原则、集权与分权平衡原则、弹性结构原则和环境适应原则等。前面，我们解读了组织结构设计传统原则，下面为大家探讨组织结构设计的动态原则。

（一）职权与知识结合原则

职能岗位需要具有专门知识，便于发挥职能的专长权。"丞相"，也称"宰相"（其实，历史上有更多的称呼）。丞相是最高行政长官，经常被说成"一人之下，万人之上"，说明丞相的职权至关重要，丞相称不称职，对国家来说，影响深远。汉朝文帝时期，在丞相岗位上设置左丞相和右丞相。那时，以右为尊。所以，右丞相要略高于左丞相。

下面，从陈平和周勃两人分析丞相职能的专长权。陈平和周勃一个是文官，一个是武将，又先后担任丞相岗位，具有很强的参照性。

吕后去世后，陈平与周勃携手稳定了政局。汉文帝准备让陈平担任右丞相。陈平说，诛灭诸吕，周勃功劳大，建议让周勃当右丞相。后来，文帝问周勃："一年中会发生多少起刑事案件啊？""一年中国库能收多少钱粮啊？"结果，周勃竟然一问三不知。文帝问陈平，陈平说："这两件事，

人物志：吕后 （前241—前180年），吕雉，字娥姁，通称吕后，或称汉高后、吕太后等。砀郡单父县（今山东菏泽市单县）人，后世把她与唐朝的武则天并称为"吕武"。

人物志：汉文帝 （前202—前157年），刘恒，刘邦第四子，西汉第五位皇帝，励精图治，废除肉刑，创造强盛安定局面。

都可以问具体的负责人,刑事案件问廷尉,钱粮问治粟内史。"文帝开始有点不高兴了,问:"那么,要你们丞相有何用呢?"陈平问答:"丞相不管具体的琐事,主要职责是:对外搞好外交,对内取悦民心,把合适的官员放到适合的岗位上。"后来,周勃主动请求,免去自己右丞相职务,让陈平担任。陈平去世后,周勃再度被任命为丞相,但不到一年,又被罢免。

由此来看,丞相作为封建王朝的"大管家",皇帝聘用的"职业经理人",岗位的技术含量非常高,周勃被两度罢相,可以看出:并不是有战功的大臣,就能够胜任丞相职位的。

(二)集权与分权平衡原则

组织应根据自身发展的实际需要,科学合理地安排集权与分权的程度。

从秦朝统一,统治者就在集权和分权之间摇摆不定。后来,逐步达成了共识,加强中央集权,实行"强干弱枝"策略,消减地方势力。但是,这种共识的达成是要付出代价的。

人物志:陈平　(?—前178年),阳武户牖乡(河南省原阳县)人,西汉开国功臣之一,《史记》称其为陈丞相。

人物志:周勃　(?—前169年),西汉开国将领、宰相。秦二世元年(前209年)随刘邦起兵反秦,以军功拜为将军,赐爵威武侯。在随刘邦由汉中进取关中时,屡建战功。

人物志:晁错　(前200—前154年),颍川(河南禹州)人,西汉政治家、文学家。

人物志:汉景帝　(前188—前141年),刘启,汉文帝嫡长子,西汉第六位皇帝,与父亲汉文帝共创文景之治。

拓展阅读

授权与分权

授权,英文是 delegation,它的含义是"代表"的意思,即由他人来代表自己行使权利。言下之意:作为被授权者,只是代表授权者临时行使职权,其本身并不长期具备这样的职权(工作完毕,即被收回权利)。因此,被授权者不需要对执行结果负主要责任(主要责任仍然由授权者承担)。

分权,英文是 decentralization,它的含义是"权利下放",顾名思义即把部分权利分派给他人较长时间独立行驶(只要不出问题,一般不会被收回),这样被分权者的权利就增多、增大了。因此,被分权者需要对执行结果负主要责任。

我们从晁错的"进言削藩",来看下组织管理中,把握集权与分权平衡的难度和凶险。大家知道,西汉初年,六七十年都坚持"黄老之术"治国;文帝和景帝时期,推行的是"与民生养、免税减租"政策。

晁错虽然被文帝赏识,被公认为才子。刚开始,他削弱诸侯的改革思路,并没有被文帝采纳。后来,作为景帝的老师,晁错被任命为御史大夫,位列三公,景帝对他言听计从、宠信有加。于是,晁错感到"进言削藩"的时机成熟,就果断上书削藩。景帝也比较支持削藩工作,就下诏强力推行削藩政策。但削藩令下达才十多天,吴国和楚国等七国打出了"清君侧,诛晁错"的口号,联合反叛。景帝迫于七国反叛压力,把晁错杀了。晁错的被杀,虽然有他个人的原因,但他"为国远虑",牺牲自我,换取了中央政权巩固,为汉武帝后来推行"推恩令",分化和削弱诸侯势力,彻底解决诸侯王问题创造了基础条件。

(三)弹性结构原则

弹性结构原则,是指组织的部门结构和岗位职位都是可以调整的,具有可变动性。

汉武帝时期,为了加强中央对地方的控制,除了距离京师比较近的七个郡外,把全国划分为十三个监察区域,成为"十三部"或者"十三州"。每个区域,都由皇帝亲自派遣刺史,专门对地方官场进行监督和巡察。光武帝时期,对京师附近的七郡增设了校尉部。同时,对原来的"十三部"进行了归并和调整,数量上不变,依然被称为"十三部"。汉灵帝时期,把"刺史"调整成"州牧"。把"刺史"的临时巡察职能,转正成了部门实职。"州牧"的权力开始凌驾于"郡守"之上。刘备就曾经被曹操任命为"豫州牧",刘备也被称为"刘豫州"。

(四)环境适应原则

组织环境是组织结构的主要决定力量,组织结构应根据外部环境变化及时调整。

西汉开国,"封国"和"郡县制"并行,刘邦疑心功臣造反,着手剪除"异姓王"。但后来,刘氏子孙这些"同姓王",依然会做大,危及中央统治。因此,晁错"进言削藩",导致"七国之乱"。后来,汉武帝实行"推恩令",分化和削弱诸侯实力。同时,建立"十三部"巡察制,加强对地方的监督。光武帝增设校尉部,加强京师周边管控。汉灵帝把"刺史"调整成"州牧",加深了地方割据,一时间,烽烟四起,三分天下,汉室在风雨飘摇的"挟天子以令诸侯"的尴尬境地"苟延残喘"。由此,组织结构设计的动态原则,主要在于强化组织环境适应性,提高组织的协调能力和应变能力。

第三节　变法图治
——组织变革与组织发展

组织变革,是指对组织结构进行调整和革新,增强组织环境适应能力,提升组织有效性的系统性过程。但大家要注意,一般情况下,组织变革的效果会有一定的时间滞后性。

"世易时移,变法宜矣",结合传统组织结构设计原则和组织结构设计动态原则,"变法图治",依托宋朝历次变法过程,探讨组织结构变革的有效性和组织发展问题。

纵观历史,每个强盛的王朝出现前,都有一个短命的王朝。在强汉、盛唐和富宋之前,有首创"郡县制"的"秦朝"、推行"科举制"的"隋朝"和"抑武重文"的"后周"。由此来看,组织结构创新的"首创者"未必都能够率先获取制度红利,相反,组织变革是要付出高昂代价的。

大家知道,管理的过程,可划分为"创新"和"维持"两种阶段。我们就从北宋时期"庆历新政""熙宁变法"和"元丰改制",来感受"变法图治""创新"的艰辛历程和"墨守成规""维持"的艰难途径。

一、庆历新政

北宋开国源于陈桥驿兵变,在众将士拥立下,宋太祖赵匡胤"黄袍加身"后,采用"杯酒释兵权"的方式,完成了由"马上建国"向"重文轻武"的转化。虽然,宋朝的政权暂时稳定了,但这种"文弱",导致打赢了与辽国的战争,却面临交纳"岁币"的尴尬(每年十万两白银,后增至每年二十万两)。后来,甚至连西夏这样的"小国",也趁火打劫,逼迫北宋交纳"岁赐"(每年七万多两白银)。

鉴此,范仲淹等人以"兴致太平"为口号,开展为期一年零四个月的"新政"。"新政"的主要目的在于整顿吏治、培养人才、发展生产和加强武备。整顿吏治方面,倡导高薪养廉,限制"官二代"垄断官场;培养人才方面,重视科举、兴办官学,选拔人才;发展生产方面,减轻人民负担,重视农业生产,奖励种桑养蚕。加强武备方面,增强政令和军令的权威性和执行力,恢复"府兵制",扩大民兵组织规模,推行"寓兵于农"政策。

人物志:宋太祖(927—976 年),赵匡胤,字元朗,又名赵九重,涿郡(今河北省涿州市)人,生于洛阳夹马营(今河南洛阳瀍河区东关)。五代至北宋初年军事家、武术家,宋朝开国皇帝。

人物志:范仲淹(989—1052),字希文,苏州吴县人。北宋杰出的思想家、政治家、文学家。

人物志:王安石(1021—1086 年),字介甫,号半山,临川人,北宋著名思想家、政治家、文学家、改革家。

庆历新政由于缺乏组织结构调整做保障，专注于"小改小革"的"新政"，虽没对土地等根本问题进行触碰，还是触动了大部分官员的既得利益，"改革派"被指责是在结党营私。由于思想动员不深入、配套措施不到位、实施程序不严谨，庆历新政失败，范仲淹、欧阳修等"改革派"相继被贬。范仲淹被贬后，任邓州知州，开办了知名的花洲书院，并在书院完成了包含名句"先天下之忧而忧，后天下之乐而乐"的《岳阳楼记》的创作。

二、熙宁变法

庆历新政失败后，外部"岁币"财政和内部冗员供养的"双重压力"，导致政府财政吃紧。

王安石临危受命，提出以"富国、强兵、取士"为主要内容的"变法"主张。富国方面，推行《青苗法》等金融管制政策，引导农民向国家贷款、贷粮，通过收取利息增加国家财政收入；重农抑商，在东京汴梁设置市易司，采用国家专营方式，出钱收购滞销货物，等市场短缺的时候再售出，拓宽政府财政收入渠道。强兵方面，推行保甲法、裁兵法、将兵法、保马法和军器监法等，逐步改变"将不识兵"的弊端，通过对现有军队进行裁员整顿，从人员、财物和器械等方面，全面推进"寓兵于农"进程；取士方面，增设科举法律考试科目，加强公办学校考核分值比重，唯才用人，增加低层官员上升通道。

相对庆历新政，这次变法，不仅更加系统、更加彻底。而且，在推行方面，有强大的组织保障。熙宁变法，设置了凌驾于三司之上的条例司，并不断地强化条例司职能。使这个"变法"指挥机构，独立行使立法权、行政权和监察权。这种"非常相权"，对于仅位于"副相"职位的王安石，就可以调动"变法"所需要的"人、财、物"资源。但是在执行过程中，条例司自身却经常违反法律法规，破坏工作制度和工作流程，给"保守派"留下了口实。而且，宋神宗这个领导者，也深感权力旁落。随着王安石的两度罢相，有组织结构调整的熙宁变法，也难以获得持续推行。

虽然熙宁变法只断断续续地推行了十六年，却让国家财政收入大幅度增长。另外，变法的强兵措施扭转了西北边防长期以来屡战屡败的被动局面，军队战斗力得到快速提升，国家积贫积弱的局面得以暂时缓解，而且，还进攻吐蕃，打了个漂亮仗，收复河、洮、岷等五州，拓地疆域两千余里，构建起进攻西夏地区的有利战线，这在北宋军事史上都是一次空前的大捷。

三、元丰改制

王安石变法失败后，宋神宗受变法思想的启发，虽然没有继续执行"新法"，但也没有站到保守派那边。而且，亲自主持了仅限于中央政府的组织结构"顶层设计"，被称为"元丰改制"。

"元丰改制"，将政事堂、枢密院"两府"，恢复为中书、门下、尚书"三省"；将度支、户部、盐铁三司，调整成执行机构"六部"。其实，宋朝的"三省六部"是名义上的。"元丰改制"后的"三省"仅有政令中转功能，没有决策权；"三司"调整成为"六部"，虽然减少了部分冗员，提高了组织运行效率，但"元丰改制"停留在"顶层设计"层面，地方机构没有进行相应的调整，导致组织变革的有效性受到很大的限制。

综上所述，对比"汉朝"和"北宋"的国家层面组织结构调整过程后，可以看出：成功的组织结构设计，可使管理简单化，达到事半功倍效果；但是不系统、不完善、不彻底的变法改革，不仅不能实现预期的目的，还有可能造成政策上的反复，使组织机体受到一定程度的损伤。因此，组织变革的有效性，不仅在于结构设计的科学性，更在于政策执行的连续性和完整性。

概念辨析

直线制：是一种最早也是最简单的组织形式，又称军队式结构。它的特点是企业各级行政单位从上到下实行垂直领导，下属部门只接受一个上级的指令，各级主管负责人对所属单位的一切问题负责。

职能制：又称分职制或分部制，指组织同一层级横向划分为若干部门，每个部门业务性质和基本职能相同，但互不统属、相互分工合作的组织体制。

事业部制：又称分公司制结构，是一种常见的组织结构形式，最早起源应用于通用汽车公司。就是按照企业所经营的事业，包括按产品、按地区、按顾客（市场）等来划分部门，设立若干事业部。

矩阵制：是由职能部门系列和为完成某一临时任务而组建的项目小组系列组成，它的最大特点在于具有双道命令系统。

项目制：是以项目的策划到实施的全过程为工作核心，以项目预期目标的实际完成情况为考核内容，根据考核结果对项目负责人及项目团队予以评价和奖惩的一种管理模式，或可称为一种运行机制。

复习思考题

1. 事业部制与职能制组织结构类型的区别是什么？各自的优缺点是什么？

2. 结合你所熟悉的组织，尝试做出它近年来的组织结构图变化情况，并解释说明为什么它的组织结构类型做相应的变化。

3. 管理跨度与管理层次有什么关系？相对于不同类型的组织结构，或者是不同类型的组织所承担的业务范围，什么样的管理跨度才是科学合理的？

4. 如果组织内部出现权责不一致的现象，一般会出现什么样的不良后果？

5. 尝试解释为什么一般情况下，组织变革的实际效果都会有一定的时间滞后性。

变民风易，变士风难；变士风易，
变仕风难；仕风变，天下治矣。
——吕坤·呻吟语

第八章
近悦远来——组织文化与组织行为

学习目标

1.通过学习本章内容,读者应了解组织文化的深层文化意义和包含层次。

2.通过学习本章内容,读者应理解组织文化通过什么方式影响组织行为。

3.通过学习本章内容,读者应了解组织文化的特征,掌握如何通过组织文化建设,实现组织管理效能提升。

4.通过学习本章内容,读者应掌握企业风气与组织文化氛围塑造的关系。

5.通过学习本章内容,读者应当了解企业文化建设时的注意事项。

中华文化,亦称华夏文化、汉文化,是指以中原文化为基础不断演化、发展而成的中国特有文化。文化作为一种精神力量,是相对人和社会存在的。文化的本质是观念形态,属于精神领域。广义上说,文化是人类社会历史实践过程中所创造的物质财富与精神财富的总和;狭义上说,文化是社会的意识形态以及与之相适应的组织机构与制度。"观乎天文,以察时变;观乎人文,以化成天下",文化的价值在于以文载道,以文化人。

文化的作用和功能就是对个人和社会的"教化",通过规范人的行为来塑造人,通过凝聚社会力量来引导社会。首先,以文化人方面,体现为文化对个体的行为塑造;作家梁晓声曾提出:真正的以文化人,在于让人产生"根植于内心的修养、无需提醒的自觉、以约束为前提的自由和为别人着想的善良"。其次,在以文载道方面,体现为对社会管理的作用;纵观历史,文化的社会管理实践可分为三种层次:一是子产治郑使民众不能欺。子产通过铸刑书手段,制定严密法律和监督机制,采用宽猛相济的理念治理郑国,让老百姓不能随意欺骗。二是西门豹治邺权贵不敢欺。"治民先治吏",西门豹通过制定严苛的法律法规,约束权贵行为,无论何人,一旦触犯法律就给予严厉惩罚,让权贵不敢做违法乱纪的事情。三是宓子贱治单父国君和民众都不忍欺。对于"疑人可用,用人当疑"的鲁君和等待发号施令的治下百姓,宓子贱运用从孔子那里所学的仁爱思想和视民如伤理念,倒逼掣肘的鲁君授权,鸣琴而治,以礼乐教化人民,达到"政简刑清"的治理效果,让国君和民众都不忍欺骗他。

组织文化是企业的灵魂,是推动企业发展的不竭动力。企业文化脱离不了中华文化基因,不能游离时代环境。企业文化包含着非常丰富的内容,其核心是企业的精神和价值观。这里的价值观不是泛指企业管理中的各种文化现象,而是企业或企业中的员工在从事商品生产与经营中所持有的价值观念。由此,在组织文化塑造、组织风气培育和组织文化实践过程中,需要理解国人"天地之中""道法自然""三教合流"的文化渊源,挖掘"五子之歌""西门豹治邺"社会风气养成的关键,探讨企业文化建设实践过程中"庙堂江湖""化民成俗"的管理智慧。

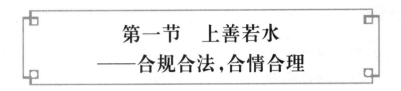

第一节　上善若水
——合规合法,合情合理

组织文化,是组织成员共同遵守的基本信念、价值标准和行为规范,可分为观念层、制度行为层和符号层三个层次,其中,观念层为核心层,符号层为外围层。下面,从"天地之中""道法自然"和"三教合流"的角度,谈谈我国文化观念的内涵,探讨国人"居中为贵"的思想渊源。

一、天地之中

"天中"原指视觉上位置基本不变的北极星。地中,不仅代表地理位置上的"中央",还被统治者用来证明权力来源的合法性。

夏商周三代的都城,都在河洛之间。古人认为高山是与上天连通的。嵩山,夏商时被称为"崇高"或"崇山",西周时称为"岳山",因为位于其余四岳"中央",也被称为中岳。中岳嵩山被称为"五岳之尊、万山之祖"。大家可能不知道,嵩山是亚洲出露于地表的最古老的山,拥有"太古宙、元古宙、古生代、中生代和新生代"地层,地质学上称其为"五世同堂"。嵩山方圆400平方千米范围内,完整露出有五个地质时期的岩层,在全球范围内都是绝无仅有的。由此,嵩山也被地质学研究者称为"地质史记"。

"古人信奉"居中为尊",遵循"王者必居天下之中"理念。我国第一个朝代,夏王朝的都城——阳城,王城岗遗址,就在河南省登封市"告城镇"附近的嵩山脚下东南方向。二里头遗址在洛阳偃师市,是夏朝最后一位帝王夏桀的都城,位于嵩山的西北四十公里处。

历代帝王都自称"天子",都尊崇天神,试图通过寻找"地中",以便实现"坐镇中心、号令四方"的目的。武王伐纣灭商后,武王的弟弟,被称为"天下第一圣人"的周公,在嵩山南面的告成镇修建测影台,"正日影,求地中"。经测定,告成镇是"天下之中"。为周公营建洛阳城(成周),并把象征王权至上的九鼎迁到洛阳,提供理论依据。另外,周公还提出"以德配天"和"民情可见"思想。"以德配天"指统治者有德则是顺应"天命",失德就会失去天命。"民情可见"是指不仅要敬从天命,还要体察民众的疾苦,这也是敬天保民思想的渊源。

元朝时期,郭守敬把周公测影台改造成观星台,并以观星台为中心,在全国设置27个观测站,通过观测,编制出著名的《授时历》。他推算的一年,与现行阳历完全一样,比西方早300多年。2010年,包含有观星台的"天地之中"历史建筑群,被评为世界文化遗产。

"居天下之中,治天下之民""惟精惟一,允执厥中"思想的精髓,后来,发展成为儒家"中庸""中和"思想,不仅成为法家"中央统辖四方"的理论依据,具体还体现在我国的建筑布局和座次排列上。"致中和,天地位焉,万物育焉",国人把和谐平衡的精神之美转化为内敛朴素、稳固踏实的中式古典"对称之美",建筑布局方面,无论是宫殿还是民宅,都会有明显的中轴线,中部建筑都要高大许多。座次排列方面,讲究团结在"居中"领导周围,越靠近领导,位置越显尊贵。

二、道法自然

"有物混成,先天地生。"道家思想的创始人,老子用"道"代替"天命"和"皇权",认为"道"是高于"天"和"帝"的自然规律,类似于超意识,是不以个人意识为转移的"神一样的存在"。

上善若水,水利万物而不争,水近于"道",因为水具有"不争高下、甘居人后"的"善下之"品格。因此,道家推崇的"道",与前面"天地之中"所提到的"尚中"不同。"尚中"有拉"天命"虎皮做"皇权"大旗的嫌疑。

老子提倡"欲上民,必以言下之;欲先民,必以身后之"。意思是,客观上,圣人(的能力)虽然在人民之上,但在和人民沟通交流过程中,还应保持"善下"的习惯;列子认为:"天生万物,唯人为贵。"倡导以民为本,指出:"欲刚,必以柔守之;欲强,必以弱保之。"列子的观点与老子"善下"类似,认为统治者应善待人民。会御风飞行的列子,把"道"作为根本准则,注重"清虚无为",认为"虚者无贵",消除事物差别,内心不被外物所奴役,才能忘乎名利,达到"虚"的状态;杨朱注重顺应人的天性,主张"全真保性""轻物贵己",提倡人们关爱自我,认为"人人不损一毫,人人不利天下,天下治矣""每个人主观上为自己,客观上将会导致每个人都在帮助他人"。

人物志:列子　相传战国时郑人,本名列御寇,古帝王列山氏之后。著名的道学者、思想家、哲学家、文学家、教育家。是介于老子与庄子之间道家学派承前启后的重要传承人物。

人物志:杨朱　字子居,战国时魏国(一说秦国)人,中国战国初期伟大的思想家、哲学家。主张"贵己""重生""人人不损一毫"的思想。是道家杨朱学派的创始人。在战国时期,有"天下之言不归杨则归墨"的现象,可见其学说影响之大。

"圣人不死,大盗不止",庄子认为应关注个人需求和个体的成长,而不是用圣人的标准占据道德制高点,尝试改造人的欲望和需要。而且,"物物而不物于物",超然物外,逍遥洒脱的庄子,提倡制定规则,善待个体需要,实现内心恬淡自由和心灵逍遥超脱。

三、三教合流

"三教"是指儒教、道教、佛教,"三教合流"是指儒家、道家和佛家思想的贯通和融合。大家可能不太了解,嵩山不仅汇聚华夏文明资源,而且,嵩阳书院还是儒、释、道三教共同活动的重要场所,少林寺钟鼓楼前的《混元三教九流图赞碑》,体现出"三教一体,九流一源"思想。

下面,就从儒释道"三教"之间包容和融合的角度,探讨传统文化中"开放包容、兼容并蓄"的文化基因。

东汉明帝,梦见金人在宫殿前飞来飞去,消失在西方,就派人西行取经,取来的经书被安置在洛阳白马寺。后来,佛教的教义与儒家、道家等思想融合,形成了本土特色的佛教——禅宗。禅宗分为南宗和北宗,北宗禅以神秀为代表,南宗禅以惠能为代表。南宗强调修行中的"顿悟",豁然开朗、明心见性。北宗强调修行中的"渐悟",渐次提升,终成正果。其实,南顿北渐的争论,主要不在于佛法,而在于个体差异。比如,玄奘创办的唯识宗,佛法条理谨严,分析周密,达到博士论文水平,一般人学习起来肯定困难。被尊为三个皇帝"国师"的神秀,年轻的时候学习经史,博学多闻。他主张的北宗禅,提倡渐修,符合一般人修炼研习佛法的规律,比起玄奘的唯识宗,把佛法由"小众"推广到"大众"。而被尊为"六祖"的慧能,没有经过系统的教育,敢于创新,他代表的南宗禅,提倡"顿悟",为社会底层群体打开了一扇亲近佛法的大门,把抽象的佛法由"大众"推广到"万众"。

如果说,注重道德礼仪的儒家,是从统治者的角度出发,维护国家政权运行秩序的话,那么,注重以人为本,提倡无为而治的道家,就是从被统治者的角度出发,以彰显个体自由发展为己任。那么,"儒、释、道""三教合流",本土化的禅宗,就是个多元化价值体系,将"敬畏天地"与"慈悲怜悯"结合起来,能平衡统治者、管理者、被管理者的利益诉

人物志:汉明帝 (28—79年)刘庄,光武帝刘秀的第四个儿子,东汉第二位皇帝。即位后,遵奉光武帝制度。刘庄提倡儒学,注重刑名文法,为政苛察,总揽权柄。防范贵戚功臣,严令后妃之家不得封侯干政,在位期间,吏治清明,境内安定。

人物志:神秀 (约606—706年),唐代高僧,为五祖弘忍弟子,北宗禅创始人。汴州尉氏(今属河南)人。少习经史,博学多闻。弘忍称其为"悬解圆照第一""神秀上座"。

人物志:慧能 (638—713年)惠能,也居范阳(今河北涿州),生于广东新兴县。曾参拜弘忍大师学法,上座和尚神秀写出偈语:"身是菩提树,心如明镜台,时时勤拂拭,莫使有尘埃。"慧能念出:"菩提本无树,明镜亦非台,本来无一物,何处惹尘埃。"后得五祖衣钵真传。

求,作为官方与民间文化之间的"缓冲器",儒释道三教合流,有利于国家"敬天保民"政策的贯彻落实。

综上分析,"天地之中",旨在君权神授的观念灌输;"道法自然",呼吁"无为而治"的制度设计;佛教道场,"妙相庄严"重视文化符号认知。"天道远,人道迩",组织文化建设,不能仅通过"天地之中"来体现政权合法性,那样仅能体现统治者意志,还应注重"道法自然"民间文化诉求,融合"三教合流"的本土价值观,才能让不同层次的成员自觉认同,才能让行为规范和价值观保持一致。

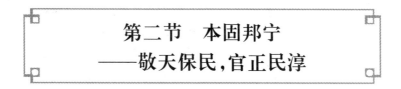

第二节 本固邦宁
——敬天保民,官正民淳

了解我国文化观念的内涵及其影响因素后,本节就来探讨下企业文化建设实践过程中如何进行组织风气重塑与文化氛围营造问题。

组织风气,是组织文化的外在表现,体现为组织及其成员的精神状态及精神风貌,是组织文化在员工的工作、生活方式等方面的综合反映。组织制度和组织纪律是正式的、强制性的行为规范,组织风气是非正式的、非强制性的行为习惯和精神风貌。

"官德正,则民风淳"。其中,"官德"是指按制度要求,官员应具有的德行和应遵守的纪律,具有一定的正式性和强制性;"民风"指的是民间老百姓的风俗和习惯,有一定的非正式和自觉性特征。"变民风易,变士风难;变士风易,变仕风难,仕风变,天下治矣",因此,监控官德和官风要比改变民风,改变知识分子的认识要容易得多,见效也快得多。

管子提出,治理国家有四条纲纪准则,即礼、义、廉、耻。"上无骄行,下无谄德",统治者不放纵自己的行为,被统治者也不会有太多的不良嗜好。相反,"上有好之,下必甚焉",但是制度的制定者,往往认为规则是约束下属的,成为制度的最大破坏者,导致在管理过程中,常常出现"领导者让资历浅的新员工设计组织制度,领导和资历深的人率先破坏制度""固守着不该固守的,损毁着不该损毁的"等不正常现象。下面我们从《五子之歌》和"西门豹治邺",来谈谈良好组织风气养成的关键。

一、《五子之歌》

《尚书·夏书》记载,"民可近,不可下。民惟邦本,本固邦宁。"古代,统治者一般都"敬天",但不"畏民"。《五子之歌》就是对第一位亡国帝王的哀叹,首次提出"亲近百姓""以人为本",才能确保国家长治久安的论断。

大禹的孙子太康,定都斟鄩(洛阳东二里头遗址)。太康治国,不体恤百姓疾苦,贪图享乐,长期打猎不归。由于太康失去民心,被后羿夺取政权(后羿擅长射箭,后被神化成射太阳的神)。

太康的五个弟弟,痛定思痛,怀念先祖,遵循法度,亲近百姓,民风淳朴,国家安定。哥哥太康,忘记古训,废弃法典,贪恋女色,民怨沸腾,身败国亡。"太康失国",说明"得民心者得天下"的道理。

拓展阅读

《五子之歌》

邦惟固本自安宁,临下常须驭朽惊。何事十旬游不返,祸胎从此召殷兵。酒色声禽号四荒,那堪峻宇又雕墙。静思今古为君者,未或因兹不灭亡。唯彼陶唐有冀方,少年都不解思量。如今算得当时事,首为盘游乱纪纲。明明我祖万邦君,典则贻将示子孙。惆怅太康荒坠后,覆宗绝祀灭其门。仇雠万姓遂无依,颜厚何曾解忸怩。五子既歌邦已失,一场前事悔难追。

二、西门豹治邺

战国时期,魏国的开国国君,魏文侯派西门豹到邺城做县令(后来,曹操的封地为邺城,曹操受封为魏王,邺城也成为一代枭雄曹操寿终正寝的地方),他得知当地有为防洪水泛滥,给河神送老婆的习俗。乡村地方恶势力勾结巫婆,大搞为河神选老婆的迷信活动,一选一送,敛财无数,老百姓敢怒不敢言。

在给河神送老婆活动时,西门豹说,今年选的女人不漂亮,让巫婆给河伯捎信,问能否换个更漂亮的老婆。把巫婆投入河中,久等没有回信;又把巫婆的女弟子接连投入水中,河伯还没有反应;再把活动策划者投入水中,地方恶势力核心人物瞬间就"跪了",向西门豹磕头如捣蒜、求饶不止。

为彻底革除陋习,西门豹亲自带领民众开凿水道,目的在于根除水患,还可灌溉农田,造福百姓。挖掘水渠时,百姓感到劳动的艰辛,有人抱怨还不如"敬河神"来的轻巧。西门豹不为所动,坚持兴修水利。当水道修好后,百姓感受到引水的便利,就不再敬拜河神了。

因此,与其像《五子之歌》那样慨叹人心不古,怀古伤今,倒不如像西门豹治邺那样,主动革除民风陋习,培养良好的组织风气。

(一)领导率先垂范

太康好狩猎,惹得民怨四起。西门豹治邺,革除迷信风俗。一正一反,两个案例,我们可以看出:天下是大治还是大乱,风俗是根本反应(天下之安危,系与风俗)。因此,良好组织风气养成,是"一把手"工程。民风是淳朴还是狡诈,领导率先垂范至关重要(风俗之厚薄,自乎一二人之心)。

(二)积极舆论引导

《五子之歌》应该是我国最早的怀古诗歌。"民惟邦本,本固邦宁",民众感受到太康弟弟们的哀怨、后悔和反思,并从他们的民本思想中感受到满满的正能量。后来,咏唱《五子之歌》的仲康的儿子,少康坚持以人为本,恢复和夏朝统治,史称"少康中兴"。由此,重塑组织风气,积极的舆论引导必不可少。

(三)骨干带头力行

西门豹治邺,身体力行,通过带领民众修建水利工程,根除了民间信奉河神的陋习,造福人民,营造了"亲民为民"的文化氛围,魏国也成为战国时期最先强盛的国家。由此,骨干带头力行,是养成良好组织风气的关键。

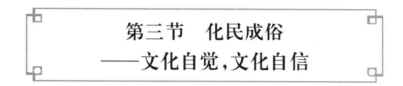

第三节　化民成俗
——文化自觉,文化自信

了解组织风气重塑的关键影响因素之后,下面,我们来探讨企业文化建设与核心竞争力提升问题。

企业文化咨询资深专家杨冬总结的企业文化建设的关键点如下:一是企业文化建设是"一把手"工程。这里的"一把手"工程,不是"一号领导牵头",把企业文化做成"文字工程",而是在领导高度自信的框架下,完成的企业文化再造和组织风气重塑。二是应重视组织行为,而非员工行为。关注员工"八小时之内"正式行为的同时,应从"员工八小时之外"的非正式行为入手,挖掘、彰显和固化有利于组织目标的组织行为。三是信任个性化员工,激发组织活力。充分发挥"沙丁鱼"式的员工,不对他们对组织的"挑刺"行为进行打压和抵制,利用有益的冲突设计,形成组织行为的内部监督调控系统。四是发挥工作本身对员工行为的激励。消除员工把工作本身当作激励的负面影响因素,引导员工对工作进行正确认知,不断强化从工作中获得的满足感和获得感。下面,从游离与体制外的"侠客"和"隐士"分析杨总的企业文化建设相关观点的深刻文化内涵。

一、社会分层

自古以来,形成了上层是庙堂、下层是江湖、中间层主要是"士、农、工、商"四民的社会分层结构。其中,"士"作为"最具目的性""最有独立性"和"最难管理"的群体,流动性较强。"学而优则仕","士人"可以过努力学习,考取功名,身居庙堂之高。"儒以文乱法,侠以武犯禁","士人",还可追求心性自由、超凡脱俗、隐逸山林之深,也可以寻求江湖道义、为义任侠、委身江湖之远(庙堂江湖模型见跨章节讨论二中的图Ⅱ-1)。

二、竹林七贤

"魏晋之际,天下多故",魏晋时期社会政治动荡、经济衰退,崇尚独立人格、追求思想自由的知识分子被边缘化。"竹林七贤"崇尚"独化安分""任情放达",行为上放荡不羁,选择寄情山水、退隐山林、方舟江湖、独善其身。他们崇尚老庄哲学,"越名教而任自然,审贵贱而通物情"(这里的名教,是指为孔子"正名"的封建礼教);其中,嵇康、阮籍、刘伶、阮咸喜好老庄,山涛、王戎偏好老庄杂以儒学,向秀主张名教与自然统一。

"竹林七贤"在生活上不拘礼法,聚众在山阳竹林(今河南省修武县和辉县交界一带)喝酒、抚琴、啸谷、纵歌,不愿与庙堂及权贵合作,甘愿保持人格的"独立性"、洁身自好,追求个体心灵的解放和自由。

竹林七贤中的嵇康、阮籍、刘伶对司马朝廷的不合作态度,不为司马氏朝廷所容。后来,嵇康慷慨赴死、阮籍佯狂避世、刘伶嗜酒不羁,王戎、山涛则投靠朝廷,导致"竹林七贤"分崩离析。

(一)嵇康赴死

嵇康,是三国曹魏时期思想家、音乐家、文学家。"竹林七贤"的精神领袖,主张"非汤武而薄周孔,越名教而任自然"。他藐视圣人经典,痛恨官场仕途,宁愿隐居山林抚琴自乐,宁肯埋名洛阳城外甘做打铁匠人,也坚持出世做人,不愿入世为官("竹林七贤"好友山涛推荐他做官,他却用写绝交书的方式,陈述自己"七不堪"和"两不可",说明当官的生活与自己的日常行为格格不入,难以应允山涛的友情推荐)。

"长而好老庄之业,恬静无欲",嵇康这位"民间领袖",思想上以庄周为师,主张"非汤武而薄周孔",要求"不拘礼教""任性放诞",激烈抨击当今社会世俗规范,呼吁当权者政策上应该顺应自然法则,保全人的天性;不仅如此,他在行为上表现出"越名教而任自然",聚众隐居于山阳竹林,不受名教礼法和功名利禄约束,追求拥抱自足自性,寻求自在、悠游逍遥。显然,嵇康这种"桀骜不驯""藐视权威""锋芒毕露"的"洁身自爱""隐而不退"的"任性"和"率性",不仅不利于安定团结的政治局面,还对追求"江山永固"的皇权统治造成极大威胁,于是,被贴上"司马昭之心,路人皆知"标签的统治者司马昭,仅凭借一桩民事案件,就以"言论放荡,害时乱教"为名下令处死嵇康,致使三千太学生集会请愿,要求赦免嵇康,并要拜他为师。看到嵇康这位人格魅力十足的"民间领袖"学术地位和影响力如此之强,更加坚定了统治者"杀人灭口、以绝后患"的决定。

面对统治者的残暴和蛮横,嵇康不是想着自己神采飞扬的生命即将戛然而止,而是担心一首美妙绝伦的乐曲可能后继无人。于是,嵇康在即将行刑的高台上,从容不迫地弹奏一曲慷慨激昂的《广陵散》后坦然赴死。

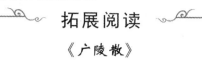

《广陵散》

　　《广陵散》，又名《广陵止息》，是我国古代一首著名的大型琴曲，被誉为十大古琴曲之一。嵇康以善弹此曲著称，刑前仍从容不迫，索琴弹奏此曲，并慨然长叹："《广陵散》于今绝矣！"

　　今存《广陵散》曲谱，最早见于明代朱权编印的《神奇秘谱》（1425 年），谱中有关于"刺韩""冲冠""发怒""报剑"等内容的分段小标题，所以，《聂政刺韩傀曲》被认为是《广陵散》的异名同曲。

　　《广陵散》的旋律激昂、慷慨，是我国现存古琴曲中唯一具有戈矛杀伐战斗气氛的乐曲，或许嵇康也是看到了《广陵散》的反抗精神与战斗意志，才如此酷爱《广陵散》，并对之产生如此深厚的感情。

（二）阮籍酣醉

　　阮籍，陈留尉氏人（今河南开封），三国时期魏国诗人，竹林七贤之一，曾任步兵校尉，世称阮步兵。他思想上崇奉老庄之学，政治上虽有济世之志，却效法古代"道德高尚""乐天安贫"的贤者谨慎避祸，不愿出仕为官。

　　司马昭为拉拢"名士"阮籍，想和他结为亲家。阮籍为躲避这门亲事，每天都喝得酩酊大醉、不省人事，结果一连酣醉两个月，让大野心家司马昭也无可奈何。钟会是司马昭的心腹，多次探问阮籍对时事的看法。阮籍依法炮制，每次都喝得大醉，胡话连篇，导致司马昭亲自出马，多次约谈他，想听阮籍对自己发布政令的看法。阮籍放开话匣子，天南地北海聊不止，就是闭口不谈时事政治。"司马昭之心，路人皆知"，司马昭倾心于模仿曹魏代汉，着手司马代魏。后来，司马昭被提升为晋公，担任相国职位，享受"加九锡"的待遇，为表示谦让，司马昭先行拒绝担任晋公，再由公卿大臣"劝进"。这时，时任步兵校尉的阮籍也被安排撰写"劝进文"。阮籍依旧想采用醉酒的方法蒙混过关，无奈催稿数次后坐等，阮籍只好带酒拟稿避免担责。

拓展阅读

加九锡

九锡是九种礼器。是天子赐给诸侯、大臣有殊勋者的九种器用之物,是封建皇权授予的最高礼遇。锡,在古代通"赐"字。《礼记》记载,九种特赐用物分别是:车马、衣服、乐、朱户、纳陛、虎贲、斧钺、弓矢、鬯。

汉武帝时期,就曾议论过"九锡"的礼仪。王莽和曹操都接受过汉献帝所赐予的"九锡"。后来,司马昭也接受过"九锡";而后,宋、齐、梁、陈四朝开国皇帝都曾受过"九锡","九锡"近乎成了篡逆的代名词。

三、侠武犯禁

"游侠",作为游离于体制外的实力派人物,由于他们奉行"重信守诺、任侠重义、不矜不伐"等人生信条,推崇江湖道义,疾恶如仇、仗义轻财、扶危济困,导致"侠"拥有大批跟随者,成为有影响力的"民间领袖"。

司马迁的《史记》和班固的《汉书》,都有记录游侠的篇章《游侠列传》,但两者对"游侠"的态度却有着明显的不同。司马迁对游侠比较认同,指出游侠"救人于厄,振人不赡,仁者有乎;不既信,不倍言,义者有取焉",认为游侠行为虽"不轨于正义",但"其言必信,其行必果",符合社会发展对仁义道德的需求。

班固作为正统史学家,从维护"大一统"封建专制皇权的角度出发,指出"意气高,作威于世,谓之游侠",不符合"民服事其上,而下无觊觎"的社会规范。"以匹夫之细,窃生杀之权,其罪已不容于诛矣",他认为游侠为"显名天下"而不惜个人生命破坏社会秩序,是对封建皇权赤裸裸的挑战。

针对儒家倡导的"仁爱"讲究"贵贱有等、亲疏有别",墨家倡导"兼爱、非攻"爱无差等。墨家对"任侠"的评价为"士损己而益所为也""为身之所恶以成人之所急",认为"任侠"行为上急人之所难,帮人之所需,救人之所危,不惜舍生取义,杀身成仁,是维护社会秩序平等的重要力量。但自秦汉"大一统"以后,韩非子持有"儒以文乱法,侠义武犯禁"观点,认为游侠"立节操,以显其名",下功夫消除甚至是消灭"墨家军"类的宗教组织,逼迫信奉墨家思想的"游侠"边缘化,致使墨家"显学"地位日益式微。

(一)刺客聂政

聂政,战国时期侠客。韩国轵(今河南济源)人,以任侠著称,为春秋战国四大刺客之一。作为刺客的聂政,流传有"替父报仇"和"舍生取义"两个版本。《史记》中记载,聂政年轻时因除害而杀人,带着母亲和姐姐逃到齐国避祸,"以屠为业"。

韩国大夫严仲子与时任相国侠累有仇,在聂政母亲寿辰的时候,花重金准备聘请他为自己复仇,聂政以服侍母亲为由推辞不受。等母亲去世后,聂政服满丧期,替严仲子成功地刺杀了韩国相国侠累。"士为知己者死",随后,聂政为不连累他人,自毁面目,用自杀的方式报答严仲子知遇之恩。韩国贴出通告,悬赏千金想得知刺杀相国侠累的人。聂政的姐姐为不埋没弟弟"舍生取义"的名声,指认尸体后过度悲伤,死在聂政身旁。

另一版本是聂政"替父杀仇",记载于东汉蔡邕的《琴操》和宋代《太平御览》。聂政的父亲为韩王铸剑超过工期,被韩王杀死。聂政作为遗腹子,长大后询问母亲,得知父亲被杀后发誓为父报仇。聂政通过习武学剑,以泥瓦匠身份接近韩王,但遗憾的是,首次行刺未能成功。聂政被迫躲进泰山,通过"漆身为厉,吞炭变其音",让熟人无法辨认。聂政隐名埋姓,苦心练琴,等琴艺娴熟后,他重新回到韩国弹琴。聂政的琴声曼妙无比,能聚集百姓成行,让牛和马都侧耳倾听。一时间,聂政名声大噪。韩王得知后,召见他到王宫弹琴。聂政借机刺杀了韩王,为避免连累老母,毁容自尽。后世流传的《聂政刺韩王曲》(广陵散)中"刺韩""冲冠""发怒""报剑"等内容充满戈矛杀伐战斗气氛,就是为纪念聂政"为父报仇"的悲壮。

(二)侠客郭解

可能是历史的巧合,两百多年以后,同样是河内轵(今河南济源)人的游侠郭解(聂政的老乡),被司马迁列入《史记·游侠列传》,还成为描写篇幅最长的人物(《史记·游侠列传》全文不到二千五百字,共写了朱家、田仲、王公、剧孟、郭解、王孟六个游侠,仅涉及郭解的就有一千二百多字,可见,郭解是司马迁笔下当之无愧的游侠主角)。

郭解个子矮小、其貌不扬,年轻的时候,干过激情杀人、私铸钱币、容留凶犯、盗挖坟墓等勾当,有数不清的犯罪前科,但却每次都能遇到天下大赦而免死。值得肯定的是,郭解成年以后,开始收敛自己的行为,经常做以恩抱怨、行侠仗义、乐善好施、救死扶伤的好事。一时间,郭解名声大振,为大批年少的社会闲散人员所仰慕,成为当之无愧的"民间领袖"。

郭解姐姐的儿子仗着郭解的影响力,与人喝酒时强行灌酒,被灌酒者被激怒,失手把郭解的侄子杀死后逃跑了。郭解的姐姐,无法忍受失子之痛,把儿子的尸体放在大路上,刺激郭解为儿子报仇。郭解派人暗中调查,杀人者主动面见郭解,向他陈述当时被逼无奈、失手杀人的情景。郭解知道后,不仅放了杀人凶手,还把杀人的罪责归为外甥,自己收尸埋葬了外甥。郭解明于事理、不仗势欺人的行为,更加令江湖人士肃然起敬、无比敬仰。而且,他在日常行为上表现出谦恭礼让、待人公允、乐于助人、擅长以德报怨、推功揽过,更让郭解获得了极高的江湖地位。

朝廷规定家产超过三百万的富豪,迁往茂陵居住。郭解家庭贫困,不符合迁转标准不应迁移(连大将军卫青都为郭解不应被迁说请,导致汉武帝警觉起来,认为郭解作为平民,居然能够影响到朝廷要员,致使汉武帝特批郭解务必迁徙)。得知郭解同乡杨季主的儿子利用担任县掾的便利,擅自将郭解列入搬迁名单,郭解哥哥的儿子砍掉了杨季主的儿子的头,郭杨两家由此结下冤仇。后来杨季主也被人杀了,杨家到京城告状,告状的人在宫门口被人杀害。汉武帝听到宫门前杀人相当震惊,下令逮捕郭解。郭解逃亡期间,竟然有人为隐匿他自杀身亡,有人为阻止人说郭解的坏话而杀人。经调查,郭解被赦免后没再次杀人,而且别人为郭解杀人他也不知情。按法律规定,应判郭解无罪释放。御史大夫公孙弘为维护皇权专制,认为郭解以平民身份玩弄权术,因小事诱使追随者随意杀人,罪过甚至比自己杀人还严重。在汉武帝授意下,判处郭解"大逆不道",诛杀了他的整个家族。

综上分析,无论是"替父杀仇"还是"舍生取义",聂政的杀人行为不仅没能让人厌恶,甚至还有相当一部分人为他的快意恩仇点赞。"改邪归正"的郭解虽然没有再次亲手杀人,但却因"任侠"之祸被灭九族。而且,从嵇康赴死、阮籍醋醉来看,无论是"任侠""游侠",还是"隐士""名士",雄才大略的千古一帝汉武帝都不能容忍他们的"弃官宠交""肆意陈欲""以武犯禁"行为,相对于政权稳定和拉拢"民间领袖"来说,选择诛杀郭解整个家族也是无奈之举。对被贴上"司马昭之心,路人皆知"的野心家司马昭来说,"桀骜不驯""藐视权威""锋芒毕露"的行为触及政权的稳定性,当政者都会毫不留情地痛下杀手。

如把汉武帝、司马昭和光武帝放在一起比较,光武帝能破除"兔死狗烹"规律不杀功臣,是他有高度的自信。那么,汉武帝虽能容忍大臣汲黯"后来居上"的嘲讽,做出发布"罪己诏",能按"内部归因"行事,但在"游侠"郭解事件上依然不能容忍"民间领袖"的挑刺行为,体现出在皇权问题上,这位"千古一帝"也有那么一点不自信。就野心家司马昭面对"竹林七贤"的不合作,拉拢不成直接大开杀戒来看,司马昭对于"非正式组织"和"民间领袖"的管理更不自信。

依据庙堂江湖群体演化示意图,"仕"是体制内的,对组织设计的上升通道表示满意,行为上与组织目标保持一致;但"隐士"和"游侠"作为民间"精神领袖",具有非正式组织"魅力型"领袖特征,他们一般不认同当局安排的"上升通道",也不与当局合作,甚至是经常"唱对台戏"。那么,如何才能通过组织文化建设,来减弱或者规避组织中"隐士"和"游侠"的不合作、软抵抗或者硬冲突行为导致的组织文化冲突呢?

综上所述,为重塑组织文化,形成正确的组织文化导向,就需要最大限度地彰显"一把手"的管理自信,最大限度地发挥对"隐士"和"游侠""挑刺"行为的"监督"作用,构建组织行为的内部监督、域外部调控系统,引导员工"八小时之内"的正式行为与"八小时之外"的非正式行为趋向保持一致,努力打造企业文化软实力。

概念辨析

组织文化：组织文化是在组织的主要管理者倡导下形成的。同时，只有当组织的领导者倡导的价值观念和行为准则为员工广泛认同、普遍接受，并自觉作为自己行为的选择依据时，企业文化才能真正意义上形成。

组织风气：是非正式的、非强制性的行为规范，它由组织成员互相影响，约定俗成。组织风气有两层含义：一是指形成的带有普遍性的、重复出现的和相对稳定的行为心理状态。二是指一个组织区别于其他组织的独特风气，即在一个组织的诸多风气中最具特色、最突出和最典型的某些作风。

核心竞争力：是一组相互关联的技术、知识、能力的集合体。核心竞争力的主要特点是竞争对手难以模仿。核心竞争力不是多种资源的组合体，资源的活性也赋予了核心竞争力以活性。核心竞争力不是一种会计意义上的资产，而是一种可以持续增强的能力。

复习思考题

1. 组织文化在企事业单位发展中的作用是什么？为什么观念层是组织文化的核心层？

2. 组织文化在组织变革过程中会对组织结构调整产生什么样的影响？

3. "圣人不死，大盗不止"这句话成立的前提假设是什么？从组织文化氛围营造角度，谈谈你对这句话的理解。

4. 你认为"一把手"如果不自信的话，将对组织发展和团队建设产生什么后果？

形而上者谓之道，形而下者谓之器，化而裁之谓之变，推而行之谓之通。

——易经·系辞上

专题讨论三
人性假设与集权分权

学习目标

1. 通过本次讨论和思考,读者应当了解内容型群体动力理论、过程型群体动力理论与调整型群体动力理论的文化内涵、行为逻辑及适用条件。

2. 通过本次讨论和思考,读者应当了解庆历新政、熙宁变法、元丰改制变法活动中的组织结构变革实践对当代组织发展的经验借鉴与启示指导。

3. 通过本次讨论和思考,读者应当了解古代国家管理体制组织演变历程。

4. 通过本次讨论和思考,读者应当理解"天平模型"组织稳态调节机制。

俗话说"天下大势,分久必合,合久必分",历朝历代经历开国之初的"乱世",大多会励精图治,步入黄老之术、与民休息、简政放权的"治世"。但随着生产恢复、经济发展、国力增强的"盛世",当政君主的相对分权思维就会被中央集权取代,国家管理就会盛极而衰,进入腐化堕落、民生凋敝的"衰世"。自从秦始皇"横扫六合,废除分封",建立中央集权制王朝以来,国家管理多以"高度集中、自上而下、整齐划一"的"大一统"形式存在。汉朝采用内朝制约外朝、隋唐利用"中书、尚书、门下"三省分割相权、宋朝创造"二府三司"文武分权、明朝设尚书分六部废宰相等形式,不断削弱以宰相为首的行政部门权力,强化封建君主专制,加强中央集权。

本次讨论就以群体动力激励理论应用入手,在探讨国家层面组织结构调整与组织变革实践经验的基础上,挖掘摇摆于集权与分权两端的组织发展"天平模型"稳态平衡调节机制。

> # 第一节　行为诱导
> ## ——群体动力激励理论应用与实践

前面章节"庙堂江湖"模型和"不倒翁"模型，从"士"群体行为诱导角度，给出了"由士而仕""由士而隐""由士而侠"和"由士而氓"群体行为角色转化通道。为深入挖掘国人行为文化逻辑、将群体动力激励理论更好地应用于组织发展实践，下面就从见得思义的角度，总结内容型、过程型和调整型激励理论实践应用的经验和教训。

一、内容型激励理论

内容型激励理论，又被称为需要理论，主要关注被激励对象的真实需求，并对相应需求进行针对性行为诱导。子罕辞玉故事中的子罕，送玉的人认为玉石是不可多得的宝贝，但子罕却以不贪为宝，还曾赈灾济民、救民于水火，说明不同人的需求是不同的；邓析名辩典故中的邓析作为"大律师"，却为推广自己的学术观点不顾国家法律尊严，执两可之说，把黑的说成白的，把白的说的黑的，让百姓迷茫，让管理者无所适从。由此来看，当个人需求与组织需求发生冲突的时候，如何处理两者之间的关系是需要理论与实践共同关注的问题；子贡赎人故事中的子贡将沦落他国为奴的鲁国百姓带回国，却不愿意领取国家奖励，损害了制度的诱导行为功能和文化导向价值，说明不能把私德标准与公德标准混为一谈，追求个人需求的满足，不能破坏制度的执行，不能与社会导向背离。

二、过程型激励理论

过程型激励理论关注被激励人从动机产生到采取行动的整个心理过程，具体包括期望理论、公平理论和目标设置理论。

（一）过犹不及

"过犹不及"故事，说明无论是交友还是做人，要想保持相对的公平性，需要汲取"中庸之道"智慧，"不以天下易一民之命"，应尽量保持公平中正，不能厚此薄彼、有失偏颇。

（二）纣之善恶

"纣之善恶"典故，子贡对于纣王的判断，能够突破人不是"好人"、便是"坏人"的善恶两分法影响，提醒我们在做研究或者分析问题的时候，学会"证实"与"证伪"两手抓，两手都要硬。一方面，学会既要证明事件的"可行性"另一方面，也要尝试分析事件的"不可行性"。只有这样，才可能触及事实的真相，防范用程序的公平掩盖结果的不公平。

（三）不得其门

"不得其门"典故，孔子提倡"君子不器"，却把得意弟子子贡比作"瑚琏之器"。子贡能言善辩、位高权重，懂外交、会理财，但孔子却认为他不如安贫乐道的原宪，而且，子贡自己认为与老师相比，水平与师父相比差得太远，体现了公平理论、期望理论和目标设置理论在为人处世的具体应用。

三、调整型激励理论

调整型激励理论，注重对被激励人的行为结果进行研究，包括强化理论和挫折理论。下面以强化理论为例，通过对皇帝刘秀的用人之道，来分析强化理论中的正强化、负强化、惩罚和忽视策略的实践和应用。

（一）正强化

光武帝刘秀通过把云台二十八将之首的邓禹比喻为萧何和颜回，充分发挥邓禹作战能力的同时，还开发出邓禹作为战略规划师和人力资源总监的独特技能，把有利于东汉政权建立目标的行为进行强化，依据皮格马利翁效应，刘秀用人的正强化策略，使邓禹成长为东汉"元功之首"。

（二）负强化

刘秀对于降将冯异的负强化策略，体现为平息冯异要造反的谣言，消除他难以融入初创团队、可能被排挤的担心。让冯异更加谦恭和忠心，导致冯异每次取得胜利的时候，反而"独屏树下"，不争功邀宠。为此，刘秀对冯异的"以崇谦让"行为进行强化，尊称冯异为"大树将军"。

（三）惩罚

刘秀对于看不清形势、投靠更始帝刘玄的李轶，放风他"人不能得其要领"，采用借刀杀人的方式，解决了不能为自己所用的李轶。但是却没有投鼠忌器、伤及无辜，对他的哥哥李通却委以重任，体现出刘秀用人的"惩罚有度"。

（四）忽视

刘秀对亲密无间、屡立战功的老将臧宫多次表示要抗击匈奴的行为，采用忽视的冷处理方式，照顾了他主动请战的积极性，以他没有考虑周全岔开话题。直到二十多年后，还要请战时才颁发诏书，正式断绝他的不切实际的念头。

由此，群体行为诱导不仅涉及需求和期望值的差异性、程序公平性和行为结果的过程性，还应灵活运用内容型、过程型和调整型激励理论，在把握群体真实需求的基础上，兼顾公平和过程监控，确保程序公平、过程公平和结果公平，因人而异地激发和诱导有利于组织行为的群体行为和个体行为重复出现和持续发生。

第二节 革新除弊
——组织结构变革实践与组织发展

在"识时通变"部分,从国家制度层面,解读了直线制、职能制、事业部制、矩阵制和项目制组织结构类型,并提出了组织结构图不仅是组织内部人员的简单排列组合和挂在墙上的组织结构图的观点。其实,组织结构设计蕴含着人性假设、管理理念、制度设计、权责划分和收益分配等方面的深刻内涵。俗话说,"利不百,不变法;功不十,不易器",为了提升组织结构变革与管理的有效性,就结合前文的"内外有别"和"时移势迁"两部分内容,在组织结构设计的层级原则、管理跨度原则、统一指挥原则、权责一致原则和监督制衡原则、职权与知识结合原则、集权与分权平衡原则、弹性结构原则和环境适应原则的基础上,探讨宋朝时期的庆历新政、熙宁变法和元丰改制变法活动中的组织结构变革问题。

一、庆历新政

范仲淹主导的"庆历新政",旨在舒缓向辽国交纳的"岁币"压力,这次仅专注于"小改小革"的新政被诋毁为"结党营私",改革派被贬谪离京,历时一年多的"庆历新政"宣告失败。庆历新政造成利益重新分配,其难以成功的最主要原因在于没做好制度变革组织保障工作,缺乏新政工作推进机构。

二、熙宁变法

王安石发动的"熙宁变法",为消除外部"岁币"和内部人员供养难题,他吸取"庆历新政"缺乏组织结构调整保障的经验教训,专门设置了支持变法的"条例司",这个变法指挥机构让王安石拥有了"非常相权"。但"成也萧何,败也萧何",一方面,"条例司"能让变法条款顺利落地;另一方面,处于风口浪尖的"条例司"也让宋神宗感受到了权力旁落,加上以司马光为首的"反对派"抵触(支持变法者被称为元丰党人,发对变法者被称为元祐党人),导致王安石内部团队也意见不再统一。后来,"熙宁变法"因宋神宗的去世告终。从熙宁变法来看,变法工作推进机构固然重要,但是变法过程的中统一阵线工作同样不可或缺。

三、元丰改制

"元丰改制"是由宋神宗亲自主持,以职官制度作改革为突破口,旨在将"两府三司"组织结构向"三省六部"制度方向调整。宋神宗"元丰改制"跳过王安石,旨在分散"非常相权",加强中央集权,但在顶层设计后,地方机构没能进行相应调整,使得撤并机构后行政效率没能实现预期的提高,导致"元丰改制"的有效性大打折扣。从元丰改制来看,组织结构调整要在观大势、谋全局的基础上,做好顶层设计,按照行动路线图扎实推进。

综上分析,宋朝"庆历新政""熙宁变法"和"元丰改制"三次变法,庆历新政是有想法、无组织,熙宁变法是有组织、无纪律,元丰改制是顶层变革与底层落实不衔接。由此来看,如果不做好组织结构设计工作,不仅变法的初衷没有达到,还会造成党争之祸。因此,宋朝变法图治思路没有错,但是缺乏兼顾人性假设、管理理念、制度设计、权责划分和收益分配的组织结构调整方案,使得变法工作将难以为继,甚至是"饮鸩止渴",适得其反。

第三节　天平模型
——集权分权与组织稳态平衡机制

西方人性假设理论有 X 理论、Y 理论、超 Y 理论、Z 理论,我国人性善恶理论有孟子的性善论、荀子的性恶论、老子的天道论、庄子的人道论和告子的无性论。辨析公与私、义与利、理与欲、名与实和道与器的关系,寻找天道与人道之间的结合点,挖掘平衡集权与分权矛盾的组织稳态调节机制。

如果对我国人性善恶理论以"利己"还是"利他"、"重义"还是"重利"进行区分,"极度利己"的杨朱和"极度利他"的墨子是两个极端,中间的过渡分别为利己、重利轻义、为己利他、利他。

结合组织结构类型可从集权的机械式组织到分权的有机式组织,中间过渡类型分别为直线制、职能制、事业部制、矩阵制和项目制组织类型的划分来看,可把集权的机械式组织类型与极度利己、经济人假设和性恶论归为一类(可理解为以追求物质利益为主,满足人们基本需求的脚踏实地选择,可概括为"地道"),把分权的有机式组织类型与极度利他、自我实现人假设和性善论归为一类(可理解为以追求道义担当为主,满足人们自我实现需要的仰望星空选择,可概括为"天道")。支撑"天道"和"地道"两端的支点为"人道"。"人道"倾向于将人的需求简单化,坚持"以人为本",从人的天性论入手,平衡人需求的无限性与资源的有限性矛盾。这样,我们就从人性善恶、集权分权和组织结构的角度,构建出组织发展"天平模型",探讨组织变革均衡机制(见图Ⅲ-1)。

如图Ⅲ-1,如果组织领导人和经营管理者持有性恶论,人都是利己排他的,认为组织成员都是经济人假设影响下的群体,那么,根据 X 理论和性恶论假设,组织结构类型选择往往会倾向于机械式组织,组织管理控制方式多采用集权式手段。相反,如果组织领导人和经营管理者持有性善论,人都是通过为己利他的,认为组织成员都是自我实现人假设影响下的群体，那么，根据 Z 理论和性善论假设，组织结构类型选择往往会倾向于有机式组织，组织管理控制方式多采用分权式手段。

性善论
自我实现人
Z理论
利己
性恶论
经济人
X理论
利己
机械式组织
有机式组织

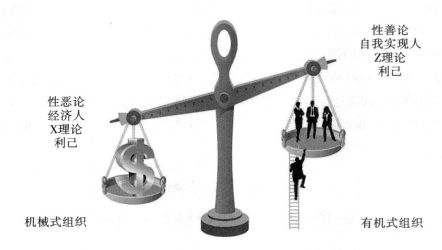

图Ⅲ-1　组织发展“天平模型”建构思路

如果将机械式组织极端状态设定为 0，有机式组织另外的极端是 1。那么，组织结构类型从“0”到“1”分别呈现为直线制、职能制、弱矩阵制、平衡矩阵制、强矩阵制、项目制和平台制组织结构类型。

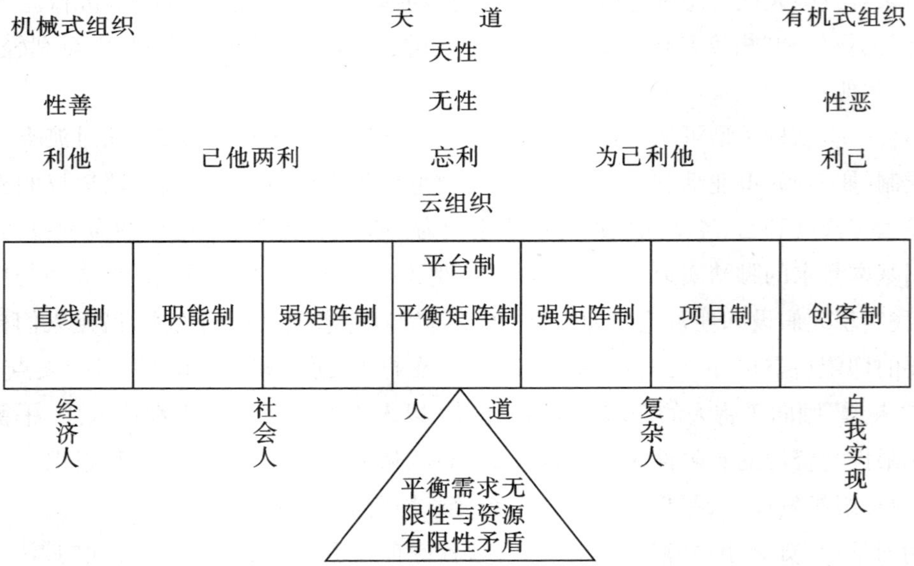

机械式组织
天　道
有机式组织
天性
性善
无性
性恶
利他
己他两利
忘利
为己利他
利己
云组织
平台制
直线制
职能制
弱矩阵制
平衡矩阵制
强矩阵制
项目制
创客制
经济人
社会人
人
道
复杂人
自我实现人
平衡需求无限性与资源有限性矛盾

图Ⅲ-2　组织发展“天平模型”稳态平衡机制示意图

如图Ⅲ-2,"天道远,人道迩",管理学和组织行为学研究组织发展的目的主要在于人的平衡需求无限性与资源的有限性的矛盾。所以,有关组织结构设计稳态平衡机制探讨,需要将人的需要动机与行为文化逻辑类型结合起来,综合考虑我国人性善恶论与西方人性假设与机械式组织、有机式组织结构类型的关联性。其中,当组织领导者持有性恶论和经济人假设的时候,认为人们都是利己的,主要需求在于追求物质利益。管理方式就倾向于采取利己导向的"地道"集权方式,那么,组织结构类型选择就以趋向于机械式组织的直线制和职能制组织结构类型。而当组织领导者持有性善论和自我实现人假设的时候,认为人是利他的,主要需求在于追求责任义务和道义担当。那么,管理方式就倾向于采取利他导向的"天道"分权方式,组织结构类型选择就趋向于有机式组织中的项目制和平台制组织结构类型。当组织中的人持有社会人假设的时候,认为人们不仅追求物质利益,还追求情感交流,管理方式就倾向于采取为己利他倾向的"宽猛相济"式管理手段,组织结构类型选择就趋向于采用职能制和弱矩阵制组织结构类型。当组织领导者持有复杂人假设的时候,根据前面章节中"不倒翁"模型,人们对物质利益、情感交流和道义担当都有追求,只是在不同环境下三者的权重会有所调整和变化,管理方式可倾向于己他两利导向的"信任授权"管理手段,组织结构类型选择趋向于强矩阵制和项目制组织结构类型。

需要重点说明的是,"人法地,地法天,天法道,道法自然",以人性无性论和天性论为主的观点,人是忘乎名、忘乎利的,正因为不是眼睛只盯着物质利益,所以才能够真正做到"鼓励创新,宽容失败",最容易激发个体价值创造热情。站在天平支点上寻求组织发展稳态平衡,就相当于站在地球的北极上找"南",站在地球的南极找"北"一样容易。天平模型杠杆中间部位天平支点上可以选择的组织结构类型有平衡矩阵制、平台制和云组织。其中,平衡矩阵制组织是传统科层制组织结构中最大限度地发挥个体专业特长的组织结构类型,平台制是继扁平化等虚拟制组织结构类型之后,最能够平衡个体潜能与组织效能的结构类型。在以互联网和知识经济为核心的后工业文明创变时代复杂系统动荡环境下,企业运营由领袖驱动转向精英驱动和泛众驱动,"人"真正成为价值创造和组织赋能主体,集中管控转变为一体化赋能,云组织作为生态共生圈层可以发展成为整合人道、地道、天道行为逻辑的自组织结构类型。

"治大国若烹小鲜",结合前面章节群体行为诱导"不倒翁"模型,防止和规避"中国式"群体行为负面影响,就要学会将大型群体转化为小型群体、将开放型群体转化为封闭式群体、将非正式群体转化为正式群体,要求领导者能够灵活运用内容型、过程型、调整型群体动力激励模型,系统推进管理制度创新、组织创变发展与组织结构调整工作。而组织发展"天平模型"就像"跷跷板"一般,组织结构选择需要兼顾组织中人员持有的人性假设,在满足其主要需求的基础上,选用适合组织群体中大部分人员的利益诉求,平衡好责、权、利之间的关系,处理好集权与分权之间的关系,做好收益、利润与期权的分配,才能使管理的天平处于稳态平衡状态。

复习思考题

1. 对照以合同契约和组织承诺为基础的西方群体行为诱导和"中国式"群体行为诱导方式,探讨中西方群体行为诱导工作的难易程度,并讨论如何提升国人群体行为诱导效果。

2. 探讨宋朝庆历新政、熙宁变法和元丰改制三次变法失败的原因,理解人性假设和集权分权对组织结构类型选择的作用机制。

3. 分析说明"登山模型""庙堂江湖模型""不倒翁模型"与组织发展"天平模型"之间的关联性。

4. 运用"天平模型"指导你所熟悉的组织进行组织变革与组织发展策划,实现激活个体价值、诱导群体行为、集合组织智慧的组织发展目标。

生而不有，为而不恃，长而不宰，是谓玄德。

——庄子·天道

第九章
量力度德——领导能力与组织行为

学习目标

1. 通过学习本章内容,读者应当掌握波特五力模型和本书新五力模型二者内涵与外延的区别与联系。

2. 通过学习本章内容,读者应当掌握学习型组织的概念与组织形式;执行力的来源及其影响因素;沟通的不同类型及其特点;影响力的来源及两面性;领导力的概念与分类,重点掌握个人领导能力的培养方法与实现途径。

3. 通过学习本章内容,读者应当了解提升"学习力""沟通力""执行力""影响力"以及"领导力"的具体方法,并以此为基础尝试构建个体核心竞争能力,构筑组织核心竞争优势。

4. 通过学习本章内容,读者应当了解并理清"学"与思、问、辨、习和行之间的关系、"言"与文、意、譬、策和信之间的关系、"执"与惩、奖、权、范和长之间的关系、"美"与惠、劳、欲、泰和威之间的关系以及"领"与善、正、奇、谷和权之间的关系。

《周易》提出:"德薄而位尊,知小而谋大,力小而任重,鲜不及矣。"也就是说在古代我们就掌握了彼得原理内涵,尧禅让帝位于舜,告诉他治国的关键在于"惟精惟一,允执厥中",即只有持中道,公正、公平地处理问题,才能行使好领导职责,强调了领导者应有的价值取向。孔子指出:"政者,正也。"强调"克己"和"正身",也就是说只有有道德的人,才具有当领导的权利。孔子进一步强调:"道千乘之国,敬事而信,节用而爱人,使民以时。"作为领导者,要忠于职守,取信于民,勤俭节约,爱护下属,给下属以较大自由度。墨子曾提出:"古者圣王之为政,列德而尚贤。"也就是说领导者需要内修德行、外用贤人,通过修心、修身和修行,实现内外兼修,逐步达到"知者不惑,仁者不忧,勇者不惧"的状态,才能够成为圣明的领导者。

自古以来,帝王在治理国家的时候都强调要上合天道、下得民心,理念上要学会屈己纳谏、顺天应时,行为上恭俭节用、宽厚爱民,用人上任贤使能、驭人有术。"形而上者谓之道,形而下者谓之器",为政者善于从细节之中见大节,善于从小事之中见趋势,领导者在注重德行修养、外用贤人的同时,应该增强理论学习,不仅经营管理理念与时代环境相匹配,还应掌握必要的管理工具和手段。孟子指出"行有不得者,皆反求诸己,其身正而天下归之",领导者需要有高度的自控力和内部归因习惯,注重以身作则、言行身教,通过修身、齐家,达到治国、平天下的目的。

　　由此,本章就从领导者需要的格局见识和能力素养角度,参照迈克•波特的行业竞争力模型(五力模型)构建思路,从学习力、沟通力、执行力、影响力和领导力五个方面,构建个体核心竞争能力提升"新五力模型",为甄别领导者概念、提升组织领导效率、增强组织行为效能提供理论指导和现实借鉴。

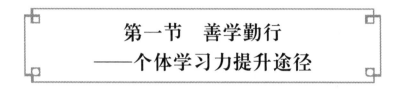

第一节　善学勤行
——个体学习力提升途径

　　我们通过梳理组织文化建设实践,提升了对组织文化塑造和组织风气养成机制的理解。本章将从"量力度德"的角度,把研究视角从组织重新拉回到"个体",深入探讨提升"个体""核心竞争力"的渠道。

一、新五力模型构建思路

　　"五力模型"是哈佛商学院教授迈克•波特于 20 世纪 80 年代提出的。"五力模型"是行业竞争态势分析工具,波特认为企业的竞争优势来自竞争者的竞争能力、潜在竞争者的进入能力、替代品的替代能力、供应商的讨价还价能力和购买者的讨价还价能力。这五种力量综合起来对行业的吸引力以及企业的竞争战略有重要影响。

　　本书构建的"新五力模型"(见图 9-1),包括学习力、沟通力、执行力、影响力和领导力。迈克•波特"五力模型"是通过外部分析的方式,帮助企业获取"核心竞争能力",而本书提出的新"五力模型",则是通过"内外兼修"方式,帮助每个"个体"获取自身的"核心竞争力"。

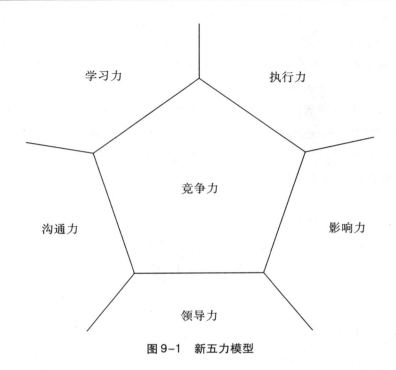

图 9-1 新五力模型

二、个体学习力提升途径

当前知识更新周期越来越短、技术进步速度越来越快,组织和个人对于学习能力的诉求,比以往任何时代都强烈。由此,创建学习型组织、提升"个体""学习力",成为组织"适应环境变化、提升核心竞争力"的关键。

商朝的开国君主汤的澡盆上,刻着"苟日新,日日新,又日新"。说明学习是个由"量变"到"质变"逐渐转化的过程。孔子认为:"知之者不如好之者,好之者不如乐之者。"说明保持积极上进的学习态度至关重要。被程颐、程颢"二程"所推崇的《中庸》中也指出:"博学之,审问之,慎思之,明辨之,笃行之。"由此来看,要想提升个体学习力,就要理顺学和思、问、辨、习、行之间的关系。

(一)"学"和"思"的关系

孔子指出:"学而不思则罔,思而不学则殆"。"善学"的人,首先要"善思"。孔子的弟子子夏指出:"博学而笃志,切问而近思。"认为坚守远大志向、博览群书是个体成长的手段,提升学习力,重要的在于密切联系实际,勤于思考。子夏作为孔子儒学的"继承者"和"创新者",在魏国西河讲学,教出了道家、法家、兵家和墨家学生,还是魏文侯的老师,成就了魏国战国首霸的地位。后来,韩非子称赞子夏,说:"儒分为八,不及子夏之儒。"而且,韩愈也指出:"行成于思毁于随。"由此,学习不仅仅在于知识的积累,重要的是:平日里养成用专业的眼光思考和分析身边事物的习惯。

（二）"学"和"问"的关系

孔子指出："三人行,必有我师焉。""善学"的人,一般都是"善问"的人。"善问"的人,善于带着问题思考,擅长跟从老师学习,会达到事半功倍的效果。"善问"的人,不仅善于向身边的人学习,还能做到"不耻下问。"卫国大夫孔圉,被尊称为"孔文子"。同是卫国人的子贡,认为孔圉曾做过强人所难、以下犯上的丑事,配不上这么高的评价。孔子指出:孔圉之所以受推崇,在于他"敏而好学,不耻下问。"发现问题比解决问题还重要,因此,在学习过程中,应保持"空杯心态",做到"无长幼地尊重、无差异地倾听"。只有"善学"又"善问"的人,才能善于发现问题和解决问题。

（三）"学"和"辨"的关系

"善学"的人,一般都"善辨"。由此,要想达到"博学"的目的,需要掌握"明辨"的方法。庄子的好友惠施,就是"辩学"的代表人物。"辩学"相当于现代的逻辑学,目的是通过"说辩"和"争论",促使学术观点和社会现实之间保持一致。庄子和惠施在"抬杠"和"掐架"的过程中,加深了对"鱼是否快乐""葫芦大了有用还是无用""生与死的轮回和四季更替的差别"等课题的理解。于是,惠施去世后,庄子没有了"辩论"敌手,难以体会"明辨"的乐趣,只有在梦中与蝴蝶对话,寻找"存在感"。所以,我们在学习的过程中,既要关注"证实"过程,论证"可行性";同时,还要养成"证伪"习惯,探究"不可行性"。

（四）"学"和"习"的关系

孔子指出:"学而时习之,不亦说乎?""习"是个会意字,"习"和"羽毛"的"羽"相关,本义指"小鸟反复地试飞"。从《列子·汤问》中"纪昌学射"的故事,了解射箭的"原理",知道射箭的"技巧"并不难。提升射箭能力,需要花两年时间练习不眨眼,花三年时间把小东西看成大的。"纪昌学射"不在于"学知识""学理论"的过程,而在于"掌握技巧""练习技能"的过程。"善学"的人,更是"善习"的人。因此,要想掌握一门"独门绝技",就要领会"简单的事情重复做,重复的事情用心做"的法则内涵,善于消化知识,通过反复练习,达到"技能习得"的目的。

（五）"学"和"行"的关系

戴圣在《礼记·学记》提出"学然后知不足",说明通过学习,会更加凸显知识的贫乏。孔子曾教育侄子孔蔑:"知而弗为,莫如勿知。"孔子倡导"学以致用",认为仅仅知道,但不行动,还不如不知道呢。孔子曾问孔蔑,刚刚当上"公务员",有什么体会。孔蔑愁眉苦脸地说:"深受公务缠身之累,不仅没有获得感,却还有三点损失。一是学过的知识,没有时间温习;二是薪水太少,无法惠及亲戚,导致亲情淡漠;三是挤不出时间与朋友联络感情,致使友情疏远。"孔子就同样的问题问弟子宓子贱。宓子贱笑逐颜开地说:"当公务员,没有任何损失,还有三点心得。一是能够把所学的知识,运用到实际工作中去;

二是薪水虽少,但还能够周济亲戚,使得亲情满满;三是公务虽然繁忙,但还能挤出时间,探视友人,收获浓浓友情。"

拓展阅读

学习型组织

学习型组织是一种新的组织形态,也是一种通过学习不断自我超越的发展状态。通过培养弥漫于整个组织的学习气氛,充分发挥员工的创造性思维能力而建立起来的一种有机的、高度柔性的、扁平的、符合人性的、能持续发展的组织。

学习型组织最初的构想源于美国佛瑞斯特教授,1990 年美国著名管理学家彼得·圣吉出版了享誉世界的名著《第五项修炼》,标志着学习型组织理论的正式形成。学习型组织具有学习人假设、重视生活意义、强调"五项修炼"、多种学习方式、系统思考和持续改进等特点。

因此,学同样的知识,做同样的工作,如果没能掌握"学"与"思、问、辨、习、行"的关系内涵,有人会像孔蒉一样,把学习、质疑、思辨、练习和工作当成负担;也有人会像宓子贱那样,能够把"善学"与"善思""善问""善辨""善习""善行"结合起来,做到"善学勤行",把学习和工作本身作为最大的激励因素,认为学习和工作都是享受。所以,学习力提升,不仅在于学习的过程,重要的是把"学"与"思、问、辨、习、行"深度融合,才能够获得"学习力"的提升,才能把知识资源转化为知识资本和社会价值,才能实现学习效果的"事半功倍"。

第二节　纵横捭阖
——个体沟通力提升途径

沟通作为重要的管理手段,越来越被重视。有人曾指出,"爱你的员工,就要让他们知道""爱你的孩子,就要让孩子感受到"。我们探讨了正式沟通中的圭璋之礼和非正式沟通中的执挚之礼,掌握了古人沟通的礼尚往来的礼节要义与不同沟通形式的文化内涵,其实质是强调沟通本身的价值,便于大家理解在"礼仪之邦"观念指导下的人际交往原则和组织沟通文化逻辑。但遗憾的是,当前社会上人与人之间的沟通过程,往往习惯于"以己度人""自说自话",缺乏"移情"意识和换位思考习惯,大多惯常于采用自己对事物的逻辑判断,来处理自身与他人的沟通交流,造成了诸多沟通障碍和误会误解。综上分析,本节将从"纵横捭阖"的角度,分析和探讨提升个体的"沟通力"的手段和途径,增强人际交流效率,提升组织管理沟通的有效性。

一、沟通障碍——国人"含蓄表达"的文化缘由

"知耻而后勇",要想提升"沟通力",必须找到"病根",消除沟通障碍,探究有效的沟通方法。国人沟通比较讲究"清晰的内心、模糊的表达",我们的沟通习惯比较注重"内敛",沟通过程注重曲意表达和委婉含蓄,习惯于"借物言志""借景传情",不善于直抒胸臆,人际沟通要靠直觉和臆断,导致"你猜""你懂得"等模糊性词汇盛行。为什么国人那么害怕沟通,坚信"言多必失、祸从口出"? 为什么民众不善于沟通,往往"言不由衷、词不达意"? 为什么逃避和拒绝沟通,认为"善者不辩,辩者不善"?

(一)孔子的"慎言"

孔子认为:"言不顺,则事不成。"说明了沟通的重要性,但却坚持"巧言令色鲜矣仁"的观点。他对子张说:"多闻阙疑,慎言其余。"让弟子多听、多看,有疑问先放一放,对非常有把握的观点,说话也要谨言慎行、谨小慎微,力图减少由人际沟通造成的误解和遗憾。

(二)老子的"不辩"

老子在《道德经》中开宗明义"道可道,非常道"。认为凡能说道的"道",都不是真"道",指出"善者不辩,辩者不善",认为能言善辩,不如用心体悟。这样,才能实现遵道崇德、不辩止辩。

(三)禅宗的"不言"

"佛曰,不可说",佛教认为,教义是"不可言说"的,传法采用"以心传心"的方式,叫"传灯"。禅宗"以心传心",源自佛祖"拈花微笑"的典故,强调师徒间心领神会与彼此默契,有点像现代话语体系"你猜"和"你懂得"。

(四)韩非的"说难"

韩非子在专著《说难》中提出:"事以密成,语以泄败。"认为沟通对象的心理难以捉摸,进言的人,经常会触动领导敏感而又脆弱的神经。因此,做好保密工作,要比亮明观点重要。

(五)墨子的"少言"

墨子倡导语言"平实",要让老百姓理解。他与弟子子禽聊天时,谈起"多言"还是"少言"问题,指出"多言何益",认为"言不在多",重在时机把握,要把握好说话的时间节点。

因此,无论是儒释道"三教",还是墨家、法家,都不太提倡"说辞"和"雄辩",导致我

们坚持"言多必失、多言无益"的沟通原则,使我们成了明哲保身、不善言辞的"沉默的大多数"。

二、个体沟通力提升途径

古代,以惠施为代表的"名家"(逻辑学)提倡说辩,有"一人之辩重于九鼎之宝,三寸之舌强于百万之师"的"纵横家"苏秦和张毅,还有写出"说辩"专著的"鬼谷子"。鬼谷子作为纵横家(策士)鼻祖,是"著名演说家"苏秦和张仪的老师。相传,鬼谷子是个"通天彻地"的人物,他认为沟通可"达人心之理",指出掌握"纵横捭阖"之术以后,可以达到"说人、说家、说国、说天下"的目的。由此来说,要想提升个体"沟通力",就要感悟古代先贤们的"说辨"智慧,深刻把握"言"与文、意、譬、策、信之间的关系,并积极地付诸实施,并加以灵活运用。

(一)"言"和"文"之间的关系

"言而无文,行之不远。"有两种解释:一是口头沟通不如书面流传得广。惠施是名家开山鼻祖,逻辑思维缜密,口才绝佳。但与庄子辩论,每次都以失败告终,应该与他没有著作传世相关。二是口头沟通要兼顾表达方式和沟通对象。柳永,到汴京赶考,看到现实版《清明上河图》,感受到市井繁华,用铺叙的手法,写出大量文辞优美的诗词。正当他踌躇满志,准备轻松夺魁时,皇帝真宗认为,"属辞浮靡",批评文风浮华,导致他四次落第。于是他转变文风,用通俗易懂的俗语,平淡无华的白描手法,对宋词全面革新,创作慢词,实现了"凡有井水处,皆可歌柳词"的传播效果。

(二)"言"和"意"之间的关系

庄子指出:"言者所以在意,得意而妄言。"认为,"语之所贵者,意也。"意思是,对于沟通来说,庄子不注重表现形式,更加推崇真实意思表达。庄子对于"言"和"意"的分析,与"言"与"质"的比较有异曲同工之妙。刘勰在《文心雕龙》中指出:墨子"意显而语质",是说墨子言谈举止,语言准确,意图明显。这也是墨家成为"显学"的关键点,墨家秉承"兼爱、非攻",是游走于诸侯国之间的非正式组织,想让正式组织接受他们的建议和意见,必须成为沟通高手,快速表达来意以减少误解。

(三)"言"和"譬"之间的关系

刘向《说苑》中指出,"惠子之言事也善譬"。说明惠施与人沟通,擅长用打比方的方式。有好事者对梁王说,如果不让惠施打比方他是不是就不会说话了。惠施说,有人不知道"弹"是什么东西,怎么向他解释?说"弹"的形状就是"弹",他会明白吗?因此,沟通过程中需要用受众熟悉的话语体系,验证了"夫说者,固以其所知谕其所不知"的道理。惠子善譬的典故告诉我们,人与人之间的沟通和交流,要尽量防止"自说自话",而是要"到什么山,唱什么歌"。与人沟通和交流过程中,应该用人们已经知道的东西,来说明人们所不知道的东西,才能让人们真正明白自己的沟通意图,避免"对牛弹琴"和"曲高和寡"。

(四)"言"和"策"之间的关系

《战国策》记述了战国时期游说之士(也叫策士)的言行策略,是纵横家观点之集成,内容虽与史实记载有一定出入,有不少不靠谱的故事,但却是"策士"们形象的集中展示,他们以"为天下师"为己任,游说于诸侯之间,通过建言献策实现人生的"逆袭"。鬼谷子特别强调纵横捭阖之术,认为"可以说人,可以说家,可以说国,可以说天下"。他著名的两位弟子苏秦和张仪,"横则秦帝,纵则楚王",游走于秦国和楚国两大巨头之间,不仅能说中他们的"痛点",重要的是,还有解决"痛点"的"良策"。如此,方能凸显"策士"的社会价值,实现"所在国重,所去国轻"的沟通效果。

(五)"言"和"信"之间的关系

老子指出,"信言不美,美言不信。"真话不好听,漂亮话不可信,有点"忠言逆耳利于行"的意思。又说,"善者不辩,辩者不善",善良的人不玩弄言辞,与孔子所说的"巧言令色,鲜矣仁"是一个意思。因此,孔子倡导"敏于事而慎于言""讷于言而敏于行"。不仅要多做事,少说话,还应"听其言,观其行"。

总之,提升沟通力,言和文方面,在重视书面沟通的同时,要考虑沟通对象的接受程度;言和意方面,要注重真实意思表达,做到意图明显,语言准确;言和譬方面,要利用好打比方,善于用人们熟悉的事物传递个人观点;言和策方面,要求沟通者不仅能够发现问题,还要给出有效的解决方案;言和信方面,要求沟通者不说假话、空话和套话,说真话、说实话,言必信、行必果。

第三节　令行禁止
——个人执行力提升途径

执行力是将目标转换成结果的行动。要想形成强大的执行力,要求领导者能以结果为导向,不忘初心,坚守承诺,永不言弃。

一、执行力提升的关键影响因素

古人云:"天下之事,不难于立法,而难于法之必行;不难于听言,而难于言之必效。"说明执行力和执行的有效性是至关重要的。"令则行,禁则止,宪之所及,俗之所破",要想达到"令行禁止"的执行效果,需要遵守契约精神、关注乡俗民风导向,注重表率作用和示范效应。

（一）注重示范，取信于民

思想是行动的先导，增强执行力的首要任务就是要敬事而信、节用爱人、取信于民。敬事而信方面，有商鞅为变法，通过城南立木宣传，在表明变法决心的同时，通过奖励遵守制度规定的人来增强民众对变法的信心。节用爱民方面，被称为"治为天下第一"的汉朝官员黄霸，为避免铺张浪费，不随意更换年老昏花的许县县丞。取信于民方面，领导者可通过任贤使能，加强自己左膀右臂力量。但就招贤纳士来说，更需要注重口碑宣传和示范带动效应。无论是齐桓公设庭寮求贤若渴，还是千里市骨寻求千里马的古代国君，均可通过取信于民、发挥示范实现预定目标。

（二）以身作则，躬身力行

"其身正，不令而行；其身不正，虽令不从"，提升执行力的最佳手段在于学以致用、以身作则、躬身力行。"行之以躬，不言而引"，古有大禹治水三过家门而不入、诸葛亮鞠躬尽瘁死而后已；治军有曹操发兵宛城马踏麦田割发代首、周亚夫训练细柳军队一刻都不懈怠；教育孩子方面有曾子杀猪遵守诺言、孟母断机择邻相处。"发乎其上，得乎其中；发乎其中，得乎其下"，领导的执行力的重要来源在于对自己的高标准、严要求，通过率先垂范，达到令行禁止的效果。

（三）萧规曹随，垂拱而治

"好以智矫法，时以行杂公，法禁变易，号令数下者，可亡也"，如果领导经常根据自己的好恶，随性而为，随便变更政令，容易造成"朝令夕改、政出多门"，让下属无所适从，执行力自然难以提升。汉朝刚建立不久，人民饱受战乱之苦，迫切需要休养生息，萧何采用黄老之术、制定律法九章，顺应民意、鼓励生产。曹参代替萧何担任丞相以后，严格遵守萧何律法，不做任何变动和更改，并建议官员们只要恪尽职守，汉惠帝就可以不插手具体事务，实现垂拱而治的效果。

"说曹操，曹操到"，是曹操超强执行力的具体体现。某三国题材电视剧中有这样一个片段：曹操评价自己的玩伴袁绍——小时候对袁绍很景仰，但却受他取笑；三十岁，与他同朝称臣，已经看不上他了；四十岁，开始蔑视他。曹操认为他们之间肯定会有一战，当袁绍有三十万兵马时，他应拥有二十万兵马才可以战胜袁绍；当袁绍有五十万兵马时，他应有十万；当袁绍有七十万兵马时，他却只要七万兵马就可以轻松地干掉袁绍。从曹操的这段话，我们可以看出：一方面，显示出他的霸气和自信；另一方面，显露出超强的执行力，能"以少胜多"。

下面，就以曹操"令行禁止"为例，探讨如何增强"执行力"。下面从"惩、奖、权、范、长"五张令牌的使用角度，分析曹操的强大执行力来源。

二、执行力提升关键路径

执行力提升不仅需要"注重示范，取信于民""以身作则，躬身力行""萧规曹随，垂拱而治"，要想达成预定执行效果，领导者还需合理使用惩罚权、奖赏权、合法权、模范权和专长权。

（一）"执"与"惩"的关系

惩罚权，下级不想受到惩罚而产生恐惧感，表现出心理上服从、行为上顺从。生命权是最大的人权，最强惩罚权就是剥夺别人生命。从曹操的"梦中杀人""一瓜杀三妾""杨修之死""孔融之死""荀彧自杀""华佗之死"来看，曹操非常善于运用惩罚权这张令牌。梦中杀人，是让身边的保安慑服；一瓜杀三妾是让后宫安稳；杨修之死，是让聪明的谋士忠心；孔融之死，是让"公知"和"士族"顺从；荀彧自杀，是让"功劳"最大的功臣不"居功自傲"；华佗之死，是让自恃有专长的"专家"顺服。结果，滥用"杀人"惩罚权的曹操，虽然收获了"令行禁止"的效果，使曹魏团队的执行力"爆棚"，但杀了神医华佗之后，没有人能够治疗他的"头痛"病，把自己的"身家性命"给搭上了。

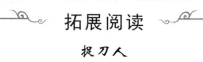

拓展阅读

捉刀人

捉刀人：指拿着笔的旁侍。古代的侍从，有专门的刀笔吏，所以，这里的"刀"为修改竹木简错字的小型工具，和笔的作用类似。比喻替别人代笔作文的人。

"捉刀人"的典故来源于曹操。他要见匈奴来的使节，但却认为自己容貌不能显示大国威仪。就让身材高大、长相俊美的崔琰代替他与匈奴来使会见。为了解会见的细节，曹操装扮成拿刀的卫士，站在旁边。会见结束后，曹操问安插在匈奴来使身边的自己人，匈奴来使对他的评价如何。回复说你们的魏王曹操名望很高，而且文雅风趣。但是，魏王身边的"捉刀人"，却显着英气逼人，是个"真英雄"。

（二）"执"与"奖"的关系

奖赏权，下属认为领导有能力奖励自己，为获得领导者的奖赏，而主动做事的行为。曹操曾经三次下发求贤令，可以说是"唯才是举"的。而且他在激励下属方面，领悟出"褒亡为存，厚往劝来也"的道理。典韦可以说是曹操的左膀右臂，为保护曹操，独挡叛军，不幸战死。听到典韦战死的消息后，曹操痛哭流涕，下令厚葬。后来，每次经过他的墓地，都用中牢祭奠他。如果说厚葬典韦是"褒亡"的话，那么重金收买关羽，则是为了"劝来"

了。虽然金银、美女、赤兔马没能让"义薄云天"的关羽就范,但也留下了"挂印封金""关公辞曹"的典故。这说明,曹操深刻地理解,无论是厚葬死者还是优待去者,都是给留在曹营的下属看的。因此,他把上述的事件做得"仪式感"十足。

(三)"执"与"权"的关系

合法权,来自习惯观念和行为规范,下属认为领导者有合法的权力,有权支配和安排他开展工作。曹操以"知错、改错、不认错"著称。但他更懂得权力来源的合法性,通过"挟天子以令诸侯",让自己获得"道义"的支持。虽然很多人把曹操的行为等同为"马基雅维利主义者",认为他"为达目的,不择手段"。虽然众多手下,甚至连孙权在内,都劝他"称帝",但他到死也没废掉汉献帝。曹操虽擅长利用合法权,却懂得"有权不可任性"的道理,没有杀掉臭骂自己的陈琳。官渡之战结束后,这个骂人高手,被带到曹操面前时,曹操问他:"你骂我就算了,为什么连我祖宗都带上?"陈琳说:"箭在弦上,不得不发尔。"意即我吃袁绍的饭,写《为袁绍檄豫州》,只是听候他的吩咐而已。

(四)"执"与"范"的关系

模范权,领导者拥有优秀品质,并能率先垂范,下属自愿模仿和跟从他。曹操年轻时血气方刚,借七星宝刀,主动要求刺杀董卓。虽行动未成功,却留下了"孟德献刀"的典故,为他博得好名声。而且,曹操懂得律人先律己的道理,颁布《内戒令》,推行廉洁管理制度,不仅自己衣着简朴,还严加管束自己的家属和子女。另外,曹操的"率先垂范,以身作则",大家听到比较多的就是"割发代首"了。曹操发兵宛城(南阳)的时候,率军经过麦田。作为"麦田守望者",曹操下令:"但有践踏者,并皆斩首。"士兵们都小心翼翼,不敢踩踏麦田。但曹操的马却因受惊而踏坏了麦子。曹操下令执法官给自己定罪,执法官说:"罚不加于尊。"为曹操开脱。曹操说自己制定法令却违反,如何取信于人?于是便拿剑割掉头发,传令三军:"丞相踏麦,本当斩首号令,今割发以代。"

(五)"执"与"长"的关系

专长权,领导者有专门知识、技能和专长,下属认为,跟从领导工作,能帮助自己提升能力。曹操不仅是政治家和军事家,还是文学家、书法家和诗人,而且懂生理学知识,体现出他的"多才多艺"。诗歌方面,写出了大家熟悉的《观沧海》《短歌行》《龟虽寿》等名篇,诗风深沉慷慨、气势雄浑,他与儿子曹丕、曹植一起,被称为"三曹",开创的建安文学,能够真实反映社会现实和人民的苦难。例如,他的《蒿里行》中,有"白骨露于野,千里无鸡鸣"的描写,体现出"建安风骨"。另外,曹操带兵攻打宛城时,经过长途跋涉,天热、人困、没有水喝。他运用"条件反射"常识,告诉士兵前方有一大片梅林,梅子又酸又甜,馋得士兵直流口水,军队坚持行军,成功地找到了水源。

曹操的"令行禁止",不在于他"杀人如麻"。如果每次遇到执行难题,曹操都利用"杀人"惩罚权这个终极利器的话,那么,他就不会成为一代枭雄。近年来,有些领导者,习惯于"只要结果,不看过程",醉心于"赛马"而不"相马",如果遇到下属工作业绩不好,或者是"赛马"落败,就实行"末位淘汰",可能会让组织成员有所忌惮。但是,如果一个领导只会使用"惩罚权"这个大棒,那么,他不会带出执行力超强的高效能团队。因此,被看成"乱世之奸雄"的曹操,是因为会灵活地运用"惩、奖、权、范、长"五张令牌,会科学地处理惩罚权、奖赏权、合法权、模范权和专长权的关系,才让"说曹操,曹操到"这样的执行效果成为可能,显露出他的超级执行力和团队成员的超强战斗力。

第四节　外宽内明
——个人影响力提升途径

汗牛充栋的管理学书籍都认为,领导的本质是影响力。但是影响力的本质是什么?如何提升"影响力",怎么驾驭"影响力"?

一、影响力的本质

"影响力"是个很奇妙的词汇,有人说领导就是影响力。但有的领导,影响力有限。而有的民间人士,虽不是领导,影响力却爆棚。而且,当瞬间拥有"影响力"时,却被这种"影响力"驾驭,从"抗震英雄"变成了"问题少年",锒铛入狱。

拓展阅读

"雷楚年式悲剧"——少年不能承受盛名之重

雷楚年,1992 年出生于成都彭州市。在 2008 年汶川地震中成功救出 7 名被困学生和老师。雷楚年被评为全国"抗震救灾英雄少年",并入选"感动中国"人物。因涉嫌诈骗罪、伪造国家机关印章罪、伪造公司印章罪,于 2014 年 11 月在法院受审。

对雷楚年英勇行为的宣传,和各种"马太效应"式的奖赏和激励,在鼓舞和激励了众人之后,从某种程度上也怂恿了他的个人情绪膨胀,而将他不求实际地放大和增高,进而忽略了对自己的管理和约束。当瞬间拥有了所谓的"影响力",却不能正当驾驭它时,雷楚年式悲剧便发生了。

影响力,是用一种为别人所乐于接受的方式,改变他人所乐于接受的方式,改变他人的思想和行动的能力。影响力的构成有权力性影响力和非权力性影响力两种,权力性影响力又可称为强制性影响力,源于法律、职位、习惯和武力等。权力性影响力对人的影响带有强迫性、不可抗拒性,是通过外推力方式发挥作用的,对人心理和行为的激励有限。非权力性影响力,也可称为非强制性影响力,源于领导者个人人格魅力和领导者与被领导者之间的相互感召和相互信赖。构成非权力性影响力的因素主要有品格因素、才能因素、知识因素和情感因素等。

由此来看,如果一个人的影响力主要来源于非权力性因素和内在因素,那么他就相对更懂得如何驾驭这种影响力。但相反,如果一个人的影响力主要来源于权力性因素和外来因素,那么他就更不容易驾驭这种影响力。所以说,有的时候影响力也是一把双刃剑,有些人靠外来因素而非个人努力突然拥有巨额财富或者突然拥有了某种影响力,就有可能产生雷楚年式的悲剧。

二、影响力提升关键路径

子张曾经问孔子,怎样才能当领导呢? 孔子说:"尊五美,屏四恶。""五美"是指:惠而不费,劳而不怨,欲而不贪,泰而不骄,威而不猛。有"五美",可产生影响力。由五美产生的影响力,大多属于非权力性影响力;但"四恶"同样也可产生影响力,由四恶产生的影响力,大多来源于强制性的影响力。

黄霸善于治理州县,他为官清廉、政绩突出,被称为"治绩天下第一"。黄霸曾两次"捐官",他做官是花钱买来的。剧孟是个游侠,一生中就没当过官。死后家里没有"十金之财"。由此来看,由"五美"产生的影响力是正能量,由"四恶"产生的影响力是负能量。为深入解读影响力提升的方法,弘扬正能量,我们就从"惠、劳、欲、泰、威"五美的角度,结合"治为天下第一"的官员"黄霸从政"和不愿为官、甘于附身草莽的百姓"剧孟扬名"故事,探讨一下一个花钱买来的"官"和一个平头百姓,通过"一官一民"鲜明对比,来探讨拥有强大"影响力"的手段和"影响力"提升技巧。

(一)惠而不费

惠而不费,是指惠及百姓但又不铺张浪费。黄霸的上司,因为他是个买来的"官",很看不起他。为了引诱他"徇私枉法",特意给他个"肥差",让他管钱管粮,并负责征收、

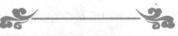

人物志:黄霸 (? —前51 年),阳夏人(今河南淮阳),西汉名臣,曾任河南太守丞、廷尉正、扬州刺史、颍川太守。出任丞相,封建成侯。善于治理郡县,为官清廉、外宽内明,文治有方,政绩突出,"治为天下第一"。

人物志:周亚夫 (? —前143 年),沛郡丰县人,西汉时期军事家、丞相,曾驻军细柳,以军法严明著称。为保卫长安,平定吴楚七国之乱,曾得到民间豪侠剧孟的帮助。

买卖和运输货物。黄霸任期内,顺应民心,公正无私,清正廉洁,被提升为河南太守丞。许县有个县长,年纪大了,耳朵聋了,有人打报告要换掉他。黄霸认为,频繁更换地方官,迎来送往,会增加人民负担,让这位廉洁清明的县长继续留任。汉武帝去世后,法度严苛,各地官员都横征暴敛,以争当酷吏为荣,黄霸却采用宽和的手段,对待老百姓。

剧孟,爱打抱不平,扶弱济贫,但却不索取报酬。

（二）劳而不怨

黄霸受牵连,一次被罢官,一次被关押。被罢官后,他又花钱,重新当官。关押期间,他向一同犯事、一同坐牢的大学问家夏侯胜讨教有关《尚书》的学问。夏侯胜说:"都获死罪了,学习它还有什么用呢?"黄霸说,孔子教导我们,"朝闻道,夕死可矣。"你还是教我吧。受真诚打动,夏侯胜讲论不息。俗话说,"你若不哭,命运便笑","命运以痛吻我,我却报之以歌",黄霸面对逆境,还能够潜心向学,得到

了一代宗师夏侯胜的真传。出狱后,夏侯胜成为太子的老师,推荐黄霸当上了刺史。

而剧孟在当地百姓都以经商发家致富的情况下,依然花费大量时间,热衷于行侠仗义,不治家产。

（三）欲而不贪

追求仁德,不贪图物质利益。黄霸因为管理业绩全国第一,被提升为颖川太守,薪水两千石,并允许用一丈高车盖,车的内饰、外饰用丹黄色。黄霸没有像其他官员那样与地方豪强勾结。而是为百姓撑腰,鼓励百姓自食其力,开荒种田。五年之后,颖川地区路不拾遗、夜不闭户。皇帝一高兴,把黄霸调任京兆尹(相当于担任首都的行政长官),还赏赐他100斤黄金。黄霸分文不留,把黄金全部捐赠给颖川,用于兴修水利。同时,他把京城也治理得有声有色,被称为"治为天下第一"。

剧孟作为豪侠,名声显扬于诸侯,豪杰们"望风云从",但他却不贪图"名利",甘于附身草莽。

（四）泰而不骄

为人谦和,身居高位不骄傲。黄霸,虽然以宽和的方式对待老百姓,却是个远近闻名的断案高手。当时,皇帝颁布对民"宽松"的诏书,但很多地方官员为了一己私利,不仅不执行,甚至还对老百姓封锁消息。相反,黄霸常常"微服私访",混迹于社会底层,了解民众疾苦。同时,他通过选拔懂法律的官员,大力宣传新政,让老百姓学会用法律保护合法权益。一时间,民间疑难案件剧增(估计是其他官员有意刁难所致),但黄霸每次断案,都

能够"上顺公法，下顺人情"。由于黄霸秉公执法，被任命为丞相长史，但他还采用一贯的"轻车简从、倾听民意"的方式工作。

"七王之乱"时期，剧孟帮助周亚夫平定了叛乱，但却秉持"事了拂衣去，深藏身与名"的原则，不愿意做官。

（五）威而不猛

保持应有的威严，但却不严苛凶猛。黄霸当官，以教化为主，刑法为辅。他多次颁布地方法律法规，并严格执行，使得犯罪率大大降低。而且，他还制定详细的安民条款，发挥村干部的积极作用，教化民众，奉劝百姓遵章守法，发展生产。有一次，黄霸为了考察民情，派遣一位亲信秘密出行。由于是"非正式出访"，这位干部没住酒店客栈，一路上风餐露宿。当在路边吃饭时，乌鸦叼走了他正准备吃的肉。这件趣事恰好被路人看到，转告给了黄霸。等亲信回来复命时，黄霸亲自犒劳他，提到了乌鸦吃肉的事。这位下属"大吃一惊"，感觉这种小事，领导都知道，感到他肯定对民情了如指掌，不敢有所隐瞒。

由于剧孟对平定"七王之乱"有功，有人对周亚夫说："大将军您得到剧孟的支持，能抵挡一个国家的劲敌！"但剧孟却不以为意，依然热衷于和一群乡下少年角力、下棋为乐。

因此，黄霸当官合理利用"五美"，业绩做到了全国第一。剧孟为民，不经意间符合"五美"的要求，成就了"一代豪侠"的美名。

黄霸在"影响力"帮助下，被提拔为太子太傅（即太子的老师）。后来，一度出任丞相，被封为"建成侯"。但他担任丞相后，却出现了擅长治民、不善于为相的尴尬情况。他担任丞相五年，不仅没有太多建树，反而差点被治罪。

剧孟在"七王之乱"后威名远扬，"影响力"爆棚。但他死后，家中虽没有"十金之财"，却让司马迁为这个"平头百姓"立传。后来，汉景帝因为"豪侠"们的"影响力"影响到了朝廷决策，他以"侠以武犯禁"为名，着手消除这种民间"影响力"。

如此看来，有"影响力"的人可以从政当官，但不是"影响力"越大，就可以做越大的"官"。剧孟当个平民百姓，同样可以收获"爆棚"的影响力，但影响力是一把双刃剑，也就是说，领导者不仅要拥有"影响力"，还要能掌控住这种"影响力"，才会不被"影响力"伤害。

第五节　长而不宰
——个人领导力提升途径

自从秦始皇统一中国,设置了皇帝这个至高无上的"职位"以来,无论是项羽的"彼可取而代之",还是刘邦的"大丈夫当如是",都表现为强烈的权力崇拜。对于一般民众而言,权力崇拜也有红楼梦中的《好了歌》和"黄粱一梦""南柯一梦"等典故做注解。

受两千多年封建专制文化影响,在前面章节中提到的"庙堂江湖"金字塔形状的社会结构中,"官"成为中央集权制度的具体执行者和操作者。科举制推行以来,"朝为田舍郎,暮登天子堂"成为底层民众通过"学而优则仕"渠道实现人生逆袭的生动写照。

既然本书认为领导的本质不是影响力,而且,前面一节中提及黄霸为官造福一方、剧孟为民扶弱济困的案例,无论是官员还是普通民众,只要"尊五美屏四恶",都能够产生非职权型影响力,那么,到底领导的本质内涵是什么,领导力的来源和领导力的主要影响因素又是什么。这两点就成为本节所重点关注的问题。下面,我们就从领导者概念内涵和领导者类型入手,解读和溯源领导力行为逻辑,为领导者提升领导力提供理论指导和现实借鉴。

一、领导者与领导力

了解"影响力"具有两面性后,我们来探讨领导力提升问题。领导,是相对比被领导者而存在的。"龙在浅滩被虾戏,虎落平阳被犬欺",领导一旦没有了追随者,就毫无领导力,他就会成为"孤家寡人"和"光杆司令"。这时候的领导者,肯定会有"英雄迟暮"的感觉,不仅不能发挥领导者的效用,还会成为组织发展的累赘和障碍。

领导力,是激发人们自愿追随的能力,包括组织领导力和个人领导力。组织领导力可帮助你成为组织的"超级领导者";个人领导力能支撑你成为民间"精神领袖"。

老子指出:"生而不有,为而不恃,长而不宰,是谓玄德。"说明"领导力"不是生而俱来的;当你拥有时,不能有恃无恐;要用"领导力",让下属成长,却不居功。老子认为,"道"是产生万物的根源,"德"是万物生长的营养;只有"长而不宰"的领导,才能称得上"玄德"。此外,老子把领导分成了四个级别,"太上,下知有之,其次,亲而誉之,其次,畏之,其次,侮之"。因此,最好的领导者信奉"道法自然",推崇"无为而治",有大批的自愿"追随者";好的领导者能让"追随者"产生亲近感,收获赞誉和美名;一般的领导者,信奉"业绩导向"和"丛林法则",让追随者害怕和顺从;较差的领导者,假公济私,对"追随者"打击报复,收获无数骂名。

二、领导力提升关键路径

"夫主将之法,务揽英雄之心",领导者,擅长于让追随者心甘情愿地跟从。如何才能成为这样的"超级领导"呢? 本节从"善、正、奇、谷、权"的角度,分析刘备的"领导力"。刘备,字"玄德",看看他是不是"功成不居,长而不宰"的领导。

(一)"善",心存善念

善是"一曰慈,二曰俭,三曰不敢为天下先"的"悲天悯人""敬畏自然"的情怀,是凝聚人心的使命、宗旨和价值观,是让"追随者"自愿随行的思想根源。《道德经》通篇中有52个"善"字,是"领导力""善"思想的集中体现。刘备曾以"贩履织席"为业,社会地位低下,虽是"汉室宗亲",但比他"家世显赫"的人多了去了。这样一个"无地盘、无军队、无官职"的"三无"人员,就是靠着"救困扶危,上报国家、下安黎民"的"善",通过"三让徐州"和"携民渡江",彰显他的"仁义忠厚"和"仁慈爱民"。刘备"携民渡江",以百姓的"苦"为"苦",带着百姓撤退时看到人们扶老携幼,哭喊震天,他敢于主动承担领导责任,哭着说:"为吾一人而使百姓遭此大难。"还不如他去死了呢! 命令张飞帮助百姓渡江。这样,刘备不仅收获了民心,还获得了曾经的"追随者"徐庶的"忠诚",导致"徐庶进曹营,一言不发"的故事广为流传。

(二)"正",以正治国

正是向"追随者"传递执政理念和战略意图,并向团队成员描绘美好蓝图、远大目标的能力,是让"追随者"产生"组织承诺"的强大"心理束缚力",能笼络一批忠实"追随者"。刘备通过"三顾茅庐",见到诸葛亮时坦诚地说:在汉室风雨飘摇的时代背景下,奸臣当道、民不聊生,"备不量力,欲伸大义于天下"。他清醒地认识到自己"智术浅短,迄无所就"。如能得到先生的帮助,"实乃万幸"。这样,刘备用"以正治国"的战略意图,吸引了诸葛亮的倾情加盟和终身追随。关于草船借箭,后人开玩笑地说,诸葛亮从来不问刘备箭怎么那么少。因此,刘备用"兴复汉室"的"正"念,不仅得到了"卧龙""凤雏"等"追随者",还让他们成了忠实粉丝。诸葛亮"鞠躬尽瘁、死而后已",衬托出刘备的"宅心仁厚"。

(三)"奇",以奇用兵

奇是指"领导者"能跳出"常规"思维,充分发挥"追随者"的技能和专长,"不拘一格"地提拔和任用人才。刘备的"以奇用兵"体现在对魏延的任用上。据记载,魏延"性矜高,当时皆避下之",说明他是个心高气傲、鼻孔向天的人。刘备当上汉中王时,大家都认为他的拜把兄弟张飞是汉中太守的最佳人选。但让大家大跌眼镜的是,刘备却把这个名不见经传的牙将,年纪轻轻的魏延,提升为镇远将军,同时还让他担任汉中太守。不仅如此,刘备还专门为他准备了一个"仪式感"十足的"就职演说"。使这个自信、有胆识、特立独行的小伙子,镇守汉中十几年,为蜀汉政权稳定建立了汗马功劳。后来,诸葛亮北伐中原,他还提出了"奇袭长安"的建议。

(四)"谷",为天下谷

谷是指"领导者"懂得"善用人者为之下"的道理。"谷",不仅体现出领导者的"知人待士",还能够理解、包容"追随者",对他们充分信任、大胆放权。刘备因为黄忠功勋卓著,任命黄忠为"五虎上将",并赐爵关内侯。这时诸葛亮认为:黄忠多年跟随征战,确实战功卓著,但作为一个投降过来的老将,名望比不上关羽和马超。马超和张飞亲眼看到黄忠的赫赫战功,不会有意见。他判断,"关遥闻之,恐必不悦",担心关羽会不高兴。刘备说:"吾自当解之。"果不其然,关羽听到黄忠位列"五虎上将"后,非常不满意,说:"黄忠何等人,敢与吾同列?大丈夫终不与老卒为伍?"无奈,刘备派出特使说服关羽接受了黄忠成为"五虎上将"的事实。

(五)"忍",忍小谋大

忍是指"领导者"善于根据环境变化调整行为策略。在寄人篱下时,能够保持"隐忍";在面对利益时,能够保持"低调";通过"隐忍"和"低调"的权变管理,让"追随者"能不惜牺牲个人利益,心甘情愿地追随。吕布被杀后,刘关张三人,心不甘、情不愿地跟从曹操到了许昌。听到"今天下英雄,惟使君与操耳!"后,刘备用雷声掩盖了震惊,他在高压下的"隐忍",不仅没有吓跑追随者,还让关羽不惜过五关斩六将,辗转千里追随。庞统向刘备献计取益州时,他沉稳地说:"今以小故而失信义于天下者,吾所不取也。"让庞统主动承担起了"权以济业,负信违情"的责任。

因此,刘备虽不是"不知有之"那样最好的领导者,但他精通"以其不争,故天下莫能与之争"的道家文化,能灵活运用"以正治国,以奇用兵,以无事取天下"的原则,做到"为而不恃,长而不宰",不愧"玄德"的称谓。

概念辨析

执行力:执行力是将目标转换成结果的行动。下属的执行力会受到领导权力的影响。

影响力:是指改变他人思想和行为的能力。众多管理学者认为领导是一种行为和影响力,这种行为和影响力可以引导和激励人们去实现组织目标。

领导力:是激发人们自愿追随的能力,包括组织领导力和个人领导力。领导者树立威信可以从以下两方面入手:一是领导者应该正确认识自己身上的任务和责任;二是领导者应树立正确的权威观,主要包括破除对职位权力的迷信,正确地认识权力来源,正确地使用权力。

复习思考题

1. 如何厘清学与思、问、辨、习、行之间的关系,实现学与思、问、辨、习、行之间的深度融合,并进一步提升学习效果?

2. 如何理解言与文、意、譬、策和信之间的关系? 怎样做才能更有效地进行有效沟通?

3. 领导者的权力越大,追随者的执行力越强吗? 如何理解执行力与组织职权之间的相互联系?

4. 如何理解"惠而不费,劳而不怨,欲而不贪,泰而不骄,威而不猛"与提升影响力之间的关系?

5. 领导的本质是影响力吗? 通过对新五力模型的学习,尝试辨析领导力和影响力之间的关联关系。

与人和者，谓之人乐。

与天和者，谓之天乐。

——庄子·天道

专题讨论四
成功观念与幸福感悟

学习目标

1. 通过本次讨论和思考,读者应当了解传统成功观的心理学理论基础,理解工具性成功观与价值性成功观的科学性与合理性。

2. 通过本次讨论和思考,读者应当了解梦入华胥、孔慕商周、庄周梦蝶等与黄粱美梦、南柯一梦的差异,理解幸福感与成功观密切联系的文化根源。

3. 通过本次讨论和思考,读者应掌握成长体验"洋葱模型"的当代价值。

4. 通过本次讨论和思考,读者应了解"登山模型"与"洋葱模型"的关系。

2012 年,十八大报告提出:中国梦是实现中华民族伟大复兴,是中华民族近代以来最伟大梦想。中国梦的具体表现是国家富强、民族振兴、人民幸福。2017 年,十九大报告指出:中国特色社会主义进入新时代,我国社会主要矛盾已经由人民日益增长的物质文化需要同落后的社会生产之间的矛盾转化为人民日益增长的美好生活需要和不平衡不充分的发展之间的矛盾。

习近平总书记多次提出敬畏民意、独立发展的治国理政思想,坚持以人民为中心的发展思想,大力倡导推进法治治国进程,努力抓好保障和改善民生各项工作,让人民群众有更多安全感、获得感和幸福感,不断推进全体人民共同富裕。

2012 年,第 66 届联合国大会宣布,追求幸福是人的一项基本目标,幸福和福祉是全世界人类生活中的普遍目标和期望,决议将今后每年的 3 月 20 日定为"国际幸福日"。虽然自 2010 年以来,中国 GDP 超过日本,成为"世界第二大经济体",但是根据联合国发布的 2020《全球幸福指数报告》,比较全球 156 个国家和地区人民的幸福程度,中国大陆排在第 94 位(中国香港 78 位,中国台湾 25 位)。为什么"幸福指数"的排名看起来与经济发展水平不相称?下面,我们就从成功观念入手,通过构建幸福体验"中心外围模型"(也可称为"洋葱模型"),解读幸福、感悟生命。

第一节　成功观念
——目标与手段倒置问题的解码器

"仓廪实而知礼节,衣食足而知荣辱",现实生活中,梦想与现实往往有差距,诗和远方与眼前的苟且并存。现实生活中,更有甚者,把目标和手段倒置,在追求名誉、利益和地位的过程中,逐渐忽略了出发时原本追求的亲情、友情和爱情,逐渐把实现人生目标的工具和手段当成了生活的全部,活成了"钱奴""车奴""房奴""物奴"等各种"奴",缺乏幸福感。

目前,社会上的成功观念可以划分为传统成功观、过程成功观和价值成功观三种类型。中华民族兼容并包、华夏文明连绵不断,但由于受整体主义、朝代更迭、权力崇拜制约,受宗法社会、农耕文化、功利主义影响,追求名利双收、成名成家、扬名立万的传统成功观念古已有之。"天下皆知取之为取,而莫知与之为取",当今传统成功观念大行其道,拥有众多簇拥者。传统成功观理论上表现为"功利主义""实用主义"哲学盛行,思想上表现为"个人主义""自由主义"思潮泛滥,行为上表现为坚持"精致利己主义者"和"马基雅维利主义"观点,为达目的不择手段。

一、传统成功观

传统成功观,将金钱等同于成功和幸福,将成功绝对化。认为出人头地,衣锦还乡,才是成功。传统成功观,将成功绝对化、狭隘化,认为可模式化,可简单复制。社会上流行的"成功学",大多强调金钱物质诱惑,不仅不能助人成功,反而让不少人坚信"常在河边走,就是不湿鞋"的人生信条,会让人倾心速成、投机成瘾,甚至是"饮鸩止渴",走向违法犯罪的边缘。

二、过程成功观

过程成功观,也被称为"工具性成功观",认为成功是个过程,信奉"成功不必在我,但功力必不唐捐"习近平曾指出,要树立"成功不必在我"信念,"不贪一时之功,不图一时之名"。央视主持人董卿曾引用作家克拉克的话说:"我永远都没有长大,但我永远没有停止生长。"其实,人生就是一场马拉松,每个人的人生都是一场绝无仅有的生命体验。

"笑到最后,才是笑到最好""失之东隅,收之桑榆",不要简单地以成败论英雄、以结果论得失,要以结果为导向,注重过程,注重独有体验。

三、价值成功观

价值成功观,认为成功不但是自我价值的实现,还表现为个体与周围环境的和谐统一。简单说来就是,具有输出能力。《后汉书》中曾提及:"天下皆知取之为取,而莫知与之为取。"上述输出能力中所指的输出对象,不仅是经济价值,还包括知识、理念、技能和方法等。马云曾指出:"慈善在于给予,而公益是在于参与。""慈善是给别人东西,而公益是给自己益处。"

对比传统成功观、工具性成功观和价值性成功观,每人的成功都是独有的生命体验,无需模仿复制,也不要邯郸学步。因为成功不仅是个体成长过程,还是生命体验的不断突破,是逐步从损人利己向单纯利己、爱人如己、为己利他,发展到己他两利、济人利他,到能感受"给予"的愉悦和"输出"的幸福。

"天行健,君子以自强不息",中华民族自古以来,始终坚守"不认命、不服输、不放弃、不抛弃"的信念,才能保障华夏文明连绵不断。"君子食无求饱,居无求安",那些具有独立人格与高尚操守的"士",信奉天下为公、世界大同,心怀天下、忧国忧民,见贤思齐、舍生取义,不慕荣华、舍利取义,肩负着弘扬中华优秀传统文化重任,传承和发展中华精神与传统美德。

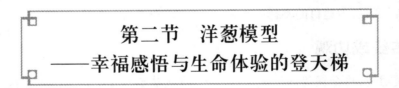

第二节　洋葱模型
——幸福感悟与生命体验的登天梯

为探究成功观念与幸福感悟的关系,挖掘国人生命感悟与成长体验的内部机制,下面就博采诸子百家众长,配合前面章节中独创的"登山模型",结合利益相关者理论,在解读梦想与现实之间的差距、辨析目标与手段倒置社会现象的基础上,构建幸福体验"中心外围模型"(可称为剥洋葱模型)。

一、"中心外围"理念模型

先秦诸侯纷争、社会动荡的春秋战国时期,儒墨并称显学、道家法家一脉相承、纵横家权谋辩术异彩纷呈。由内而外,从纵横家、法家、儒家、墨家到道家核心价值观入手,构建出幸福体验"中心外围"理念模型(见图Ⅳ-1)。

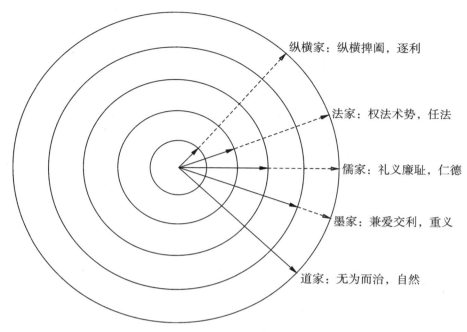

纵横家：纵横捭阖，逐利

法家：权法术势，任法

儒家：礼义廉耻，仁德

墨家：兼爱交利，重义

道家：无为而治，自然

图Ⅳ-1　"中心外围"理念模型

　　模型的内核为纵横家价值理念，重视谋略，目的在于逐利。这也就是《战国策》中刻画的战国时期策士"横则秦帝，纵则楚王"，他们依托口才辞令，游说诸侯、纵横捭阖。为什么策士的形象往往被描述为"背仁、远礼、弃义"呢？主要在于他们坚守马基雅维利主义，行事讲究智谋、计谋，甚至是阴谋，为达到追逐利益的目的，可以不择手段。

　　突破纵横家内核层，进入法家价值理念层。法家任法，提出富国强兵、依法治国理念，法家集大成者韩非子吸收纵横家的"术"，融合道家遵循客观规律的思想，将"法、术、势"糅合为一，将法治理论系统化。

　　突破法家圈层，儒家讲究礼义廉耻和仁义礼智信，突破法家理念层，注重仁德和王道，推崇子产宽猛相济治国理政方式。

　　突破儒家圈层，墨家理念上坚守"义者，利也"，尊奉"兼相爱，交相利"的观念，认为国与国、人与人之间应该平等互爱、互助互利，突破个人私利而追求人类社会公利。

　　突破墨家圈层，道家理念上追求人与自然的和谐，信奉道法自然、无为而治和天人合一，推崇小国寡民、宽刑简政治国方式。

　　由内而外，从"中心外围"理念模型来看，坚持纵横家理念的管理者往往追求个体私利，难以突破理念限制进入法家、儒家、墨家和道家圈层。所以，持有纵横家理念的管理者虽能获取短暂成功，但事业发展上有天花板，只有突破法家、儒家、墨家和道家圈层，才能进入相应境界，具有相应的人生格局。

二、"中心外围"治事模型

我国历代"士人"和知识分子自古以来就把经世致用的家国情怀和为民请命的良知正义当成职责所在。《礼记·大学》中指出,"心正而后身修,修身而后家齐,家齐而后国治,国治而后天下平",说明正心是修身的基础,修身是齐家、治国、平天下的保障。"自天子以至于庶人,是以修身为本",无论是帝王将相,还是平民百姓,都要通过"由内而外"逐步强化的心智修炼,实现"修齐治平"治事能力的提升和"弘毅致远"治事效果的突破。

下面,就按照《礼记·大学》中的"心正、修身、齐家、治国、平天下"的顺序,构建"中心外围"治事模型(见Ⅳ-2)。

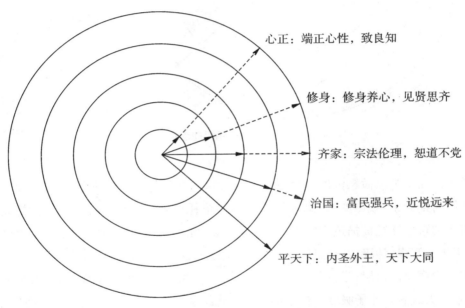

图Ⅳ-2 "中心外围"治事模型

模型的内核为"心正",说明只有端正心性,才能达到心性自觉的"致良知"状态。心性中只要有良知善念,是做好"修身、齐家、治国、平天下"的心性基础。

突破心正内核层的治事方式在于修身。曾子提出:"吾日三省吾身:为人谋而不忠乎? 与朋友交而不信乎? 传不习乎?"《礼记·大学》中指出:自天子以至于庶人,皆以修身为本。说明君子行事要以正心为基础,通过修养身心、内观自省,达到慎独自律、见贤思齐的目的。

突破修身圈层,齐家治事理念来源于"皇权不下乡""宗族自治"和"乡土自治"等社会治理经验。齐家就是依托宗法伦理,遵照不卑不亢、平等不党交往原则,推广"己所不欲,勿施于人"的恕道,弘扬"老吾老,以及人之老;幼吾幼,以及人之幼"尊老爱幼的传统美德,促使家族成员齐心协力、和睦相处,实现家族风清气正、家和万事兴。

　　突破齐家圈层,治国理念上坚守民本思想和富民在先思路,追求敬天爱人、敬天保民和富国强兵,实现近悦远来、便民惠民。

　　突破治国圈层,平天下追求天人合一和世界大同,旨在通过对内向圣贤看齐、修炼才德,结合"心正、齐家、治国"阶段的治事累积效应,对外施行王道,力求实现"万民敬仰""天下归心"的社会治理效果。

三、"中心外围"心智模型

　　鬼谷子作为纵横家鼻祖,被誉为"通天彻地"的人物,相传拥有以兵法韬略闻名于世的兵家弟子孙膑、庞涓和以权谋辩术游说天下的纵横家弟子苏秦、张仪。隋朝大儒王通提出儒释道"三教可一"主张,被后人尊为"至人"和"文中子"。文中子的著作《止学》倡导行事有度、适可而止,他指出:"大智知止,小智惟谋,智有穷而道无尽哉。"可见鬼谷子以韬略、智谋和辩术见长,文中子以规则、规矩和边界著称。老子《道德经》指出:"知足不辱,知止不殆,可以长久。"由此可见,依靠智谋可能短暂获利或者获得暂时成功;"不忘初心,方得始终",依托知边界、守底线、重规则、懂规矩的止学,才能获得可持续长久发展。《礼记·大学》中有:知止而后有定,定而后能静,静而后能安,安而后能虑,虑而后能得。因此,只有依据"止、定、静、安、虑"顺序由内而外修炼心智,才能"知止不殆""得其所止",构建"中心外围"心智模型(见图Ⅳ-3)。

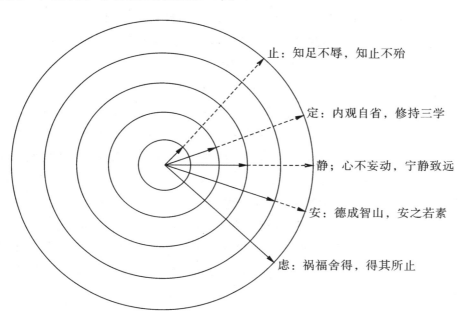

止:知足不辱,知止不殆

定:内观自省,修持三学

静:心不妄动,宁静致远

安:德成智山,安之若素

虑:祸福舍得,得其所止

图Ⅳ-3　"中心外围"心智模型

心智模型的内核为"止",在"进退荣辱"中绽放"知止不殆"的生命智慧。

突破"止"内核层的不忘初心和边界意识在于"定"。"定"圈层是指在"知止"的基础上,感悟禅宗智慧,修持"戒、定、慧"三学,摒弃"贪、嗔、痴"三毒影响,通过内观自省,培养自我净化、自我完善、自我革新、自我成长的定力。

突破"定"圈层,"静"圈层讲究摆脱现世名利羁绊,"心生则种种法生,心灭则种种法灭。"倡导"心不妄动""淡泊明志"和"宁静致远",保持人格独立、心灵自由,才能实现心态平静、志趣高远。

突破"静"圈层,"安"圈层在拥有"静"的心境,才能做到心有定力、身心安详,虽甘居人下依然能从容有度,做出推功揽过之举,仍能志有定向、砥砺前行。德不配位,必有灾殃,德成才能智出;安之若素,才能实现知行合一,才能做到德成智出、安之若素。

突破"安"圈层,"虑"圈层讲究"心外无物""心外无理",通过内部心智修炼,才能领悟到福祸舍得都是过眼云烟。超越名利,才能感悟到"义者,利也"的格局,才能体会到具有了输出能力,才是成功者的标配,才能够实现知觉与行为的统一。得其所止,才能真正体验到出发的意义。

四、"中心外围"成长模型

孔子曾提出"仁者爱人"观点,《圣经》中也曾提及"爱人如己"。孟子提出:"亲亲而仁民,仁民而爱物。"他将孔子的"爱人"发展为以学缘关系为纽带的"亲亲"、推己及人的"仁爱"和由人及物的"爱物"。另外,《孔子家语·礼运》中曾提出圣人以天下为一家,以中国为一人的观点。"己所不欲,勿施于人""将心比心,推己及人",儒家的"民本"和"推恩"思想成为"中心外围"成长模型的文化根源。

根据西方利益相关者理论,在组织发展过程中,与自身关系紧密的利益相关者随着企业的发展和时间的推移会有一定的拓展和调整。初创企业的经营管理者从较多地关注自身利益逐步过渡到核心层利益、公众利益、社会利益,最终发展到追求人类利益。随着企业利益相关群体范围的逐步扩展,利益相关群体的利益需求的复杂程度也会呈指数级增加,企业经营管理理念也会逐步由生意人小老板思维,向商人经商智慧、企业家创新精神、慈善家公益情怀和政治家胸襟气魄过渡。

"中心外围"成长模型(见图Ⅳ-4)的核心层最开始关注自身利益,很多生意人下海经商的初衷是"吃得上饺子""买得上房子""坐得上车子"。诺贝尔经济学奖得主科斯提出的交易成本理论认为,企业通过专业化分工和市场价格工作机制,可降低社会交易费用,这也是企业存在的本质和真实意义所在。个人追求物质享受、企业追求经济利益本来无可厚非,但处在以追求自身利益为主要目标的发展阶段,需要"知畏",也就是说"生意人"在追求自身利益的过程中,应该有"敬畏感"。俗话说,"先做人,再做生意",生意人要在给顾客创造价值的过程中赚取合理利润,而不是为了追求"超额利润"而做出"伤天害理""损人利己"甚至是"损人不利己"的事情。

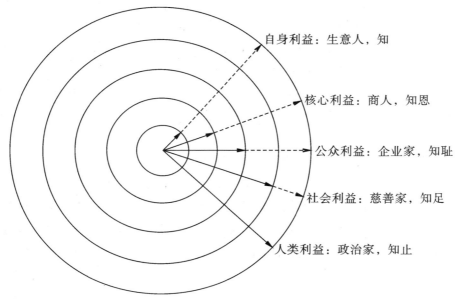

图IV-4　"中心外围"成长模型

　　突破成长模型"自身利益"内核层,企业开始关注组织核心层成员的利益。"财散人聚,财聚人散",当自身利益得到一定限度地满足之后,生意人要想成长为商人,就要懂得感恩、懂得分享,必须从仅关注自身利益转向关注核心层利益,通过培养规则意识,坚持"有所为,有所不为",实现心智转化。

　　突破成长模型"核心利益"圈层,商人要想成长为企业家,尤其是具有"企业家精神"的企业家,就应该从关注利润转向价值创造。受时间空间所限和外部环境影响,生意人和商人在追逐经济利益的过程中,可能会有"原罪"会在"刀尖上跳舞",有些经营管理者认为"订单就是生命""生存下来比什么都重要",经营理念上产生出"常在河边走,就是不湿鞋",经营行为上经常"拆东墙,补西墙",甚至是"饮鸩止渴""寅吃卯粮"。首先,这种心态非常危险。其次,这也是众多生意人和商人成长为企业家的必须要经历的训练营。"知耻而后勇",企业家就是在知耻的心态下,摒弃发展原罪道路,从追求自身利益和核心层利益的内部人利益成功转向关注公众利益。真正的企业家,是具有企业家精神的企业家,要有清晰的边界意识,不仅知道自己应该做什么,还应清晰地知道自己不能做什么,他们不会利用人性弱点靠兜售焦虑来赚钱,而是通过为社会大众创造附加价值和增值服务,通过为社会发展赋能来赢得发展机会。

　　突破成长模型"公众利益"圈层,企业开始更多地关注社会公众的获得感。"事贵知足""知足不辱","有心为善,虽善不赏。无心为恶,虽恶不罚",企业家要成长为慈善家,在创造社会财富的同时，应多做"无心之善"，从关注公众利益转向社会利益，应增强履行社会责任的使命感，而不是假借慈善之名，披着慈善的外衣，从事"眼球慈善""虚假慈善"甚至是"暴力慈善"之实。

突破成长模型"社会利益"圈层，企业将使命和发展宗旨定位为人类命运和全体人类的利益。"景行行止""止于至善"，大道之行、天下为公，从慈善家成长为政治家，就要从关注社会利益转向更为广泛的人类利益。"一曰慈，二曰俭，三曰不敢为天下先""知止不殆、得其所止"，政治家应该有责任担当的意识、悲天悯人的情怀和战战兢兢、以终为始的谨慎，只有"行所当行，止所当止"，才能不忘初心，方得始终。

因此，结合本书独创的"登山模型""蝴蝶模型""庙堂江湖模型""不倒翁模型""天平模型"和"中心外围模型"，从利益相关者角度来看，创变时代组织变革与创新发展，需要秉承"仁者爱人、推己及人"理念，综合考虑组织结构类型选择、组织经营管理范式、组织成员心智模式和组织所在发展阶段等影响因素，逐步由金字塔科层制结构转向以赋能个体和激活组织为手段的倒三角组织结构，从而实现组织集合个体智慧，激活组织活力，强化价值创造能力的效能。

五、综合应用

习近平总书记扶贫助困思想内涵诠释

习近平总书记在十九大报告中指出，各级领导干部需要提高政治领导本领，需要拥有战略思维、创新思维、辩证思维、法治思维和底线思维。其中，习近平总书记倡导的扶贫助困"五种思维"中的底线思维集中体现为摆脱唯利是图、保持诚意正心、摒弃锱铢必较、满足物质基础、释放真实善意；法治思维主要涉及任法主张、遵循谨言慎行、奉行多赢思维、给予安全保障、确保政策连续；辩证思维充分展现仁爱行为规范、为人恕道不党、兼顾公众诉求、重视归属需求、体味静心去妄；创新思维特别强调坚守重义轻利、倡导近悦远来、致力社会公益、体察群众感受、践行知行合一；战略思维重点聚焦删繁就简求真、尊奉内圣外王、关心人类福祉、激发自我实现、淡化荣辱得失。

下面就依托习近平总书记"五种思维"，诠释扶贫助困"中心外围"文化理念、"经世致用"治制格局、"利益相关"角色认知、"生存发展"需求层次和"初心使命"心智修炼思想内涵。

（一）"中心外围"文化理念

"圣人无常心，以百姓心为心"，习近平总书记号召各级领导干部"不忘初心，牢记使命"。借助儒学墨学并称显学、道家法家一脉相承、纵横家权谋辩术思想碰撞，下面从纵横家、法家、儒家、墨家到道家文化理念入手,解读习近平扶贫助困"中心外围"文化理念。

1.纵横捭阖——扶贫助困的"逐利"文化溯源

纵横家"横则秦帝,纵则楚王",身份显赫者被六国相印,"所在国重,所去国轻",堪称人生赢家。但策士往往被描绘成"背仁、远礼、弃义"的形象,在于他们行事讲究韬略、计谋,甚至是阴谋,为达目的、不择手段。习近平指出,应深化扶贫助困、脱贫攻坚领域腐败和作风问题专项治理工作,通过建章立制、堵塞漏洞,着力构建"不敢腐、不能腐、不想腐"长效机制,各级领导干部应主动摒弃逐利冲动,决不能让党组织掉入"塔西佗陷阱"。

2.法术势合——扶贫助困的"任法"文化溯源

法家集大成者韩非子吸纳纵横家"术"理念,将"法、术、势"糅合为一,既讲究法令权威,又强调权术技巧与审时度势。苏轼提出"任法而不任人,则法繁而人轻"。习近平总书记指出,公正是法治的生命线,强调执法部门代表人民利益,决不能成为家族势力、黑恶势力保护伞,抓住领导干部这个"关键少数",建设德才兼备高素质法治工作队伍,开展"打伞破网"和"打财断血"活动,对损害贫困群众合法权益违法行为依法依纪严肃追究责任。

3.四维八德——扶贫助困的"仁爱"文化溯源

儒家推崇"仁者爱人",孟子认为恻隐之心是"仁之端也",提倡仁、义、礼、智"四端"。宋代理学家倡导孝、悌、忠、信、礼、义、廉、耻"八德"。马克思指出,"贫穷不是社会主义,社会主义就是要消灭贫穷",由此来看,消除贫困、改善民生、实现共同富裕,是社会主义的本质要求。习近平总书记强调,扶贫助困要有"仁爱之心、关爱之心",更多关注困难群众,看真贫、扶真贫、真扶贫,多搞惠及广大贫困人口实事。

4.兼爱交利——扶贫助困的"重义"文化溯源

墨家坚守"义者,利也",尊奉"兼相爱,交相利"的观念,主张"尚同"和"节用",推崇节约、反对铺张浪费。墨者认为国与国、人与人之间应平等互爱、互助互利,突破个人私利、追求人类公利。习近平总书记在中共中央政治局第十六次集体学习时结合墨家忧患意识,提出共产党人应具备忧党、忧国、忧民意识,是一种责任,更是一种担当,强调共产党人没有自己的私人利益,全心全意为人民服务是指导每位共产党人扶贫助困实践的不灭明灯。

5.大道至简——扶贫助困的"无为"文化溯源

道家倡导"人法地,地法天,天法道,道法自然",信奉道法自然、无为而治和天人合一,追求人与自然和谐。道家代表人物老子曾指出,"吾有大患,及吾有身;及吾无身,吾有何患"。秉承天下为公思想及全面建设小康社会理想和政治目标,习近平在2019年意大利国事访问时提出"我将无我,不负人民",愿意做到"无我"的状态,为中国的发展奉献自己。鉴此,"大道之行也,天下为公",成了习近平在多种场合引用率最高的经典名句。

（二）"经世致用"治制格局

中国古代历来讲格物致知、诚意正心、修身齐家、治国平天下。结合国人"修齐治平"的人生理想，习近平总书记指出，道德之于个人、之于社会，都具有基础性意义，也是我们用人标准为什么是德才兼备、以德为先的基础，只有明大德、守公德、严私德，其才方能用得其所。

1. 诚意正心——扶贫助困的"正心"思想认识

"进修之术，莫先于正心诚意。"正心在于心胸端正而不存邪念，诚意在于意志必真诚而不自欺。正心的目的在于心正，只有端正心性，才能达到心性自觉的"致良知"状态。"心不动于微利之诱，目不眩于五色之惑。"习近平总书记曾指出，"正心明道"就是要求党员干部要慎独、慎初、慎微、慎欲，筑牢理想信念初心，坚守为人民谋幸福初心，通过正心、正向、正行，提升和强化自我约束、自我控制的意识和能力，始终不放纵、不越轨、不逾矩。

2. 修身慎行——扶贫助困的"修身"方式方法

孔子倡导"克己复礼"，孟子强调"行有不得，反求诸己"。自天子以至于庶人，皆以修身为本，修身、正己、立德自古以来就是国人为人、处世、为官、理政的根基。习近平总书记把"严以修身"作为干部改进作风"三严三实"的首位要求，强调慎权、慎独、慎微、慎友，提倡反躬自省和自我批评，号召各级领导干部树立公仆意识、自省意识和敬畏意识，加强党性修养、坚定理想信念、提升道德境界、追求高尚情操，勇于"立德、立言、立行"。

3. 恕道不党——扶贫助困的"齐家"行为规则

齐家源于"宗族自治"和"乡土自治"的治理经验，依托宗法伦理，遵照不卑不亢、平等的交往原则，推广"己所不欲，勿施于人"的恕道，弘扬"老吾老，以及人之老；幼吾幼，以及人之幼"的传统美德，促使宗族和睦相处，实现家风清正、家和万事兴。"家是最小国，国是千万家"，习近平总书记强调领导干部作风建设要把家风建设摆在重要位置，奉行勤俭持家、廉洁齐家，不搞特权、清白做人，躬身笃行、廉洁修身，务实亲民、心怀家国。

4. 近悦远来——扶贫助困的"治国"理念规制

"民为邦本，本固邦宁""政之所兴，在顺民心，政之所废，在逆民心"，古代治国思想从朴素的"民之所欲，天必从之"发展到"近者悦，远者来"，民本治国遂成为主流。"治国有常，而利民为本"，习近平总书记指出，扶贫脱困工作要坚持人民主体地位，顺应人民群众对美好生活向往，深入开展电商扶贫、消费扶贫、产业扶贫，如期打赢脱贫攻坚战，不断实现好、维护好、发展好最广大贫困群众根本利益，做到发展为了人民、发展依靠人民。

5. 内圣外王——扶贫助困的"平天下"治理智慧

"周公吐哺，天下归心"，在天下为公、大同之世、多元一统传统文化滋养下，"内圣"在于努力实现"国家富强、民族复兴、人民幸福、社会和谐"的"中国梦"，"外王"旨在追求本国利益时兼顾他国合理关切，在谋求本国发展中促进各国共同发展。"周虽旧邦，其命维新",习近平总书记指出,要实现中华民族伟大复兴中国梦和两个一百年奋斗目标,各级领导干部既要"守正"抓大事,又要"创新"重细节,多谋民生之利、多解民生之忧。

(三)"利益相关"角色认知

"君子喻于义,小人喻于利",自从孔子开启义利之辩、公私之争以来,信奉"人不为己天诛地灭"者有之,"为天地立心,为生民立命"者亦有之。习近平总书记指出,全面建成小康社会,最艰巨任务是脱贫攻坚,重点在于巩固"两不愁三保障"成果,防止反弹。

1. 自身利益——扶贫助困的"生意人"逻辑思维

"天下熙熙,皆为利来;天下攘攘,皆为利往",生意人原本的让利行为"无尖不商"演化为逐利行为的"无商不奸"。李斯秉承功利主义"老鼠哲学",功高志伟但落得"东门黄犬"的喟叹。习近平总书记指出,切勿把扶贫变成"爱心人士"的"生意经",各级领导干部应正确对待"公与私、义与利、得与失、苦与乐"的关系,强化责任意识,自觉抵制市场交换原则、物质利益原则和权力名利对党性的侵蚀,反对自私自利的"精致利己主义"。

2. 团队效能——扶贫助困的"商人"逻辑思维

"人无诚信不立、业无诚信不兴",当生意人自身利益得到一定限度满足后,才能体会"贵上极则反贱,贱下极则反贵"的市场智慧和"财散人聚,财聚人散"的经营哲理,才能转化为"酌中而行,生财有道"的商人思维。习近平总书记指出,构建"亲""清"新型政商关系,强调"官""商"交往要有道,要相敬如宾,不要勾肩搭背、不分彼此,要划出公私分明界限,提出扶贫脱困要"干事",更要"干净",确保"大道"不偏离,"小节"不丧失。

3. 公众诉求——扶贫助困的"企业家"逻辑思维

"见利思义,富而好德",只有当商人对"义利之辨"和"德财本末"有深刻认识之后,才能真正实现从追逐自身利益的生意人思维和追求核心层利益的商人思维过渡到关注公众利益的"企业家"思维。"行生于己,名生于人",习近平总书记指出,企业家要讲正气、走正道,要珍视自身社会形象,鼓励企业家积极承担社会责任,踊跃投身脱贫攻坚和精准扶贫事业,弘扬企业家精神和工匠精神,做爱国敬业、守法经营、创业创新、回报社会的典范。

4. 社会公益——扶贫助困的"慈善"逻辑思维

古代"荒政养民"官方之策强调"慈幼、养老、振穷、恤贫、宽疾"并用,民间行为兴起"义田、义仓、义塾"等扶贫助困的义举。只有企业家明白"事贵知足、人贵无求"的道路,才能真正理解陶朱公范蠡的"裸捐"和范仲淹的"义庄"情怀。习近平总书记指出,"名非天造,必从其实",认为慈善"是一种具有广泛群众性的道德实践"活动,大力发展社会工作和慈善事业,弘扬志愿服务精神,强调扶贫助困工作要"多谋民生之利、多解民生之忧"。

5. 人类福祉——扶贫助困的"政治家"逻辑思维

"协同万邦,天下一家",我国自古注重"民胞物与、天下大同"。慈善家只有体悟"以和为贵、天下为公"的内在诉求,才能发自内心地践行"和而不同,美美与共"的政治家理念。"包容互鉴,共赢共享",习近平总书记指出,人类是休戚与共的"命运共同体",消除贫困是人类的共同使命,各国只有顺应潮流、凝聚共识、同舟共济、攻坚克难,携手消除贫困、促进共同发展、增进人类福祉,构建开放、包容、普惠的人类命运共同体,才是人间正道。

(四)"生存发展"需求层次

"仓廪实而知礼节,衣食足而知荣辱",能体现人类生存与发展的关系,却不能解释有人为"求之不得"而忙碌,有人为"求仁得仁"而不愿无悔。习近平总书记指出,"精神是一个民族赖以生存发展的灵魂",要用中华优秀传统文化滋养社会主义核心价值观。

1.生理需求——扶贫助困的"获得感"需要

"食色,性也",自从告子提出人具有动物本性特征之后,"拔一毛二利天下不为也"的杨朱"重生、全性、贵己"思想大有市场,推崇"天下熙熙皆为利来,天下攘攘皆为利往",有天下显学"非杨即墨"之说。"因民之利而导之",习近平总书记指出,发展是为人民,获得感是共享发展理念的最终落脚点,扶贫助困要"注重民生、保障民生",多谋民生之利、多解民生之忧,不断改善民生,让人民群众得到更多实惠,让人民群众有更多"获得感"。

2.安全需求——扶贫助困的"安全感"需要

老子提出"民不畏死"设想之后,孔子也有"不知生,焉知死"的疑问,庄子曾感慨"人之恶死乐生,焉知其非惑乎"。"死生亦大矣",总体看来,国人还是"贵生恶死"的。马斯洛理论也认为安全需要是高于生理诉求的更高追求。"以人民为中心,以健康为根本",习近平总书记指出,生命安全和身体健康是人民群众最基本需求、最切身利益,深入实施健康扶贫工程,开展医疗救助脱贫,使人民享有更高水平的医疗卫生服务,防止因病致贫返贫。

3.归属需求——扶贫助困的"认同感"需要

"士为知己者死,女为悦己者容",古人讲究"故土家国""认祖归宗"和"叶落归根"是爱和归属需要的具体体现,是寻求民族认同、文化认同与身份认同的表现。习近平总书记指出,文化认同源自更基础、更广泛、更深厚的自信,是更基本、更深沉、更持久的力量,不断增强各级领导干部对脱贫攻坚的使命认同,不断增进各族群众对伟大祖国、中华民族、中华文化、中国共产党、中国特色社会主义的认同,增强民族归属感、认同感与尊严感。

4.尊重需求——扶贫助困的"存在感"需要

"爱人者,人恒爱之;敬人者,人恒敬之",古人讲究的主圣臣良、父慈子孝、师贤徒敬、兄友弟恭体现出人与人之间的尊重是相互的,不仅是单方面的尊卑有别、长幼有序。"前浪如兄长,后浪是兄弟",习近平总书记指出,无论是先富带后富,还是先富帮后富,各级领导干部要尊重扶贫对象主体地位,深入贫困群众,激励引导他们靠自己努力改变命运,不断激发贫困村贫困群众内生动力,树立宁愿苦干、不愿苦熬的观念,自力更生、艰苦奋斗。

5.自我实现——扶贫助困的"幸福感"需要

"天行健,君子以自强不息;地势坤,君子以厚德载物",自古以来,坚信我命由我、人定胜天的中国人有一股不认命不服输、战天斗地的豪情和追求真理的勇气。"民心是最大的政治",习近平总书记提出,时代是出卷人,我们是答卷人,人民是阅卷人。为中国人民谋幸福,为中华民族谋复兴,在扶贫助困道路上,他走遍全国14个集中连片特困地区,从强调物质增长到看重公平正义,从满足生存需要到注重自我实现,访真贫、扶真贫、真扶贫。

(五)"初心使命"心智修炼

"靡不有初,鲜克有终",正因人们难以体悟知止而后有定、定而后能静、静而后能安、安而后能虑、虑而后能得的智慧,行为上践行知边界、懂规矩、守底线、重规则,习近平总书记提出"不忘初心、忘记使命"主题教育总要求在于守初心、担使命、找差距、抓落实。

1.知止不殆——扶贫助困的"止于至善"智慧

"知足不辱,知止不殆,可以长久""大智知止,小智唯谋",各级领导干部在进退荣辱中要能够不忘扶贫助困的"明德亲民,止于至善"使命感。习近平总书记指出,"我们共产党人从党成立之日起就确立了为天下劳苦人民谋幸福的目标","人民对美好生活的向往,就是我们的奋斗目标",全面建成小康社会、实现第一个百年奋斗目标,最艰巨任务是脱贫攻坚,"小康路上一个都不能掉队,脱贫路上一个都不能少"是终极目标和标志性指标。

2.笃定前行——扶贫助困的"内观自省"智慧

"胜人者有力,自胜者强",心有定力,方能抵御诱惑;涵养定力,才能笃定前行。"正以处心,廉以律己",习近平总书记指出,各级领导干部要增强政治定力、纪律定力、道德定力、抵腐定力四个定力,通过内观自省、自我净化、自我革新,常存敬畏之心,敬畏人生、敬畏权力、敬畏法纪、敬畏人民,时刻警醒自己,始终坚持立身不忘做人之本,为政不移公仆之心、用权不谋一己之利,在任何情况下都要能稳得住心神,耐得住寂寞,经受住考验。

3.宁静致远——扶贫助困的"静心去妄"智慧

"心生则种种法生,心灭则种种法灭",各级领导干部只有心不妄动,才能实现静心去妄、淡泊明志、宁静致远,只有保持人格独立,才能实现心灵自由、心态平静、志趣高远。习近平总书记强调,要加强扶贫资金阳光化管理,集中整治和查处扶贫领域的职务犯罪,对挤占挪用、层层截留、虚报冒领、挥霍浪费扶贫资金的要从严惩处。扶贫助困要从实际出发,着力解决关键问题,真正围绕群众脱贫出实招,不搞形式主义的扶贫,不建形象工程的样板。

4. 安之若素——扶贫助困的"知行合一"智慧

"德不配位,必有灾殃",安之若素,才能实现"知行合一,德成智出"。"见理明而不妄取,尚名节而不苟取",习近平总书记强调,各级领导干部要不断锤炼党性、磨炼心性,切实增强自觉性、自制力和意志力,把好第一个关口、守住第一道防线、避免第一次放纵,做到慎独、慎初、慎微,坚守共产党人精神高地,自觉践行"三严三实",坚持知行合一、行胜于言、保持本色,始终做到"忠诚、干净、担当",在"落细、落小、落实"上下功夫。

5. 虑后有得——扶贫助困的"福祸舍得"智慧

"祸兮,福之所倚;福兮,祸之所伏",超越名利,才能读懂"福祸舍得,得其所止""义者利也"的精华所在。超越时空,才能体悟"千虑一得",不"毕其一功一役"的智慧。习近平总书记强调,扶贫助困不是一劳永逸,不是毕其功于一役。相对贫困、相对落后、相对差距将长期存在。脱贫攻坚决胜决战要遵守实事求是的原则,坚持时间服从质量,既不降低标准,也不吊高胃口,既不能"大包大揽、包办代替",也不搞"层层加码、数字游戏"。

概念辨析

利益相关者理论:是指企业的经营管理者为综合平衡各个利益相关者的利益要求而进行的管理活动。依托利益相关者理论,企业在生产经营过程中所追求的利益,不仅仅表现为某些主体的利益,更表现为企业所有利益相关者的整体利益。

企业社会责任:是指企业在创造利润、对股东负责的同时,还应承担起对劳动者、消费者、环境、社区等利益相关方的责任,其核心是保护劳动者合法权益,广泛包括不歧视、不使用童工,不使用强迫性劳动,安全卫生工作环境和制度等。企业社会责任是企业通向可持续发展的重要途径,它符合社会整体对企业的合理期望,不但不会分散企业的精力,反而能够提高企业的竞争力和声誉。

复习思考题

1. 你的成功观念倾向于什么类型? 该类型的成功观对你生活有哪些影响?

2. 你的人生梦想是什么? 你的梦想与现实之间的差距主要体现在哪里?

3. 你会经常有幸福的感受吗? 你的幸福感主要源自什么?

4. 结合"登山模型"和"洋葱模型",重新审视你的成功观和幸福观,你准备如何改变日常行为方式,来获取生命成长的崭新体验?

后 记

本书是在作者主持开发的慕课(MOOC)"中原文化:行为篇(组织行为的文化溯源)"讲稿基础上整理和丰富而成,该慕课又是作者十多年来给本科生开设的"组织行为学"与研究生开设的"高级管理学"及文化素质教育课程"组织行为学:中原文化视角的解读"发展出来的通识类混合式慕课课程。

2017 年以来,慕课"中原文化:行为篇(组织行为的文化溯源)"作为跨校公开共享课程,在智慧树、好大学在线、中国大学慕课同时上线,已经正式运行十个学期,有近百所高校学生选课,累计听课人数三万多人。目前,该慕课已被河南省教育厅评为"河南省高校精品在线开放课程""河南省线上线下混合式一流本科课程"和郑州大学优秀课程思政课程。

作为依托精品在线开放课程开发的教材,本书的编制符合《关于实施中华优秀传统文化传承发展工程的意见》中"传承中华文化基因,不忘本来、吸收外来、面向未来"导向。本书通过解构中华优秀传统文化中的组织行为逻辑脉络,尝试将西方组织行为学理论体系本土化,旨在挖掘中华优秀传统文化对个体修身养性、群体冲突化解、团队建设和组织发展的作用机理,丰富、完善和修正了西方组织行为学科体系,帮助人们通过修身养性、自我强化和内观自省,实现自我认同与文化自觉,提升个体心智水平;培养人们内圣外王和修齐治平行为习惯,通过"攻心为上"增强组织承诺,提升忠信爱国和责任担当意识;挖掘"贵和尚中"文化内涵,突显"以文教化"作用。

本书坚持学以致用的原则,把握学生的真实需求,采用起、承、转、合方式展开相关知识点,起是以案例和社会热点问题导入;承指挖掘传统文化与知识点的关联性;转指探讨传统文化与当代意识的冲击与融合;合指挖掘知识点日常应用领域及管理提升方案。通过循循善诱、剥丝抽茧,本书坚持"成己之道",构建了"登山模型""不倒翁模型""新五力模型""天平模型"和"洋葱模型"等原创模型,通过探析个体、群体和组织行为的文化的逻辑,挖掘中华优秀传统文化当代价值,彰显中华优秀传统文化张力,为实现中华民族伟大复兴的中国梦提供思想保证和理论支撑。

本课程秉承集思广益、开放共享、集合智慧理念,希望读者在日后的学习过程中,依托本课程上线的各大慕课运行平台,对本书有关内容的修订提出宝贵建议和意见,以便再版时进行补充、修改和完善。

回首慕课课程设计、拍摄录制、上线运行、见面课程等课程制作和运行维护环节,一幕幕场景好像都渐行渐远,但又都记忆犹新、历历在目。感谢智慧树陈弘、何功明、魏明敏、张志伟、高姣琴、许玉博,尤其是课程顾问北京理工大学小师妹肖莹和课程录制拍摄团队所有成员一路走来的陪伴,特别难忘的是 2016 年年底顶着暴雪开车到西流湖地铁站,然后乘坐地铁 1 号线到紫荆山站后冒雪步行到河南省发展和改革委员会经济研究所,与河南省政府参事郑泰森老师拍摄上善若水访谈内容的一幕——等大家到达郑老师办公室的时候,所有人须发"皆白"。

感谢郑州大学原副校长宋毛平教授对课程设计的支持和指导,感谢郑州大学将本书列为校级教材立项项目。感谢原郑州大学学术委员会办公室主任姜建设教授和原教务处处长王忠勇教授对慕课开发和教材撰写给予的帮助,特别感谢郑州大学教务处文化素质教育办公室主任吴艳利老师,在笔者申请郑州大学文化素质教育课程试讲环节,将我的文化素质教育课程"组织行为学:中原文化视角的解读"立项为学校重点打造的"中原文化"系列慕课!感谢郑州大学教务处王晓川、李萍萍两位老师为慕课设计、上线运行、课程运维和精品在线开放课程申报等方面提供的便利和帮助。

有幸参加在北京大学举行的全国第五届"组织行为学"共享学分课程教学开发研讨会,感谢会务组给予作者会上与各位专业大咖和全国同仁分享慕课开发心得的机会,感谢北京大学陈春花教授对慕课开发理念、见面课运行方式的肯定和支持!感谢北京理工大学教育研究院张建卫教授,感谢您让我对"组织行为学"课程产生了浓厚兴趣,感谢您在组织行为科研和教学研究领域给予的指导和帮助!另外感谢晋启迪、牛豆豆、齐有为、李宇航、刘舒畅、冯璐、余雪萍和王梓伍等有关研究生在视频剪辑素材收集、慕课运行和书稿勘误等方面的辛勤劳动和工作付出。

朱美光

2021 年 8 月　郑州大学盛和苑

参考文献

[1]阿瑟·史密斯.中国人的性格[M].北京:人民日报出版社,2010.

[2]保罗·托马斯,大卫·伯恩.执行力[M].北京:长安出版社,2003.

[3]贝淡宁.贤能政治:为什么尚贤制比选举民主制更适合中国[M].北京:中信出版社,2016.

[4]彼得·德鲁克.卓有成效的管理者[M].北京:机械工业出版社,2012.

[5]彼得·圣吉.第五项修炼:学习型组织的艺术与实践[M].北京:中信出版社,2009.

[6]编写组.组织行为学[M].北京:高等教育出版社,2019.

[7]曾仕强.中国式管理.[M].北京:中国科学文化音像出版社,2013.

[8]曾仕强.中国式思维.[M].北京:北京联合出版公司,2017.

[9]陈春花.激活个体:互联时代的组织管理新范式[M].北京:机械工业出版社,2015.

[10]陈春花.激活组织:从个体价值到集合智慧[M].北京:机械工业出版社,2017.

[11]成君忆.中国历史周期律:朝代更迭中的管理变革[M].北京:北京理工大学出版社,2013.

[12]大前研一.M型社会[M].北京:中信出版社,2010.

[13]范文澜.中国通史简编[M].上海:商务印书馆,2010.

[14]费孝通.乡土中国[M].上海:上海人民出版社,2013.

[15]冯友兰.中国哲学简史[M].北京大学出版社,2016.

[16]孔丘.论语[M].北京:中华书局,2016.

[17]劳伦斯·彼得.彼得原理[M].北京:机械工业出版社,2013.

[18]勒旁.乌合之众[M].上海:译林出版社,2016.

[19]李开复.做最好的自己[M].北京:人民出版社,2015.

[20]林语堂.吾国吾民[M].长沙:湖南文艺出版社,2016.

[21]卢梭.社会契约论[M].北京:商务印书馆,2010.

[22]鲁迅.中国小说史略[M].长沙:湖南大学出版社,2014.

[23]罗宾斯等.管理学[M].13版.北京:中国人民大学出版社,2017.

[24]罗宾斯等.组织行为学[M].16版.北京:中国人民大学出版社,2016.

[25]罗伯特·西奥迪尼.影响力[M].北京:北京联合出版公司,2016.

[26]迈克尔·阿伯拉肖夫.这是你的船[M].北京:机械工业出版社,2011.

[27]尼科洛·马基亚维利.君主论[M].北京:商务印书馆,2010.

[28]钱穆.中国文化史导论[M].北京:九州出版社,2011.

[29]秦晖.传统十论[M].北京:东方出版社,2014.

[30]司马迁.史记[M].北京:中华书局,2016.

[31]孙武.孙子兵法[M].北京:中华书局,2016.

[32]王学泰.发现另一个中国:对江湖、庙堂与民命的历史考察[M].北京:中国档案出版社,2006.

[33]吴承恩.西游记[M].郑州:中州古籍出版社,2016.

[34]吴礼权.镜花水月:游士孔子[M].广州:暨南大学出版社,2014.

[35]吴思.潜规则[M].上海:复旦大学出版社,2009.

[36]吴思.血酬定律[M].北京:工人出版社,2003.

[37]习近平总书记系列重要讲话读本[M].北京:法制出版社,2015.

[38]许纪霖.家国天下:现代中国的个人、国家与世界认同[M].北京:中信出版社,上海人民出版社,2016.

[39]杨乔雅.大国工匠:寻找中国缺失的工匠精神[M].北京:经济管理出版社,2017.

[40]杨忠.组织行为学:中国文化视角[M].南京:南京大学出版社,2013.

[41]叶朗,费振刚,王天有.中国文化导读[M].上海:三联书店,2007.

[42]詹姆斯·M.库泽斯.领导力:如何在组织中成就卓越[M].北京:电子工业出版社,2013.

[43]张德.组织行为学[M].第5版.北京:高等教育出版社,2016.

[44]章岩.礼尚往来:中国礼仪法则[M].贵州:贵州人民出版社,2015.

[45]郑玄.礼记[M].北京:中华书局,2016.

[46]朱子彦.中国朋党史[M].北京:东方出版中心,2016.

[47]醉罢君山.春秋无义战[M].北京:电子工业出版社,2011.